潘雨廷／著

典藏本

潘雨廷著作集

第九册

道教史发微

上海古籍出版社

引　言

　　潘雨廷先生(1925—1991)，上海人，当代著名易学家。生前担任华东师范大学古籍研究所教授、中国《周易》研究会副会长、上海道教协会副会长。潘雨廷先生早年就读于上海圣约翰大学教育系，毕业后师从周善培、唐文治、熊十力、马一浮、杨践形、薛学潜等先生研究中西学术，专心致志于学问数十载，融会贯通，自成一家，在国内外有相当的影响。潘雨廷先生毕生研究的重点是宇宙与古今事物的变化，并有志于贯通东西方文化之间的联系，对中华学术中的《周易》和道教，有深入的体验和心得。潘雨廷先生著述丰富，其研究涉及多方面内容，具有极大的启发性。他的著作是二十世纪中国文化所取得的重要成果之一。本书由张文江根据潘雨廷夫人金德仪女士保存的遗稿整理而成。

　　《道教史发微》是作者拟撰《道教史》中的主题论文汇编。本书论述先秦至近代道教史的核心内容，介绍仙与道各种流派的修行方法。

目次

目次

道教史十点纲领

近数十年来,世界各国学术界有不少学者注意并研究中国的道教。在中国国内,道教亦逐步引起学者的重视。然以整个中国学术界而言,研究道教的学者尚属少数,有关道教的书籍尤少。这一情况可能会逐渐纠正。今考察道教的内容,不应当仅限于宗教。道教与我国科技有明显的联系,对于人体更有独特的认识,且有极丰富的哲理与艺术。它影响中国的民族性,有不可低估的作用。如忽略对道教的研究,殊难编成具有深邃思维且合乎历史事实的中国思想文化史。凡研究任何一门学问,必先了解其史。能有正确的史地时空坐标,方可说明具体人物的思想及其承前启后的作用。然而迄今尚未见内容较充实的道教史,可见今日中国的学术界对道教的研究,犹未踏上最基础的第一级。

为了深入说明在中国历史上客观存在并且变化多端的道教史实,以及历代道教含有特殊价值的具体内容,特编写具有专业知识的《道教史》。先成纲领十点以供参考。

第一点,宜说明写史的方法。我国史籍本有"编年体"、"纪传体"、"纪事本末体"等不同体裁。提高一层视之,同以史地时空为结构,当以"编年体"为主。"纪传体"注意一人在史地时空结构中的变化,故凡有历史作用的人物,必须为之编成年谱。"纪事本末体"注意一事在史地时空结构中的变化,故凡有历史作用的事件,必须为之编写专业史。而《道教史》属于"纪事本末体"。然道教的本末宜以古今当之,故属通史而忌以断代史观之。既明通史性质的道教史后,方可根据有划时代思想的道教人物以研究道教的断代史。且更有一重要问题,凡写史必宜注意而写道教史尤其突出,就是史的事实可由两种方法加以说明:其一由今推至古,其二由古写至今。此顺逆向量的不同,内容似可同,然往往就此造成了史实的混乱。而道教史的不容易写出,问题就在道教本身兼有顺逆的向量,或等而同之,自然不合乎历史真实。故写道教史时,明辨古今的顺逆向量为最重要的纲领,否则是在写道教而非道教史。且既能明辨顺逆的时空向量,故纪道教事的本末,自然宜兼述历代道教人物的传记及其对道教的认识。且因道教的内容早已包括宏观世界与微观世界,故必宜兼用各种时空数量级的"编年体"。这一重要事实于道教中大量存在,惜迄今尚为学者所忽视。今准此纲领,庶可了解道教与我国本有的自然科学之间的关系。

第二点,宜重视道教的起源。道教的起源,迄今学术界、宗教界尚有不同的观点。写《道教史》时,必须兼收并蓄以见争论的焦点。然合诸古代的史实及今日国内外学者的认识,莫不承认道教为中国自生自长的宗教。故写《道教史》,必须从中国的原始宗教写起。然则中国之有宗教,与世界各民族相似,由来已古。今写《道教史》,宜视之为中国的宗教史,决不可执于道教之名而忽乎道教之实。且"道教"之合名虽后起,而"道"的概念、"教"的概念,在东周时已有极深刻的认识,何况的确具有宗教性质。先秦的学者、秦汉的学者、魏晋以后的学者对道的认识,各有不同的概念。故道教的内容日趋复杂,于起源问题亦有种种传说。至于今日的传统观点,基本认为道教起于东汉顺帝(126—144 在位)时的张陵(亦名张道陵)。历代学者以史实考之,各有不同

2

的观点。因此宜考察道教始于张陵之说何时产生及其原因何在,并以东汉的史实证其是非。此一基本问题,当详为说明其原委。

宋真宗即位未久,于咸平元年(998)七月癸酉访孔子嫡孙。九月戊寅以孔子四十五世孙延世为曲阜县令,袭封文宣公。且真宗在位时屡屡接近道者,用大量资金敕建道观。于大中祥符八年(1015),诏信州道士张正随赴阙,赐号"虚静先生"。王钦若为奏立授箓院及上清观,蠲其田租。自是凡嗣世者皆赐号,而张正随自谓是张陵的后代,世居江西龙虎山。真宗在位二十五年(998—1022),恰当局势平稳、偃武修文之时,而对后世有大影响的文化事件,莫过于封赠孔子及张陵后裔二事,亦可认为真宗本人未必能预料有此大作用。而在客观的历史上,自真宗起,于山东曲阜除孔庙、孔林外,又重孔府;于江西龙虎山的嗣世者,于宋元以来又有世袭的张天师。一儒一道代代相传,迄今未已。此于孔子的家谱,尚有据于古而可信,然研究儒术而有所发展者,不必姓孔。至于张陵的家谱,于张正随之后可信,于其前早有学者提出疑问。且即使可信,孔子与张陵相差约六百年,以我国传统的思想观之,等视为儒道的创始人亦不相称。当元代时已有自认为张良后代的道士张留孙,亦视张陵为张良的后代。其实研究道术而有发展者,亦不一定姓张。然世袭制对中华民族有极大影响,且自宋真宗迄今已近千年,故张天师创立道教之说久已深入人心。今核诸东汉的史实,当时早已有各种道派的道教。张陵——张衡——张鲁祖孙三代所创立者,已有取于巴蜀地区具民族色彩的宗教,故名五斗米道,既非天师道,更无正一道之名。且张鲁之子张盛迁居江西龙虎山,其事尚难确证。即使可信,代代相传至张正随亦可信,然张鲁于东汉末建安二十年(215)降汉,其子张盛传至北宋初的张正随,约已八百年。此八百年间,道教自有其发展的史实,基本与龙虎山张天师的道教无关。且道教的内容,实经此八百年的发展而完成三洞四辅的结构,深入研究其结构,确能有据于古而足以代表中国的宗教。奈何自宋真宗后,既乏

3

深入研究道教者,乃以张正随的由今推古为见界,失在未能由古至今以核之。如直接考核东汉的史迹,先可提出黄老道,实早于五斗米道。两者同为道教的教派,各有大批信徒及组织,表面视之内容亦相似。进而核诸"黄老"与"五斗米"之实,则黄老有据于古,而五斗米仅属巴蜀地方性的宗教。至于何以不承认黄老道为道教,而必以五斗米道为道教,今究其原因,黄老道的教义为黄巾起义所利用,故自黄巾起义惨遭镇压而失败后,即讳言黄老道。而张陵传至张鲁的五斗米道,能降汉而曹操以客礼待之,且封鲁为镇南将军、阆中侯,在汉魏之际此所以盛行五斗米道。然当时的文献莫不以五斗米道称之,未尝用道教之名。故道教的内容,实汇合各种论"道"的教派,先秦早已存在。如《史记》提及的方仙道等,且《荀子》已引用《道经》之言,故道教自有其历史。然自宋后执于道教开创于张陵,则道教的内容日趋狭隘,与宋前的道教有不同的面貌。故今写《道教史》,当东汉时必须详述五斗米道的情况,在其前的黄老道亦宜深入研究,方可理解产生《太平经》的时代背景。然决不宜误认为自有五斗米道起,我国方才有道教。这一错觉的造成已近千年,对道教信徒更有影响。如未能以史实加以纠正,决难深入对道教教义的认识。然写至宋真宗后,于天师道对全国道教有统治作用的史实,当然亦未可忽视。

第三点,宜认识道教的教主。今日全世界有三大宗教,就是佛教、基督教、伊斯兰教。凡创立一教,当有创教之人,后世视之为教主。佛教为释迦牟尼,基督教为耶稣,伊斯兰教为穆罕默德。而在我国的传统文化中亦有三教,就是道教、儒教、释教。道与儒产生于中国本土,释教由印度传入,且在中国有所发展而更传入朝鲜、日本等国,今日已成为世界性的宗教。至于释教在中国发展的情况,颇多取用中国的哲理以加深其大乘教义,最明显的事实是在中国形成了天台宗及禅宗等。又如《楞严经》及《大乘起信论》、《肇论》等有代表性的佛教名著中,当翻译及著论时,难免渗入中国的哲学思想。然发展至今日已不可否定其为释教,宜由中国传出与由印度直接传至东南亚者,有大小乘的不同。故释教在中国约两千年的传播过程中,对于教主释迦牟尼的形象,在由小转大、由出世而入世、由无量阿僧祇劫而归诸当下等方面,已不可不重视其原因。中国本有的哲学思想,逐步结合释教本有的哲学思想,经过长时期的酝酿,产生释教在中国的大乘教义。进一步研究中国本有的哲理,基本为道与儒。儒的创始人为孔子,而道的哲理产生于孔子前,故孔子言及"朝闻道,夕死可矣";"志于道,据于德,依于仁,游于艺";"齐一变至于鲁,鲁一变至于道",等等。可证在孔子时,包括孔子本人,早有求道的概念。道可逾越生死,又可兼及内圣外王之理,自然可有宗教思想在内。至于专门研究道德的古代著作,莫早于传说为李耳所著的《道德经》。考中国的学术思想发展至唐代,对道儒释三教的概念有进一步认识,认定道教的创始人为老子,李唐且认其为初祖。此有取于儒教以祖配天的理论,且早为唐代学者所接受。然可注意者,当时三教的概念,与今日宗教的概念,有相似处而尚非全同。宜除释教外,对孔子的儒教是否是宗教,道家与道教是否相同等问题,皆在百家争鸣中。然不可否定唐代已确认李耳、孔丘、释迦牟尼为三教的教主。中唐后经济既衰退,思想亦局促,已无能力支持三教并存。故韩愈起而排佛老,就是以当时的儒教思想排斥当时极风行的佛老思想,且明指释迦牟尼与李耳,未尝提及张天师。故既认《道德经》内容为道教教义所由出,自然可认为《道德经》作者老子为道教的教主。一如既认《论语》为孔子之言,就可认孔子为儒教的教主。凡玄宗的取士,可选考《道德经》且减少考《论语》的名额,更见当时认识道教的情况。而第一部道藏《三洞琼纲》,就编成于唐玄宗之时。

第四点,宜明确宗教的概念。于西方今日有相似而非全同的各种宗教概念。以世界三大宗教与中国道儒释三教并观,更有不同的内容。西方或以有神、无神分辨是否宗教,仍不失为重要分辨处之一。有神者指有人格的神,能主管天地万物包括人类社会中的一切祸福以及生老病死等等。无神者认为天地万物有自然之理，而决无有人格的神。于人类社会中一切情况更由人类本身造成，其间包括人与自然的关系，莫不有理性在其中。虽理性尚多未能为今日人类智慧所掌握，然本追求理性的原则，必将加深理解，逐步可由相对真理而达绝对真理。此有神与无神，犹宗教与科学的不同世界观。故人对自然的了解，人对本身的了解，人对人类社会的了解等等，莫不有宗教与科学、有神与无神的不同观点。且科学可扩大对事物的认识，这就是进化。当未认识前，可有宗教有神的思想，于既认识后对认识部分即有理性可言，然对未认识部分，仍可有宗教有神的思想。此西方的自然科学家自牛顿起直至近代，所以尚多信宗教者，因不认为宗教与科学有绝对的矛盾。当然亦可认为宗教与科学，确指有神无神而有绝对的矛盾。至于中国传统的观点，从唐代起已等视老子、孔子、释迦牟尼三种哲学思想，各有具体的仪式教规，以礼乐示其感情，以安慰人生的一切际遇及时代的盛衰，并寄托人生的理想。要而言之，有出世入世的不同，儒不言出世，道与释言出世。故以出入世论，儒属入世的思想，故颇多学者主张不宜认为是宗教。然更观道与释的出世，仍有入世的思想。释由小乘而大乘，由声闻、缘觉二乘而佛菩萨。道由深入了解人类本身，由反身起以理解人与自然的关系，然后度世度人等等，确在研究生命起源等问题而更能包括出入世，犹兼及科学与宗教两种相反的观点而有以通之。故中国的三教是否全属宗教，当然可有不同的观点，与今日世界性的三大宗教相比，更可有不同的认识，要在先认定宗教的概念。而道教内部尚有道家与道教的争论，或认为是一，或认为是二，当然亦可各抒己见，究其因仍属对宗教本身有不同的理解。故写《道教史》时，宜明确历代对宗教的概念，主要对道教有不同观点的认识。或不从历史的具体史实叙述道教，难以获得道教发展的可贵知识。

第五点，宜理解道家与道教的关系。以上第四点，已说明准宗教的概念,可决定儒家是否属于宗教,道家是否可合于道教诸问题。今更直接考察道家与道教的关系,方能深入体验道教的内容。或不论道教的哲理,否定道教必须兼及道家,且仅以庸俗的迷信色彩极浓厚的宗教仪式等为道教,则与重视哲理的中国文化不合,不足以代表中国的宗教。且道与有丰富哲理的儒释并立,亦太不相称。然自清代起,尤其是《四库提要》的评论,必以《道藏》中收录先秦诸子等为非,则道教的内容自然贫乏,宜数百年来道教日渐衰微。自唐代第一部编成《道藏》起,道教本有其哲理,早已由道家且兼及先秦各家的学说,成为道教的理论基础。故以学术论,确可专论道家的哲理,与道教毫无关系。而以道教论,早已见及道家的精微处,方能继承发展,进一步成为具有宗教性质的道教。故道教加深道家的哲理,一如后世的佛教徒加深释迦牟尼的大乘教义。凡论道家可不及道教,论道教必及道家,此尤为写《道教史》时必须注意的纲领。然此以整个道教言,亦有道教中的部分教义,某一教派的思想,根本可与道家无关,故贵能明辨主次。唯当叙及历代道教具体内容的精微思维时,方可喻道教的一切的确在发挥道家的哲理。

第六点,宜注意黄帝老子与尧舜孔子。考佛教传入中国,较可靠的文献记录在东汉明帝时的楚王英。英为刘秀之子,明帝之弟。《后汉书·光武十王列传》:"英少时好游侠,交通宾客,晚节更喜黄老学,为浮屠斋戒祭祀。"明帝诏书初亦加以支持,谓"楚王诵黄老之微言,尚浮屠之仁祠,洁斋三月,与神为誓"云云。由是"英后遂大交通方士,作金龟玉鹤,刻文字以为符瑞。……十三年(70)……有谋逆事……英徙丹阳泾县……明年(71)英至丹阳自杀"。此知释教初期传入,中国已有相应的黄老学。黄老学的内容,已不可认为与宗教无关,于其前就是西汉初所尚的黄老,于其后就形成为黄巾所利用的黄老道。故自东汉起基本已有道儒释三教,在东汉前方可考察形成道儒二教的史实。当汉武帝(前140—前87在位)完成尊儒术斥百家,对中国思想文化的影响极大。观其所尊的儒术，已与孔子本人思想有相当的距离，且已综合齐燕方士所形成的方仙道。故由孔子至武帝时的董仲舒，宗教色彩更浓。天人合一的理论，所以发展儒术所重视的以祖配天。而被斥的百家，实以汉初所尚的黄老为代表。或以唐代三教中的道儒论，则已认李耳、孔丘为教主。然以战国中后期及汉初的学者视之，若老与孔本人，尚不足以说明中国思想文化的根源。故于儒，当基于《论语》而及六艺；而于道，又当基于《道德经》而向上推及黄帝的理论。此方为汉初尚黄老的内容。而方仙道的理论，于战国时早由尧舜而上及黄帝。至于儒取古史之标准，辑《书》托始于尧舜，有《论语》可证，其后孟子犹"言必称尧舜"。而道于古史之标准，实本诸黄帝。今已得齐威王（前356—前321在位）时古器"陈侯因脊錞"，錞铭中有曰"绍緟高祖黄帝"。传以陈为有虞氏后，当陈氏在齐，更推知有虞氏高祖为黄帝。其后田氏代齐，齐即大力宣传黄帝，实有以推广儒家《书》始尧舜之说。邹衍作"终始大圣之篇"，"先序今以上至黄帝"，属以今推古之说，然可了解战国时视道与儒之不同，实为黄帝老子与尧舜孔子。故写《道教史》，既当认识老子为教主，更当认识黄老之旨而决非限于《道德经》五千文。故舍黄老道而仅以五斗米道为道教，决不能说明道教中所包含的可贵知识。考《汉书·艺文志》所收录的书目中，有大批文献重视黄帝，除"六艺略"外，基本可与黄帝有关。此见战国起所认识的古史，早已信黄帝的史实，而不满足于《书》始尧舜。宜于孟子后更无一人"言必称尧舜"，《史记》亦托始于黄帝。今以医论，当重视汉初之公乘阳庆。阳庆实传扁鹊之道，于高后八年（前180）而授于仓公。考阳庆之医理，与今存中医中的唯一名著《内经》有关。且《内经》之成，似与方仙道有关。此第一篇所以名《上古天真论》，其言曰"昔在黄帝，生而神灵，弱而能言，幼而徇齐，长而敦敏，成而登天"是其义。且其基本原理，全部依据于邹衍的象数，以象数合诸人体的心理与生理，又以人体合诸客观的自然条件，然后推究养生之理与疾病之源。《内经》有可贵的整体思想,此书所以能久传而不已。至于托名黄帝与岐伯等的对言,实有以深入《尚书》中虞廷的对言。究《尚书》之《尧典》,亦未尝是当时人之言。凡儒家辑《尚书》之理,所以明社会结构;而道家著《内经》之理,所以明人体结构。人为人类社会的基本单元,以人类的人体为起点,其原可推及人的起源与生命起源。有人与无人的客观世界,有生命与无生命的客观世界,当然有所不同。当既有生物既有人以研究人类的社会结构,儒家的思想在研究社会学的人,而黄老的思想在直接进一步研究生物学的人。此《尚书》与《内经》的不同观点,亦成为儒与道的主要分辨处。或研究道教而未及黄老,未足以明道教的精义所在。早期有名的道教信徒必知医理,如葛洪、陶弘景、孙思邈等。而医理的原则,当本托名于黄帝的《内经》。以茅山的三茅君论,实为汉代名医,时间肯定在张陵前。后有陶弘景尊之而有名,然为道教起于张陵之说所限,故三茅君的事迹即囿于宗教迷信中,对中医之贡献始终未为学者所重视。今知陶弘景起,茅山所重视的主要经典,如《黄庭经》、《大洞真经》等,皆与中医理论有密切关系。观葛洪所著《抱朴子·遐览篇》中所著录的道书,全属其师郑隐所收藏。其中卷数多者,仅《养生书》一百五卷、《太平经》五十卷、《甲乙经》一百七十卷三种。此见道教的主要内容,重点在于医理养生,而此文献当属于黄老道,部分于汉魏之际为五斗米道所应用。或放弃黄老道而仅取五斗米道,要在放弃黄帝而仅取老子,实不足以说明汉代重视医理养生的道教。由汉初而上及战国末期,荀子于《解蔽篇》有言:"昔者舜治天下也,不以事诏而万物成。处一之危,其荣满侧,养一之微,荣矣而未知。故《道经》曰:'人心之危,道心之微。'危微之几,惟明君子而后能知之。"此更见当时的儒有取于《道经》。此所谓《道经》,疑即方仙道的文献。不期荀子所引《道经》之言,为晋梅赜取之,由《论语》舜受尧的"允执其中"发展成"人心惟危,道心惟微,惟精惟一,允执厥中",作为舜对禹的十六字心传,编入梅赜于东晋元帝(317—323 在位)所上的《古文尚书》中。其义实取于荀子(前318?—前238)而变化之,相距已六百年。于战国末年的荀子,何尝以《道经》之言,视为儒术的心传。荀子继之又曰:"……故浊明外景,清明内景,圣人纵其欲,兼其情,而制焉者现矣。"凡汉魏之际所成的《黄庭经》,数传而一书分成《外景》《内景》二书。于道教内部以《黄庭内景经》为主,道教外传以《黄庭外景经》为主,实有取于荀子之义,且与人心、道心相似。考《黄庭》之分内外景,时早于梅赜。梅赜之所以作《古文尚书》以上于朝,所以进一步发展董仲舒之说,欲以推尊儒术,由二百四十余年的《春秋》而至千余年的《尚书》,以斥当时的佛道思想。同时有葛洪作《抱朴子》内外篇,内篇论道术,外篇论儒术。由外而内,乃葛洪的思想全准方仙道上推尧舜至黄帝的原则。故梅赜犹继孟子"言必称尧舜",是之谓儒;葛洪由老而黄,是之谓道。《抱朴子·释滞篇》:"又五千文虽出老子,然皆泛论校略耳。其中了不肯首尾全举其事,有可承按者也。但暗诵此经而不得要道,直为徒劳耳,又况不及者乎。至于文子、庄子、关令尹喜之徒,其属文华,虽祖述黄老,宪章玄虚,但演其大旨,永无至言。"此明确指出道教为黄老而非仅以老子为教主。诵五千文为徒劳,所以斥五斗米道之非。兼论庄子等"永无至言",所以明魏晋起新兴的老庄玄学,殊非汉代尚黄老的道教。

第七点,宜研究道教与易学的结合。于一九七三年发掘长沙马王堆的汉初古墓,三号墓墓主为二号墓墓主第一代轪侯利苍之子,下葬于文帝前元十二年(前168)。墓内有大批文献,主要有黄老、《周易》、象数、养生、医药、星占、纵横家的史迹及地图、导引图等等,足以代表汉初尚黄老的内容。于《老子》前抄有"黄帝四篇",正合于著录于《汉书·艺文志》中而久已失传的《黄帝四经》。于《老子》五千言及《周易》卦爻辞,皆属最早的抄本。又于《老子》能发现古本的内容与今本有极大的不同,于《周易》亦然,且已包括部分《易传》,有今本《易传》所谓《十翼》中所未收的《二三子问》等。而以《孔疏》所谓郑学之徒所数的

《十翼》合之,尚无《彖》、《象》、《序卦》、《杂卦》等。又今本的《说卦》部分已收入当时的《系辞》。读《二三子问》的内容,其旨略同于今本的《文言》。此批古文献的出土,可确证《七略》所谓"孔氏为之《彖》、《象》、《系辞》、《文言》、《序卦》之属十篇"之说,两千年来视之为"经学易"者,实编成于西汉。而汉初长沙地区的易学,尚与黄老相结合,宜以黄老易视之。当以象数卜筮为主而及义理,非以经学的义理为主而及象数,此方属易学的基本内容。而道家与易学的结合,就在重视易学的象数与卜筮。当战国至汉初,中国早有可安慰生死的方仙道,起源虽在燕齐地区,而秦楚与三晋亦有各种相似的民族宗教。且黄老在秦汉之际,已有综合战国七雄思想的趋势。一方面概括当时风行于各国的各种学派,一方面又概括当时存在于各国及各民族的各种宗教信仰。且在当时的情况,各种学派的基本思想与各国各民族所信仰的各种宗教,内容必多混杂而未有明确的分辨界限。至于易学的象数及有据于象数的各种卜筮法,恰属于宗教与哲学之间,且已为当时上下阶层的人共同信仰。秦始皇本人就是虔诚的狂热宗教信徒,一心求长生不死药,一心寻仙山觅神仙,这就是当时方仙道的道教。焚书时不及卜筮之书,因依赖卜筮以得启发性的指示,可作为思想行动的原则,由是《周易》一书幸免于难。故知方仙道在战国末至汉初有大发展,利用易学象数之理亦在发展中。汉武帝时的刘安(前179—前122)收养千余门客,成《淮南子》一书,在建元二年(前139)上于武帝,实为尚黄老思想的总结。其后刘向又得炼金法上于朝,奈何未炼成而险遭杀身之祸。此见后世所重视的道教内外丹,早存在于方仙道与黄老道中。且刘安本人实为笃信道术者,能保存易学的制器尚象有大作用,抽象而言就在于《易》的象数。惜当武帝元狩元年(前122)兴起大狱而刘安自杀,于统治者才完成以方仙道合诸六艺的儒术。而方仙道本与黄老结合的道术,包括黄白术及易学的象数等,散在民间流传,逐步由谶纬学形成黄老道。宜由黄老道产生的第一部道书《太平经》,以今日残存的文献观之,多有关易学的象数。故知道教与易学的结合,实在儒术与易学结合之前。这一重要的史实,将纠正两千年来所深信的"经学易",尤属汉代道教史的主要纲领。当道教发展至东晋,有葛洪的族孙葛巢甫造作《度人经》,既有取于易学象数之理,更能据于《周易·乾彖》"大哉乾元,万物资始"及《周易·系辞上》"天尊地卑,乾坤定矣"的文字,特为塑造"元始天尊"的形象。其后陶弘景最为欣赏,于《真灵位业图》中,以"元始天尊"作为道教最高位次的神仙,更可说明道教最根本哲理来自易学的象数。此当然是由今推古,然南朝梁武帝时的陶弘景(456—536)实早于宋真宗五百年,况所上及汉代三茅君的医学、张良的事迹与先秦的易学象数,亦能有合于先秦及汉代的史实,决非全部空想。更以战国中晚期《系辞下·伏牺章》作者的思想结构观之,所上推的易学古史,自尧舜上及黄帝后又进一步上及神农而伏牺。此见上推越前,作者在战国的时代越后,而概括作用越大。此种方法论,全同于方仙道的上推法,属于道家的思想结构,所以求人类的始祖。今必须以古至今核之。考由尧舜而黄帝,既本诸姜齐而田齐,而黄帝在当时的传说,实不限于陈国。对当时起重要作用的是秦,秦国自认颛顼为其始祖,且亦祭祀黄帝,而颛顼的时间在黄帝、尧舜之间。故儒术《书》始尧舜的意义,在孔子确认为是信史,所谓"述而不作,信而好古"。或以史迹校之,约上推千余年。夏代的大禹为舜之臣,其父鲧为尧之臣,实由夏商周三代仅上推一代。所以明尧的时代,基本已知天的历数,且要在说明传贤传子为两种不同的社会结构,并未注意代代相传当有极长的时间。观《诗·大雅·生民》:"厥初生民,时维姜嫄。生民如何,克禋克祀,以弗无子。履帝武敏歆,攸介攸止,载震载夙,载生载育,时维后稷。"《诗·商颂·玄鸟》:"天命玄鸟,降而生商。"以明三代中商周的始祖契与后稷,同为有母无父,此与基督教信耶稣无父的命题完全一致。而儒术统治中国,直至清朝入主中国,犹伪造始祖"相传感朱果而孕"。此证入世的儒术,未尝不注意生命起源及始祖的

问题。而关键仍在以祖配天,明天人合一的宗教信仰。然儒术限于以
社会学言,传位当法尧舜的传婿传贤,已可破帝王传子的社会结构,对
于始祖问题,不得不满足于"履帝敏歆"与"玄鸟"。至于由尧舜而黄
帝,田齐实有志以推黄河流域各民族的始祖,故由三代已上推数十代,
包括秦的始祖颛顼,此见方仙道的作用。又孟子尝见有为神农之说者
许行,此农家之说产生在楚,其说尚可于《吕氏春秋》中见其大义。故
由黄帝而神农,时更在前,地域亦能扩大黄河流域而及长江流域。至
于神农而伏牺,今见于《战国策·赵策》。当赵武灵王改用胡服(前
307),或有非之者,赵武灵王即用古史伏牺、神农、黄帝、尧舜之次,以
论时代的变化而不可执一不变。其后赵人荀子于《成相篇》中始言及
"文武之道同伏牺,由之者治,不由者乱,何疑为"。此见《易》始伏牺的
思想,本属方仙道学派的上推法。故道与《易》的结合,其来已古。宜
于历代道教中的具体法术,每取易学象数以喻其理。宋初道士陈抟
(890?—989)排列成先天图,对易学的贡献尤大。唯道教之能本于易
学象数与黄老,故其内含的哲理远远超过仅知六艺的儒教。

　　第八点,宜总结整体道教的内容,以明道与儒的同异。由上七点
的纲领,方可总结整体道教的内容。凡整体道教产生在中国本土,决
非受佛教传入后的影响中国才有宗教。故形成的时间,以原始的五斗
米道及黄老道、方仙道等道派言,皆当在东汉前。凡《汉志》所录者都
属可据的文献,然总结整体的道教,主要宜重视《史记·封禅书》。封
禅犹中国的宗教,道教与儒教的基本信仰皆出于封禅而可见其同异。
《史记·封禅书》:"自古受命帝王曷尝不封禅,盖有无其应而用事者
矣,未有睹符瑞见而不臻乎泰山者也。虽受命而功不至,至梁父矣而
德不洽,洽矣而日有不暇给,是以即事用希。《传》曰:三年不为礼礼
必废,三年不为乐乐必坏。每世之隆则封禅答焉,及衰而息。厥旷远
者千有余载,近者数百载,故其仪阙然堙灭,其详不可得而记闻云。"此
见封禅者,当有成于外王之业,方可用事于泰山。《周易·爻辞》中有

"王用亨于西山"(随上六),"王用亨于岐山"(升六四),其义同。《史记》记述封禅的事迹,既本儒术的《尚书》,又及秦立诸侯后的信仰。若秦文公(前765—前715在位)作鄜畤前,故有武阳畤,"盖黄帝时尝用事,虽晚周亦郊焉,其语不经见,缙绅者不道"。此一史料,司马迁当有据《秦纪》,唯其"缙绅者不道",反属可贵的史实。以今日的考古核之,略当于"半坡文化",尚属母系社会的情况。又泰山在齐,引及管仲对齐桓公之言,此是否当时所记,或战国的方仙道所上推,尚可研究。而其内容实有史料价值,详录于下:"管仲曰:古者封泰山禅梁父者七十二家,而夷吾所记者十有二焉。昔无怀氏封泰山禅云云;虙牺封泰山禅云云;神农封泰山禅云云;炎帝封泰山禅云云;黄帝封泰山禅云云;舜封泰山禅云云;禹封泰山禅会稽;汤封泰山禅云云;周成王封泰山禅社首;皆受命然后得封禅。"或以七十二家推之,已可及今日考古所得,约当山顶洞人的原始宗教。即以十二家论,由虙牺而及无怀氏,亦已推原若干民族的共同始祖,此正道术所谓"古始"、"道纪"。推原以求始祖的思想,道术远胜于儒术。以《说文》言,"宗,尊祖庙也","祖,始庙也"。这一概念至迟在殷周之际早已成立,可视为中国宗教的特色。《封禅书》又记及孔子之言曰:"其后百有余年而孔子论述六艺传,略言:易姓而王,封泰山禅乎梁父者七十余王矣。其俎豆之礼不章,盖难言之。或问禘之说,孔子曰:不知。知禘之说其于天下也,视其掌。《诗》云纣在位,文王受命,政不及泰山。武王克殷二年,天下未宁而崩,爰周德之洽维成王,成王之封禅则近之矣。及后陪臣执政,季氏旅于泰山,仲尼讥之。"此见传孔子的儒术者,亦有上推古礼的学者。然秦始皇登泰山曾问礼于儒生,儒生无以对,可知当时儒生的知识,已远不及方仙道之知识。至于孔子生前,当有学于郯子、老聃之事,唯孔子辑《书》时未用。至于讥季氏重禘之说,更不可否认孔子确有信宗教的痕迹。讥季氏时,《论语》记及"曾谓泰山不如林放乎",即人格化泰山。然此决不会影响孔子的地位,反能进一步了解孔子的思想。且当孔子时,确有儒术从道术中分出而独立,是即逐步形成六艺。而传统的道术,亦有《道德经》为之总结。至于《道德经》之形成,必须合诸成书的时代背景,方可深入明确道家、道教的分辨。老子实为周室柱下史,既掌古代文献,何能不知封禅。综观《封禅书》所记录的史实,由黄河上游的西周秦、黄河下游的齐鲁而及黄河中游的东周晋。老子亦正当周灵王时,由苌弘、太史儋之事而明秦始皇的继周而王,义尤重要。其言曰:"是时苌弘以方事周灵王(前571—前545在位),诸侯莫朝周,周力少,苌弘乃明鬼神事,设射狸首。狸首者,诸侯之不来者,依物怪欲以致诸侯,诸侯不从而晋人执杀苌弘(前492)。周人之言方怪者自苌弘。其后百余年,秦灵公(前424—前415在位)作吴阳上畤祭黄帝,作下畤祭炎帝。后四十八年周太史儋见秦献公(在秦献公十一年,前374)曰:秦始与周合,合而离,五百岁当复合,合十七年而霸王出焉……"考老子所以去周,似与王子朝奉周之典籍以奔楚(前五一六)事有关。是年孔子仅三十四五岁,老子之年当长于孔子三十岁左右,故老子有之楚的弟子老莱子与孔子同时。而苌弘的年纪,约在老子、孔子之间。且苌弘与老子同在周,"明鬼神事,设射狸首",老子可能知其事。然苌弘被杀时,老子早已去周,而《道德经》之成书,早有学者认为与周太史儋有关,殊宜注意。一如《论语》之成书,亦在曾子弟子之手。《道德经》成书可能较《论语》略迟若干年。必深究《道德经》与《论语》的具体内容及其成书始末,自然可明道与儒由同而不同,从其同而上推之,方可上接中国的原始宗教。更进一层言,《封禅书》的内容,仅总结黄河流域的宗教。以整个中国言,尚应注意长江流域的宗教情况。主要而言,当长江上游的巴蜀、中游的荆楚、下游的吴越。原始的巴蜀宗教,五斗米道所由出。屈原有楚风的信仰,已受齐鲁文化影响。而相对于秦的立畤,楚自有其传统的始祖。《山海经》一书,有其可贵的史料。而下游的吴越更有其古史,亦自有其信仰。今总观考古所得,凡新石器时代的遗物,已遍满于全国各地。其间因自然条件及人事关系而产生的分合变化,因无史料难述其详,于主要的发展尚可见其概况。此皆为限于六艺的儒术所忽视,而有志于求古始道术的道教信仰常在注意中,且历代有所发展,此方属可贵的整体道教。由外王而内圣,处处注意古始的人体本身与自然的关系,方为道教最重要的基本内容。

第九点,宜决定道教史的分期。今日写道教史,必须根据今日认识客观世界及人类本身的水平,以考察历代道教人物的思想。且历代思潮的变化,宜注意自然条件及帝王兴衰的客观史实。于道教史的分期,尤宜突出道教思潮的变化及道教人物的作用。且准以上基本为由今推至古的八点纲领,乃明由古至今的道教史,可先分三期:第一期自古始至西汉末包括新莽;第二期自东汉起(25)至唐末包括五代;第三期自北宋起(960)至今日。详此分期的内容,庶可了解整体道教的始末。以今日尚存的道教观之,基本已归诸正一、全真,其实同属于宋代开始,当第三期的情况。以史实及作用言,第三期道教宜起于陈抟,特点为创立三教合一的道教。四川的石刻,包括大足石刻等,可说明历史事实。且在唐末五代时,更有钟离权、吕岩、刘海蟾三人主张相同,为南宋初北方王重阳创立全真教时所尊奉的三位前辈。王重阳以钟为祖师、吕为师、刘为师叔,认钟为汉人则未是。于第二期的情况,近代学者已能考核东汉时期的史实,迨连云港孔望山石刻的再次发现,见及早期佛道的结合,可进一步了解楚王英的信仰非限于宫廷内部而有群众基础,此所以为明帝所忌而自杀。故第二期的道教当起于东汉初,且已具道儒释三教的雏形。于第二期中,当详为叙述道儒释三教之种种关系,或排斥或结合,终成互相渗透而各有发展。文献由《汉书·艺文志》而《隋书·经籍志》,《隋志》除著录经籍外,末已附“道经”与“佛经”,庶见三教已各自独立。迨中唐后又进一步纷争,儒则成理学,释则成中国佛教(禅),道则成三教合一的道教,其实各经综合而成。凡三教合一的道教,方为第三期道教的主流,然由陈抟起当注意南北宗,非可限于北宗全真。北宋时张伯端成《悟真篇》为道教划时代作品,后世以南宗初祖称之,可当之无愧。至于今日研究道教史,于二、三两期中有待于解决的问题极多。归结此类问题,尤宜重视对第一期的认识,因必须了解佛教传入前的中国宗教。至于黄老道、方仙道、易学象数、封禅史等是否道教的问题,则决定在认识道教的概念。老子曰"道可道,非常道;名可名,非常名",研究道教者必宜深思之。故写《道教史》当以史实为主,不当为名实所囿,庶可研究在中国国土上自生自长的宗教——道教。且由原始宗教而论,凡道家、儒家等的哲理皆从原始宗教吸取其信仰原则,故对第一期的道教尤当特别重视,详下第十点。

第十点,宜发掘道教的史实。以事实显示道教存在于今日的作用,方为写《道教史》的目的。纵观在中国国土上,经若干万年的发展,由原始宗教进化而成为中国民族意识的道教,所经历的史实仅能存其梗概。且原始宗教的具体信仰以及形式等,每因聚居的地域而不同。中国是一个多民族国家,早以炎黄后裔自居,据《封禅书》,炎帝尚非神农。更以方仙道的五行观之,炎当南方火,可指长江流域的民族,黄指北方黄土高原,可指黄河流域的民族。然黄河长江两大流域的民族统一,已融合了各部族以及各民族为一,故能形成今日的广大地区及众多人口。然则所谓道教宜指炎黄后裔的宗教,各少数民族仍有各种原始形式的信仰,似与道教已不可并论。当研究道教史时,仍宜加以参考,因原始道教亦可能具此形式。故今日发掘第一期中史前的道教史实,更须结合时空结构,考察炎黄后裔与少数民族具有不同的发展速度。而生物自身的发展,包括各少数民族,则同样有极长的时空结构,故仍将与道教有关,且可得极重要的信息,此正有待于今日的发掘并加以认识。迨距今约三千年前的殷周之际,在北方已存在祭天祭祖,且有以始祖配天的思想,所谓"周公郊祀后稷以配天,宗祀文王于明堂以配上帝",确为儒家的宗教观。即此而视之为儒教,未尝不

17

可。而道教的思想实亦有此基础,老子所谓"子孙祭祀不绝,修之身,其德乃真……"是其义。且能"以天下观天下",不为尧舜三代所限,乃最为合乎史实的科学思想。惜一般人为汉后儒术所束缚,误认孔子郑重论述一千余年的史实为幻想,于尧舜前更视为全是神话,与百年来考古所得新旧石器时代的情况大有不同。且世界各民族的文化基础莫不和宗教有关,中国亦未能例外。故对中国文化的认识,必须重视道教史的研究,发掘属于第一期从上古直至西汉的道教史实,尤为重要。

及东汉起,因佛教传入而促使道教加速发展,为不可忽视的事实。然亦当研究佛教有取于道教思想而形成中国佛教的事实,且更应重视儒术在释老中所起的作用。此发掘第二期的道教,应有据于第一期的史实方有新意。且以史实为主,切忌渗入宗教感情。至于三教合一的问题,因三教的内容受时代思潮而变化,此不详及。迨唐末宋初,始有比较固定的三教内容。儒以《古文尚书》为主,宋起推崇孟子,近千年来尤突出尧舜孔子的所谓道统。佛基本以在中国发展的禅宗为主,道则以反身修炼内丹为主。有此主要属于内圣的具体内容,方可认识三教合一问题。且由内圣而外王,三教各有礼乐制度以自度度他。自清亡而种种儒教的祭祀,如祭天地、日月、社稷、先农及封禅祭祖祭孔等仪式基本皆废,乃未知董仲舒以来约两千年的儒教。又如五岳之神、城隍土地等本皆属于儒教,历代渐归于道教,且佛道二教的仙佛亦渐有相通,基本皆可究其源。三教合一问题,犹今日比较宗教,在中国早已加以比较而互相吸取他教之精华。唯儒佛仍能坚守基本之教义而扩充之,道则明言取于儒教佛教而加以会通。如能会通而观唐末宋初所革新的道教,则其教义更有所深入,然尚未为研究者所重视。此为第三期于道教中除正一、全真外,必须认真发掘的史实。总上发掘三期各有所偏重的史实,方能写成基本合乎在中国历史上客观存在的《道教史》,且与整个中国文化的发展有密切联系。

由以上十点纲领,反复说明顺逆的时空向量,庶可概见道教史的具体内容。最重要在于必须以史实认识道教的起源,因成仙、成圣、成佛为三教的目的,由道而仙,本属道教之鹄的。故有据于方仙道,作为道教的重要基础,决非无稽之谈。且又应注意由仙而道,道作为教义之旨,经黄老结合而有"道法自然"之哲理,宜今日所谓自然科学亦在其中,故较董仲舒准儒术以结合方仙道的天人合一更具有丰富的内涵,足为今后阐明道教的指针。

论仙与道

　　深入研究道教的内容,有仙与道两种概念。这两种概念既可密切联系而为一,亦可互不相关而具不同的实质。且道教的内容,因时间地域的不同而有变化,则仙与道所内含的形象,自然可分可合而变化多端。陈撄宁(1880—1969)老先生为近代著名的道教学者,于五十余年前曾创办"仙学院",主编《仙道月报》,建国后出任中国道教协会副会长、会长等职,直至仙逝。一生研究道教之所得,即归诸仙与道两方面。要而言之,道本《老子》之言,得道成仙,斯为修道的成果,古有黄帝飞升成仙之事。合黄老之旨以究其理,此道教的内容所以不可偏废仙与道,方可有其特色。今愿继承陈老先生所研究的原则,从仙与道两方面以研讨道教文化。

　　道教是中国土生土长的宗教,这一最简单最合乎史实的定义必须认真对待,尤其应该了解道教如何生长的具体情况。中国有漫长的史实可考,于世界史中属仅存的古国。如埃及、巴比伦等国的古文化,不幸已中断。唯中国的古文化,依据近百年来所发现的殷墟甲骨文论,凡有十万余片有文字的甲骨,时间为距今三千数百年前。且因文化未中断,故今天仍能概知其文字的内容。这一有影响于全人类历史的文化宝库,产生在中国国土上。试思三千数百年前有此较完备的文字,则创造文字更有其千百年的过程。而其前有知识而尚无文字的时代,更有漫长的岁月。中华人民共和国成立后,考古事业有大发展,正在发现史前文化的情状。凡旧石器时代以及新石器时代的文化遗址,屡屡被发掘,且遍满全国各地。有此史实为证,中国诚无愧于文明古国的称号。进一步究及古代文化的萌芽,与宗教信仰有不可分割的联系。如北京房山有一两万年前的山顶洞人,今所发现的一切遗迹,早具有原始宗教的形象。而距今约万年前后的遗址,决不是仅数处,已有数十百处。全国各地所产生的基本相似而非全同的各种原始宗教,就是发展成中国道教的基础。

依全国地势言,含黄河、长江两大流域,以孕育中国文化的发展。更应考虑黄河以北、长江以南的发展情况。择要而言,黄河上游有马家窑文化、齐家文化等;黄河中游有仰韶文化、龙山文化等;且于西安已得半坡遗址,郑州亦有大河村遗址等;又黄河下游有大汶口文化等;长江上游的南方有云南元谋大墩子遗址等;长江中游有屈家岭文化、大溪文化等;及汉水流域、鄱阳湖赣江流域,遗址尚多;长江下游有河姆渡文化、嵩泽文化等。而所有的文化遗址,莫不与原始宗教相关,今后应深入研究当时各地居民的思想实质。幸有此考古所得,故对记述古史的古籍,亦须加以再认识。如总述古代神话的《山海经》等书,大量含有史前文化的记录,不可认为全部是无稽之说。又如《路史》等所认识的时间间隔,亦有参考价值。

且由地势而及天时,此以万年的时空数量级考虑其变化。因中国地处北半球,地势为西高东低,故观其东西,以见水流的顺逆;又气温为北冷南热,故观其南北,以见气流寒暑之推移。合而观之,似西北至东南一线为发展的方向而变动较多,东北至西南发展的一线比较稳定。概言万年来的居民变化有分有合,聚居的组织自然由母系社会逐步变化成父系社会。且由人数较少的部族,可结合成生活习惯相似而人数较多的民族。于原始宗教的信仰,亦经相互排斥或相互结合而有相似的信仰。且民族的迁移似当由北而南为主,而农业社会的形成南方反早于北方。又最近于北方红山文化区域中,发现辽西西部有大型祭坛、女神庙和积石冢群址,时间在距今五千年前,则对中国古代的宗教信仰认识必须加以改观。于东西向之外,尤当注意南北向。有此史实为据,及三千数百年前的殷周文化,其宗教信仰早已完成整体思想,似不可再以原始宗教视之。究其信仰的实质,就是人与自然界的结合,人贵由遗传而推至始祖,自然界则本诸直立人的上下为天地,所谓"顶天立地"。上天重视登山,入地重视涉水。中国宗教之神化名山大川,决非偶然。以尊祖论,产生以始祖配天的宗教概念。商周之祖皆有母无父,尚见母系社会的情况。故孔子于古史划时代于尧舜,所以确立父系社会。以时间观之,仅上及一千数百年。惜经孟子"言必称尧舜"的大力美化,使尧舜时代的面目与具体的史实距离日远。汉后经学家进一步美化,二千余年来所认识的尧舜时代,不啻为人间的理想国,而对古史的史实基本不加考察。宗教信仰建立彼岸的乐土,而中国的经学家视尧舜时代犹此岸的乐土。直至近百年来,始能纠正经学家的陋见。在古史上尧舜前的史迹尚多,当春秋而战国时,反能有所认识。齐国的稷下派,亦就是由姜齐而田齐,已上推陈国的始祖由舜而黄帝。后于孟子之邹衍,即用"先序今以上至黄帝",是即以黄老道扩大尧舜孔子之道,而方仙道亦由是而起。仙之概念与黄帝联系,道之概念与老子联系,黄帝飞升者,所以发展殷周时代早已形成以始祖配天的宗教概念。《山海经·海外南经》:"不死民在其(指交胫国)东,其为人黑色,寿,不死。一曰在穿匈国东。"《山海经·大荒南经》:"有不死之国,阿姓,甘木是食。"《山海经·海内经》:"流沙之东,黑水之间,有山名不死之山。"凡此神话,以见先民早有长生之愿,成为原始宗教所幻想的形象。其后就演变为道教信徒入山修道,不食烟火食,由辟谷以祈求成仙。又齐之沿海,如蓬莱等处,常有"海市蜃楼"出现。

此事在今天犹引人注意,何况二三千年前,乃不期而以仙山目之。凡道教所构建的仙境,既有琼楼玉宇,亦兼有一般民间的生活情状,是皆得于"海市蜃楼"中。且于西北的流沙区域,亦可能出现"海市蜃楼",皆为中国产生道教的思想基础。

计自战国中期起,有大量文献托名黄帝。因在当时基本已理解古史,代代相传须有较长的时间,方能成为各民族的共同祖先。惜这一合乎科学推理的事实,未为儒家所认识。故司马迁《史记》已能托始于黄帝,同时汉武帝尊儒术后,全部否定黄帝的事实,故黄老道与方仙道变成不必研究的赘疣。不知在当时此直接影响秦始皇的建国,早有大量信徒。今于长沙马王堆发现大量黄老道的文献,更可加以证实。且二千余年来,已成为中医理论基础的《内经》亦托名于黄帝。此见尚黄老有其实质性的内容,非仅休养生息而已。

自汉武帝开通丝绸之路后,西域地区所信仰的佛教即源源而来。东汉初楚王英兼信黄老与浮屠,则黄老道何可不认为是中国的宗教。然自宋代起,渐以张陵的五斗米道作为中国道教的开始,则中国有宗教已受佛教的影响,在佛教传入前中国无宗教,此一观点实未合史实。又自明朱元璋起,认定道教仅须以正一、全真二派当佛教的宗门、教下,足以代表一切。于是道教教义日隘,先秦的灿烂文化全部与道教无关,此实为中国历代学者以儒为主的流弊。且对中国的宗教思想及土生土长的道教,根本未加详究,乃去仙而仅论道,宜自明清以来道教日趋式微。今当恢复道教的可贵实质,就在深入认识并体验人体的究竟,其源必须本诸先秦的仙道。

论尚黄老与《淮南子》

　　研究《淮南子》这部书,宜分三方面说明原委,方能深入了解其价值。其一,须研究淮南王刘安的史实,对其身世与遭遇决不可忽视。其二,须研究在淮南王刘安亲自主持下,利用门下食客的智慧分头写作而综合成书。故《淮南子》一书的内容,既未可忽视刘安本人的思想,尤不可不注意实有众多的作者。其三,最关重要的事,更须深入研究当时的客观环境及学术气氛。以下综合三方面加以研究,可归诸本题之所以名"论尚黄老与《淮南子》"。

　　考当时的客观环境正在起重大的变化,学术气氛亦从尚黄老变为尊儒术,而《淮南子》一书,基本在研究黄老之化,宜逐步与时代思潮不合。至于刘安(前179—前122)的身世,为刘邦之孙、刘长之子,汉武帝(前156—前87,前140—前87在位)的堂叔。其间的关系,当从刘邦谈起。

　　刘邦(前256—前195)五十一岁开国(前206),天下实未安定。四年(前203)立黥布为淮南王,六年项羽卒(前201),八年(前199)刘邦过赵时年已五十八岁,赵王献张傲美人,九年(前198)生子刘长,时邦正怒赵王,未理其事。张傲美人愤而自杀,邦旋悔之,使长以吕后为母。十一年(前196)十月淮南王黥布反,平之而于十二年(前195)封长为淮南王,时长仅四岁,未久邦卒。吕后子惠帝即位七年(前194—前188),权为吕后所掌握,继之吕后自称帝八年(前187—前180)。赖旧臣安汉立高祖中子,母薄姬,是谓文帝(前179—前157,在位廿三年),是年刘安生(前179)。而其父刘长性情暴躁,三年入朝(前177),年廿二岁,为雪母仇,以金椎椎死辟阳侯。文帝母子及大臣皆惧长,虽有请罪之举,仅属形式,旋返国,俨然有天子之象。文帝及诸大臣当然不能容。六年,迁其国,长不愿受辱而自杀,年仅二十五岁。十二年(前168),淮南民有为长不平者,作歌悲之,辞曰:"一尺布,尚可缝;一斗粟,尚可舂。兄弟二人,不能相容。"可见淮南民犹忆及刘长之治国,仍有好感。文帝闻之,追尊谥淮南王长为厉王,为之置园,复如诸侯仪。十六年(前164),三分厉王封地以封其三子勃、赐、安,勃为衡山王,赐为庐江王,安为淮南王。是年淮南王刘安仅十六岁。景帝三年(前154)吴楚反,数月破之,厉王三子不与于乱,景帝嘉之。安为人好读书鼓琴,不喜弋猎狗马驰骋,善治百姓。武帝十七岁(前140)即位时,安已四十岁,于建元二年(前139)入朝,武帝年仅十八,于安为侄。安与武安侯田蚡善。及元朔三年(前126)入朝,武帝年三十一岁,正当有为之时,安已五十五岁,宜有赐几杖不朝之宠。考安于十六岁至五十五岁的四十年间,曾"招致宾客方术之士数千人,作为《内书》二十一篇,《外书》甚众,又有《中篇》八卷言神仙黄白之术,亦二十余万言"(《汉书》本传),此为刘安的成就。"时武帝方好艺文,以安属为诸父,辩博善为文辞,甚尊重之。每为报书及赐,常召司马相如等视草乃遣。初,安入朝,献所作《内篇》新书,上爱秘之,使为《离骚传》,且受诏,日食时上。又献《颂德》及《长安都国颂》。每宴见,谈说得失及方技赋颂,昏莫然后罢"(同上)。此当指建元二年(前139)事,时已上新出之《内书》二十一篇,上爱秘之。故《淮南子内篇》之成书,且及所作之赋,宜以是年论。《汉书·艺文志》:"《淮南道训》二篇,淮南王安聘明《易》

者九人,号九师易";此外为《淮南内》二十一篇,《淮南外》三十三篇,又"《淮南王赋》八十二篇,《淮南王群经赋》四十四篇"。若《道训》与《外篇》未知何时上于武帝,至迟在五十五岁。唯八卷二十余万言言神仙黄白之术的《中篇》,因刘安自杀,或当时已佚失,且有大批学者被害,其思想知识基本皆失传。故武帝之灭淮南,对中国思想文化为不可弥补的大损失,似不小于秦始皇之焚书坑儒。今详究刘安之思想,祖母自杀,父虽为报仇而又为文帝所逼而自杀,对皇室之怨恨不言而喻。然安与其父的性格恰反,已由武而文,是否于武帝不利,决非安一方面之故。当武帝十八岁直至三十一岁时,其情皆能相得,何以仅隔四年,又逼安自杀,且成诛及万人之大狱。此于刘安一方外,宜注意武帝的思想变化。因淮南封地近于高祖开国之处,且秦汉之发展方向恰反。秦立足于西北"天极",面向东北东南灭六国以统一天下。汉刘邦本处于东南而面向西北灭秦以开国,将卒犹恨惠帝之不似己。及旧臣平吕后专政而有文景之治,仍无发展汉朝大业之计划。若刘长之狂躁,或反能得邦之赏识,惜年仅四岁而邦卒,此亦无可奈何之事。不期长子安又生成文景之思想,而景帝之子武帝,直有刘邦、刘长之志。其间三四代人的性格变化,殊可研究其遗传信息。先示以下表,数字为继位之次:

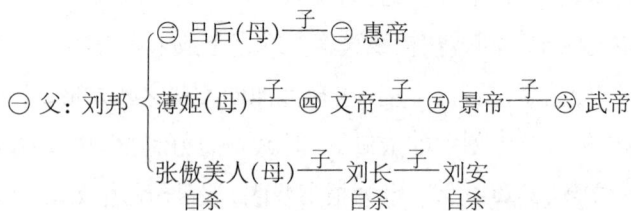

```
                   ┌ 吕后(母) ─子─ ○ 惠帝
                   │
○ 父:刘邦 ┤ 薄姬(母) ─子─ ④ 文帝 ─子─ ⑤ 景帝 ─子─ ⑥ 武帝
                   │
                   └ 张傲美人(母) ─子─ 刘长 ─子─ 刘安
                        自杀              自杀        自杀
```

更以今心理学之向外性与向内性分辨刘邦四代人的性格,又成一表,数字为辈分:

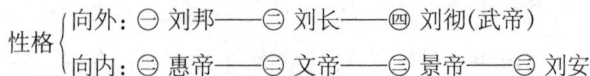

```
        ┌ 向外:○ 刘邦 ── ○ 刘长 ── ④ 刘彻(武帝)
性格 ┤
        └ 向内:○ 惠帝 ── ○ 文帝 ── ○ 景帝 ── ○ 刘安
```

　　由上二表可见汉室开国后百余年的形势,刘邦不满继位之惠帝,宜有吕后之事。文帝之继吕后,不期又似惠帝,对刘长之性格势必不能容,逼其自杀而后悔之,仍为文帝的性格所决定,亦不可忽视窦后的思想。于景帝灭吴楚后仍诛晁错者,亦有合于景帝之性格。而安弟兄三人未与于吴楚反,既有其父之事为戒,于安更由其性格所决定。宜景帝一代与武帝初期,安能相处无事而于文化思想大有成就。至于武帝之性格,实有其向外之大志。刘长因其地位,于向外的性格大受限制,而武帝则名正言顺,宜有以继刘邦之志而扩大之,势必向西开发。且征西南夷又为地势所限,唯西北一路更可发展秦之"天极"。于建元三年(前 138)张骞出使匈奴,曾至大宛、大月氏、大夏、康居等国,行时百余人,凡十三年(前 138—前 126),唯二人得还。武帝对此事可云最适合其个性,乃决定进一步开发西域,亦正当赐安几杖不朝之时。故安不朝之四年中,武帝于元朔五年(前 124)派卫青将兵十余万人出朔方,于六年又封骞为博望侯,正积极准备第二次通西域。适当大军西北出征之时,于东南国基何可不正。且自窦太后卒(前 135),早已一心尊儒术而排斥百家,然而刘安的思想仍主黄老之风兼及儒术以治国,况有众多宾客及兵力,宜与武帝之思想行动逐渐不同,抵触情绪与日俱增,终于造成沉痛的悲剧。今不必为刘氏家属辨是非,而为中国的思想文化,实宜为刘安悲。以下准今日仅存的《淮南子内篇》,结合当时的学风,深入研究其作者及价值,并推测已散佚诸书之内容。

　　先可考察为刘长不平而作歌者,时在文帝十二年,亦即刘安十二岁。以安之日后发展观之,此歌未尝不可视为刘安自作。当其六岁时,其父刘长自杀,门下食客未必散尽。当安之知识渐开,何能无怨,故此歌即非安自作,必属其父之门下士所作。当十六岁安继承为淮南王时,门下食客势必骤增,为此歌者或在其中。且安于十六岁至四十岁之二十四年间,已成《淮南子内书》二十一篇,门下参与作此书者,年龄当长于安。且早期之宾客方士平均年龄可能与其父年龄相近,年最长者可生于秦始皇(前 259—前 210)时。自秦始皇卒至成《淮南子》仅七十一年,有七八十岁的老学者皆生于秦,且此辈学者父兄先师的知识,仍能保持战国末年的状况,尚未受秦始皇之干扰。故刘安的作风,一如战国末的四公子,即齐之孟尝君、赵之平原君、魏之信陵君、楚之春申君。以学术言,更如秦之吕不韦,所成之《淮南子内篇》(前 139)实与《吕氏春秋》(前 239)可相互比拟,虽已相差约百年,犹能保存战国时的学风,未为专主一家之说。要而言之,《吕氏春秋》的内容,贵能总结战国末年黄河流域流行的各种学术思想。主要于黄河上流为秦,中流为三晋,下流为燕齐鲁。吕不韦虽亡,秦始皇仍能酌取其旨,当天下既一而复造成焚书坑儒之灾,实因秦博士中犹存齐风。若易学整体之哲理属卜筮而未成禁书,然各国之读《易》法实多不同。汉初由尚黄老而成为尊儒术,其思想之变化,亦为对整体易学的认识问题。汉兴九年后,齐田何于秦杜陵以授《易》,犹重齐易以正仅属卜筮之秦易,故汉易基本出于田何。然时有洛阳周王孙,虽从田何学而自有三晋之学风,与吕不韦及其门客的思想有关。其后丁宽既从田何学又从周王孙学,方能得较完备之易义。后归梁孝王为丁将军,以灭吴楚之反(前 154)。此系易学之内容,与杨何(元光元年征为大中大夫)授与司马谈父之齐易不尽相同,因已多三晋易及长江流域的楚易。若九师所作有与于易理之"《淮南道训》二篇",当与丁宽及田何、周王孙以外的楚易有关。故《淮南子》论《易》,与司马迁论《易》不同。易学整体之尚黄老,又与司马谈《论六家要指》之尚黄老不同。以下表示汉初易学之部分传授关系:

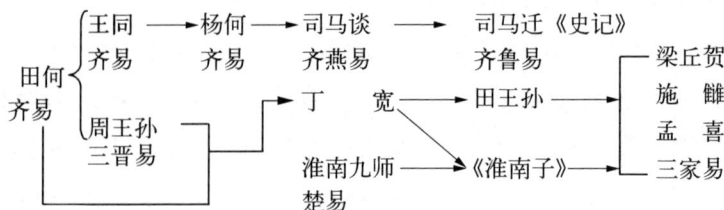

下附可靠的时间表：

公元前 198 年,高祖九年。田何由齐徙秦杜陵授《易》。邦五十九岁。刘长生。

公元前 179 年,文帝前元元年。刘安生。

公元前 174 年,文帝前元六年。刘长自杀。

公元前 164 年,文帝前元十六年。刘安为淮南王,聘明《易》者九人,号九师易。

公元前 154 年,景帝前元三年。丁宽为梁孝王将军,平吴楚反。

公元前 145 年,景帝中元五年。司马迁生。

公元前 139 年,武帝建元二年。刘安上《淮南子内篇》。

公元前 134 年,武帝元光元年。杨何征为大中大夫。

公元前 122 年,武帝元狩元年。刘安自杀。

公元前 110 年,武帝元封元年。司马谈卒。

由上表合诸可靠的时间,于汉初的学术思想,因易学未遭秦火,故仍能保存战国末年的各国学风。今研究《淮南子》,必须于数千宾客方士中重视明《易》之九师,方能得其要。不幸武帝后独尊儒术,《易》虽被尊为六艺之原,而其内容反为儒术所限。战国本具之易学,经秦始皇以卜筮限之,汉武帝更以六艺圈之,故论《易》主黄老之《道训》二篇亦乏人重视。于三家易中唯孟喜独有所传,或尚与淮南九师易有关。再者《淮南》分内外篇,似为《抱朴子》所取则,外篇中或多治国之理,今内篇尚存可为佐证。最可惜的是中篇二十余万言,或治狱时已散佚,刘向曾得其炼金法以上于朝,未成而险遭杀身之祸。此证中篇之神仙黄白术,乃兼先秦已有成就之道教内外丹,内丹归诸医学,外丹归诸化学,同属《易》学制器尚象的重要部分。于刘向失败后仅有流传者,唯东汉徐从事、魏伯阳、淳于叔通合著之《参同契》一书。此书谓取法于《龙虎经》者,或与《淮南子》中篇有关,惜未能证实。可见武帝灭淮南,使中国先秦的科技知识什九失传,此为中国二千余年来的莫大损失。幸《淮南子内篇》尚存,故先秦及汉初所认识的道犹可概见。汉初尚黄老主要以道言之,黄老云者,仍归伏牺氏之易道。能准此以观《内篇》,

庶可迎刃而解。故不知九师,何能知刘安之思想。以下具体摘录《内篇》之言,庶可免空论之失。先录《要略》,可知与易学之关系,殊可解二千年来重视经学《易》之束缚。

按《淮南内》二十一篇,实仅二十篇,最后一篇名为《要略》,犹自作之提要,殊能得二十篇之义。尤要者总结全书之旨,其言曰:

> 故著书二十篇,则天地之理究矣,人间之事接矣,帝王之道备矣。其言有小有巨,有微有粗,指奏卷异,各有为语。今专言道,则无不在焉,然而能得本知末者,其唯圣人也。今学者无圣人之才而不为详说,则终身颠顿乎混溟之中,而不知觉寤乎昭明之术矣。今《易》之乾坤,足以穷道通意也,八卦可以识吉凶、知祸福矣。然而伏羲为之六十四变,周室增以六爻,所以原测淑清之道,而捃逐万物之祖也。夫五音之数不过宫商角徵羽,然而五弦之琴不可鼓也,必有细大驾和而后可以成曲。……诚通乎二十篇之论,睹凡得要,以通九野、径十门、外天地、挈山川,其于逍遥一世之间,宰匠万物之形,亦优游矣。若然者,挟日月而不姚,润万物而不秏,曼兮洮兮,足以览矣。藐兮浩兮,旷旷兮可以游矣。

此实能得出入无疾之理,且归诸"伏羲为之六十四变,周室增以六爻",非明《易》之九师,何能见此。可由《系辞下》伏羲始作八卦之文更进一步。惜《道训》二篇已佚,未能究其详,幸存此《内篇》二十一篇,尚可得其旨。必本《要略》之文,始可证二十篇中虽不言八极即八卦,阴阳即乾坤,太乙即太极无极等,而理实可通。武帝尊儒术而重视《易》,不可不察其受刘安之影响。

既得全书之旨,更宜深入以究二十篇之要。

一、《原道训》——此篇论道,犹阐明"《易》有太极"之象。全篇屡及阴阳相对之概念,即发挥"一阴一阳之谓道"。《要略》曰:"原道者,卢牟六合,混沌万物,象太一之容。"虞翻注"太极,太乙也",即准此而言。《要略》又曰:"若转丸掌中,足以自乐也。"此以丸喻道,即庄子所谓"市南宜僚弄丸而两家之难解"(《杂篇·徐无鬼》),亦即"蓍之德圆而神"之象。宋邵雍《自作真赞》曰"弄丸余暇,闲往闲来",自注"丸谓太极",即据此"转丸掌中"之象。再者今尚流传转丸掌中作为健身之用,可见其来源之古。养生贵自乐,正原道之旨。

二、《俶真训》——此篇犹总结《庄子》之旨。"……及世之衰也,至伏羲氏,其道昧昧芒芒然,吟德怀和,被施颇烈,而知乃始昧昧睑睑,皆欲离其童蒙之心,而觉视于天地之间,是故其德烦而不能一。乃至神农黄帝,剖判大宗,窍领天地,袭九窾,重九㷉,提挈阴阳,𡡾捖刚柔,枝解叶贯,万物百族,使各有经纪条贯。于此万民睢睢盱盱然,莫不竦身而载听视,是故治而不能和下。栖迟至于昆吾夏后之世,嗜欲连于物,聪明诱于外,而性命失其得。施及周室之衰,浇淳散朴,杂道以伪,俭德以行,而巧故萌生。周室衰而王道废,儒墨乃始列道而议,分徒而讼。于是博学以疑圣,华诬以胁众。弦歌鼓舞,缘饰诗书,以买名誉于天下。繁登降之礼,饰绂冕之服。聚众不足以极其变,积财不足以赡其费。于是万民始惆觟离跂,各欲行其知伪,以求凿枘于世而错择名利。是故百姓曼衍于淫荒之陂,而失其大宗之本。……"其叙古史,本伏羲神农黄帝而忽尧舜,盖有意排儒。若谓伏羲而知乃始,指"始作八卦"而"卦之德方以知",又特用蒙卦六五"童蒙"之象以保其真。若伏羲之仰观俯察等,使童蒙觉而亦视于天地之间,是故其德烦而不能一。虽然,方而不忘圆,亦何碍于知。此论伏羲等之象,所以发展先秦早已存在的易学史,且执于道而忽乎儒,以见汉初尚黄老之道。合诸《庄子·天下篇》论,《淮南子》较《庄子》更重黄老,此见战国末与汉初之异。

三、《天文训》——《要略》云:"天文者,所以和阴阳之气,理日月之光,节开塞之时,列星辰之行,知逆顺之变,避忌讳之殃,顺时运之应,法五神之常,使人有以仰天承顺而不乱其常者也。"以今而言,犹以天文为坐标,实即合律历而一,明种种周期之变。观《吕氏春秋》之视《易》,尚以卜筮为主(另详《论秦易》),而《淮南子》论《易》,已进而见其理。考卦象与天文之配合,以阴阳之义观之早已相通,然先秦之《易》尚以数为主。因数而变成今日--(阴)、-(阳)之符号,其来未远,故此《天文训》之义,可绘成种种卦象图。因卦象之大义本为坐标之符号,畅论天地、阴阳、方圆、幽明、内外、水火、天干、地支等等相对之易义,其后势必有孟喜之孟氏易及京房之京氏易,若卦气图、八宫图等等。图可后出,图中所示卦象之义,于律于历莫不有据于先秦之象。《淮南子》继承先秦古说,此篇尤为承前启后之主要关键。然尚于二十四向用东北为报德之维,西南为背阳之维,东南为常羊之维,西北为蹄通之维,虽未用艮坤巽乾四卦而已有其象。

四、《墬形训》——已有取于《山海经》之说,与总结黄河流域文化的《吕氏春秋》不同。安之宾客中,必多南方之学者。五行中用壮老生囚死的概念,或承邹衍之说,亦有蜀楚吴越之学风。

五、《时则训》——仍与《吕氏春秋》相同,与《卦气图》亦同义,以明十二月令之象。

六、《览冥训》——"夫阳燧取火于日,方诸取露于月,天地之间,巧历不能举其数,手征忽恍不能览其光,然以掌握之中,引类于太极之上,而水火可立致者,阴阳同气相动也。此傅说之所以骑辰尾也。……今夫调弦者,叩宫宫应,弹角角动,此同声相和者也。"《要略》曰:"引人之意,系之无极,乃以明物类之感,同气之应,阴阳之合,形埒之朕,所以令人远观博见者也。"此视阳燧、方诸之为物,能引类于太极之上。总其旨于《要略》,即明物类同气之感应,可引人之意归于无极。

32

考太极为阴阳两仪之本,语出《周易·系辞》,无极之词,乃出《老子》。由太极之上而系于无极,正《淮南子·览冥篇》之旨。宋周敦颐《太极图说》首句曰"无极而太极",引起理学中大辩论,而其原即出于此,可喻《淮南》一书与易学关系之密切。此训又明伏羲之象,且合女娲言,谓:"……使万物各复归其根,则是所修伏羲氏之迹而返五帝之道也。夫钳且大丙不施辔衔而以善御闻于天下,伏羲女娲不设法度而以至德遗于后世。何则,至虚无纯一,而不嚘喋苟事也。《周书》曰:'掩雉不得,更顺其风。'今若夫申韩商鞅之为治也,挬拔其根,芜弃其本,而不穷究其所由生,何以至此也。"更见其已合南北方文化而言。此见九师说《易》,既不同于秦易,亦不同于齐易,与司马谈所主之黄老易亦有所辨。此训之末曰:"譬若羿请不死之药于西王母,姮娥窃以奔月,怅然有丧,无以续之。何则,不知不死之药所由生也。是故乞火不若取燧,寄汲不若凿井。"此所以刘安又重视黄白术,贵能大其幻想而归诸实用。

七、《精神训》——"……有二神混生,经天营地,孔乎莫知其所终极,滔乎莫知其所止息。于是乃别为阴阳,离为八极,刚柔相成,万物乃形。烦气为虫,精气为人。是故精神天之有也,而骨骸者地之有也。精神入其门,而骨骸反其根,我尚何存。是故圣人法天顺情,不拘于俗,不诱于人。以天为父,以地为母,阴阳为纲,四时为纪。天静以清,地定以宁。万物失之者死,法之者生。夫静漠者神明之宅也,虚无者道之所居也。是故或求之于外者,失之于内;有守之于内者,失之于外。譬犹本与末也,从本引之,千枝万叶,莫得不随也。……故曰:一月而膏,二月而胅,三月而胎,四月而肌,五月而筋,六月而骨,七月而成,八月而动,九月而躁,十月而生。……"此犹深入研究"近取诸身",唯莫知终极而止息,乃有阴阳八极,是即八卦之象。非儒崇道,全书之旨,此训中尤多。而阴阳八极,且谓至人当"处大廓之宇,游无极之野,登太皇,冯太一,玩天地于掌握之中,夫岂为贫富肥臞哉"。纯乎道法自然之象。《要略》曰:"不以物易己,而坚守虚无之宅者也。"是即今日所谓当理解生命起源之机,而易理中亦宜明乎此。若三家易中,施雠、梁丘贺犹立卜筮而理归诸儒,唯孟氏易尚能知象。惜为尊儒所限,知制器尚象之《易》者日少,乃渐趋空说义理而无实用,此弊起于废黄老易。《淮南子》之可贵,尚能保存先秦之黄老易。当深入研习《淮南子》后,庶可见无极太极之本义,由精神骨骸又可得天地人三才之易学整体。

八、《本经训》——"其言略而循理,其行倪而顺情,其心愉而不伪,其事素而不饰。是以不择时日,不占卦兆,不谋所始,不议所终。安则止,激则行。通体于天地,同精于阴阳,一和于四时,明照于日月,与造化者相雌雄。是以天覆以德,地载以乐,四时不失其叙,风雨不降其虐,日月淑清而扬光,五星循轨而不失其行。"此明循理顺情而不伪不饰,当不择时日,不与卦兆,基本发展易学之理。虽不占卦兆而重视阴阳、四时、八极、五星之象数,易学又进一步与自然科学结合。又曰:"帝者体太一,王者法阴阳,霸者则四时,君者用六律。秉太一者牢笼天地,弹压山川,含吐阴阳,伸曳四时,纪纲八极,经纬六合,覆露照导,普汜无私,虾飞蠕动,莫不仰德而生。阴阳者顺天地之和,形万殊之体,含气化物,以成垺类,赢缩卷舒,沦于不测,终始虚满,转于无原。四时者,春生夏长,秋收冬藏,取予有节,出入有时,开阖张歙,不失其叙,喜怒刚柔,不离其理。六律者生之与杀也,赏之与罚也,予之与夺也,非此无道也。故谨于权衡准绳,审乎轻重,足以治其境内矣。"此言全准易理而言,所谓帝王霸君,实为宋邵雍《皇极经世》之皇帝王霸所取法。《淮南子》轻视尧舜,《皇极经世》始于尧,又见时代之不同,于易理未尝不同。

九、《主术训》——《要略》曰:"主术者,君人之事也。"考此内篇二十一即进于武帝者,而此训正所以望于武帝。训中有曰:"故不言之令,不视之见,此伏羲神农之所以为师也。"此当建元二年尚以为是,当元朔时张骞回国后,已不甘于不言不视。所视以刘安为主,宜有以灭之以安国基。

十、《缪称训》——《要略》曰:"假象取耦,以相譬喻,断短为节,以应小具。所以曲说攻论,应感而不匮者也。"而此训所述,每引《易》之原文,断章取义,是之谓"玩辞"。可见九师之于易学,实能知合知分,斯为可贵。引《易》共六见。

(一)"故至德者,言同略,事同指,上下一心,无歧道旁见者。遏障之于邪,开道之于善,而民乡方矣。故《易》曰:'同人于野,利涉大川。'"

(二)"故君子惧失仁义,小人惧失利。观其所惧,知各殊矣。《易》曰:'即鹿无虞,惟入于林中。君子几,不如舍,往吝。'"

(三)"圣人在上则民乐其治,在下则民慕其意。小人在上位,如寝关曝纩,不得须臾宁,故《易》曰:'乘马班如,泣血涟如。'言小人处非其位,不可长也。"按:"不可长也"正释《小象》"何可长也",可作武帝初年已有《小象》之一证。

(四)"动于上不应于下者,情与令殊也。故《易》曰:'亢龙有悔。'"

(五)"圣人在上,化育如神。太上曰:'我其性与。'其次曰:'微彼其如此乎。'故《诗》曰'执辔如组',《易》曰'含章可贞'。"

(六)"今夫夜有求,与瞽师并,东方开斯照矣。动而有益,则损随之。故《易》曰:'剥之不可遂尽也,故受之以复。'"按此引自《序卦》,可证当武帝初年已有,且与卦爻辞并观,是之谓缪称欤!又见《易》《诗》并引,其来未必古。

十一、《齐俗训》——此训同齐世俗以见其几。叙太公望与周公之对言,虽是后人逆探而杜撰,九师取之以释坤初,其理确有其几。文曰:"昔太公望周公旦受封而相见,太公望问周公曰:'何以治鲁。'周公曰:'尊尊亲亲。'太公曰:'鲁从此弱矣。'周公问太公曰:'何以治齐。'太公曰:'举贤而上功。'周公曰:'后世必有劫杀之君。'其后齐日以大至于霸,二十四世而田氏代之。鲁日以削,至三十二世而亡。故《易》曰:'履霜,坚冰至。'圣人之见,终始微言。"按是之谓"数往者顺,知来者逆",兼此顺逆之理,易学之所以能成为整体。

十二、《道应训》——此训全以老庄之理观古今之事,结句引"老子曰:化而欲作,吾将镇之以无名之朴也"。此无名之朴,亦可以无极喻之,足以尽古今之迹,理仍在其中。

十三、《氾论训》——首载圣人之制作,皆准《系辞下》之说,且曰:"古之所以为治者,今之所以为乱也。……夫圣人作法而万物制焉,贤者立礼而不肖者拘焉。制法之民不可与远举,拘礼之人不可使应变。耳不知清浊之分者,不可令调音;心不知治乱之源者,不可令制法。必有独闻之耳,独见之明,然后能擅道而行矣。"此见古今治乱之变,当有独闻独见者庶能知其源,是即尚象之理。又曰:"自古及今,五帝三王,未有能全其行者也,故《易》曰:'小过,亨利贞',言人莫不有过而不欲其大也。"此释小过卦辞,义殊可取,亦即《易》要无咎之义。无咎者,有咎而无之之象,唯独闻独见者可得之。《系辞下》曰:"易穷则变,变则通,通则久。"于《要略》则曰:"兼稽时世之变而与化推移者也。"

十四、《诠言训》——"洞同天地,浑沌为朴,未造而成物,谓之太一。……真人者,未始分于太一者也。"此书立太一之名,似较太极为更高之层次,亦即无极太极之合。又以广成子当坤卦六四,其言曰:"广成子曰:'慎守而内,周闭而外,多知为败。毋视毋听,抱神以静,形将自正。'不得之己而能知彼者,未之有也。故《易》曰:'括囊,无咎无誉。'"又曰:"大乐必易,大礼必简,易故能天,简故能地。大乐无怨,大礼不责,四海之内,类不系统,故能帝也。"乃有取于"易简而天下之理得矣"之义。究其实,反有合于孔子《论语·阳货》"礼云礼云,玉帛云乎哉;乐云乐云,钟鼓云乎哉",而大异于《荀子·非相篇》"故《易》曰'括囊无咎无誉',腐儒之谓也"。

十五、《兵略训》——《要略》曰:"所以知战阵分争之非道不行也。"于道则曰:"古得道者,静而法天地,动而顺日月。喜怒而合四时,叫呼而比雷霆。音气不戾八风,诎伸不获五度。下至介鳞,上及毛羽。条修叶贯,万物百族。由本至末,莫不有序。是故入小而不偪,处大而不窕。浸乎金石,润乎草木,宇中六合,振毫之末,莫不顺比。道之浸洽,渭淖纤微,无所不在,是以胜权多也。"此所谓道,亦即阴阳八卦五行之理。于"善修行陈"又及"望气候星,龟策机祥"等,皆有得于象数,其间实有无穷之机,贵能体乎时空之际,是以"胜权多也"。

十六、《说山训》——"故钓可以教骑,骑可以教御,御可以教刺舟。"此已及抽象之教,所以能成教之象。必循此理,乃可理解易学之象。又当时已知"慈石能引铁,及其于铜则不行也"。

十七、《说林训》——"听有音之音者聋,听无音之音者聪,不聋不聪,与神明通。卜者操龟,筮者端策,以问于数,安所问之哉。"必及不聋不聪,是犹庄子所谓在材不材之间,庶能无问于数而任自然。此训言物之理,亦多可取。伏牺有本于"远取诸物"是其义。

十八、《人间训》——引史事明损益之变,乃曰:"孔子读《易》至损益,未尝不愤然而叹曰:'益损者,其王者之事与。事或欲以利之,适足以害之,或欲害之,乃反以利之。'利害之反,祸福之门户,不可不察也。"又曰:"今霜降而树谷,冰泮而求获,欲其食则难矣。故《易》曰'潜龙勿用'者,言时之不可以行也。故'君子终日乾乾,夕惕若厉,无咎'。'终日乾乾',以阳动也,'夕惕若厉',以阴息也。因日以动,因夜以息,唯有道者能行之。"孔子读《易》,当可有其事,唯并未作郑学之徒所数之《十翼》,此不可不辨。此释损益之反复变化,本属易义。又释及乾初、三二爻,可见二千余年前本用此义。

十九、《修务训》——此训论世事之本,故以"神农乃始教民播种五谷,相土地宜燥湿肥垸高下,尝百草之滋味,水泉之甘苦,令民知所避就"说起,是犹本诸农业社会的生产力。引有"盖闻传书曰,神农憔悴,尧瘦臞,舜黴黑,禹胼胝,由此观之,则圣人之忧劳百姓甚矣"。是同孟子之思想,然已上推至神农,故与"言必称尧舜"者不同。又提及"昔者苍颉作书,容成造历,胡曹为衣,后耕稼,仪狄作酒,奚仲为车,此六人者皆有神明之道,圣智之迹。故人作一事而遗后世,非能一人而独兼有之。各悉其知,贵其所欲达,遂为天下备"。能重视具体之修务,始有合于易学之哲理,亦为易学中最可重视者,《系辞下》之"盖取章"即此义。故此《修务训》宜与《氾论训》同观,惜读《易》者每多忽视或误解。能准"盖取章"以论易象,自然识此《修务训》与易学之关系。《要略》曰:"所以使学者孳孳以自几也。"此九师之《易》所以可贵也。

二十、《泰族训》——"故寒暑燥湿,以类相从。声响疾徐,以音相应也。故《易》曰:'鸣鹤在阴,其子和之。'……又曰:'故大人者,与天地合德,日月合明,鬼神合灵,与四时合信。'"则与《文言》乾五基本同义。至于明六经之失曰:"《易》之失也卦,《书》之失也敷,《乐》之失也淫,《诗》之失也辟,《礼》之失也责,《春秋》之失也刺。"合其他五字观其义,"《易》之失也卦"未误。凡《春秋》之失也刺,所以罪孔子,于《易》所以罪伏羲之始作八卦,凿破混沌而不见太乙,非其失乎。继之兼论六经之得失曰:"绪业不得不多端,趋行不得不殊方。五行异气而皆适调,六艺异科而皆同道。温惠柔良者,《诗》之风也。淳庞敦厚者,《书》之教也。清明条达者,《易》之义也。恭俭尊让者,《礼》之为也。宽裕简易者,《乐》之化也。刺几辩义者,《春秋》之靡也。故《易》之失鬼,《乐》之失淫,《诗》之失愚,《书》之失拘,《礼》之失忮,《春秋》之失訾。六者圣人兼用而裁制之。失本则乱,得本则治,其美在调,其失在权。"此论六艺得失之象,殊可参考,尤要者宜知兼用之本。又释丰上曰:

"《易》曰:'丰其屋,蔀其家,窥其户,阒其无人。'无人者,非无众庶也,言无圣人以统理之也。"凡全书释卦爻辞之义,皆得玩辞之旨。此训中与易学关系最大,莫若论"参五"。《易·系辞上》有"参五以变"之文,究作何解,诚难一致,而此释殊确切。其文曰:"昔者五帝三王之莅政施教,必用参五。何谓参五? 仰取象于天,俯取度于地,中取法于人。乃立明堂之朝,行明堂之令,以调阴阳之气,以和四时之节,以辟疾病之菑。俯视地理,以制度量。察陵陆水泽,肥墩高下之宜。立事生财,以除饥寒之患。中考乎人德,以制礼乐行仁义之道,以治人伦而除暴乱之祸。乃澄列金木水火土之性,故立父子之亲而成家。别清浊五音六律相生之数,以立君臣之义而成国。察四时季孟之序,以立长幼之礼而成官,此之谓参。制君臣之义,父子之亲,夫妇之辨,长幼之序,朋友之际,此之谓五。乃裂地而州之,分职而治之,筑城而居之,割宅而异之,分财而衣食之,立大学而教诲之,夙兴夜寐而劳力之,此治之纪纲也。然得其人则举,失其人则废。"此与董仲舒之说,实有同工异曲之妙。当刘安上此《内篇》二十一篇时,叔侄之猜忌尚未成,唯其有各种专业的宾客,故其著作能成为层次分明的学术结构。更重要的《要略》,实能言其要。故研究《淮南子》而不知九师易,势将芒芴无涯,尚黄老而有本"伏牺之六十四变",且下及"周室增以六爻"之大义,乃能成灭秦继周之功。惜武帝另有独尊儒术以开辟西域之大志,淮南之作风何能不为所猜忌。况安之子孙,亦未必如安之性情,此所以必遭灭国之祸。

最后宜阐明安所得律历同源之理,以见刘安思想之本根。按《淮南子·天文训》之旨,不仅论天文之历,并以论音乐之律。见《淮南子律历相通图》。律历合论,先秦之古说。合律吕于时空,庶见三才合一之易道。以十二律吕旋相为宫之乐理,其来亦古,庶见人情之变。以六十调合于六十甲子之名,于所存之古文献中,以此书为最早。凡三分损益以得十二律吕之数值,且不计其奇零而仅取其整数,亦不可谓非,能以实用为主。继此以发展者,始为京房之六十律,则以理论为主。先录《天文训》原文:"以三参物,三三如九,故黄钟之律九寸而宫音调。因而九之,九九八十一,故黄钟之数立焉。黄者土德之色,钟者气之所钟也。日冬至,德气为土,土色黄,故曰黄钟。律之数六,分为雌雄,故曰十二钟,以副十二月。十二各以三成,故置一而十一,三之,为积分十七万七千一百四十七,黄钟大数立焉。"以下明三分损益而取其整数。更重要者,即本十二律吕以旋宫成六十调,其言曰:"以十二律应二十四时之变。甲子,仲吕之徵也;丙子,夹钟之羽也;戊子,黄钟之宫也;庚子,无射之商也;壬子,夷则之角也。"准之可得六十调以合六十甲子之旋宫,详见《淮南子五音旋宫图》及《淮南子旋宫六十调以当六十甲子表》。观此二图一表,足以见刘安之象。迄今之南曲仅主五音,《淮南子》中言之已明,二千余年未变,盖有天籁存焉。

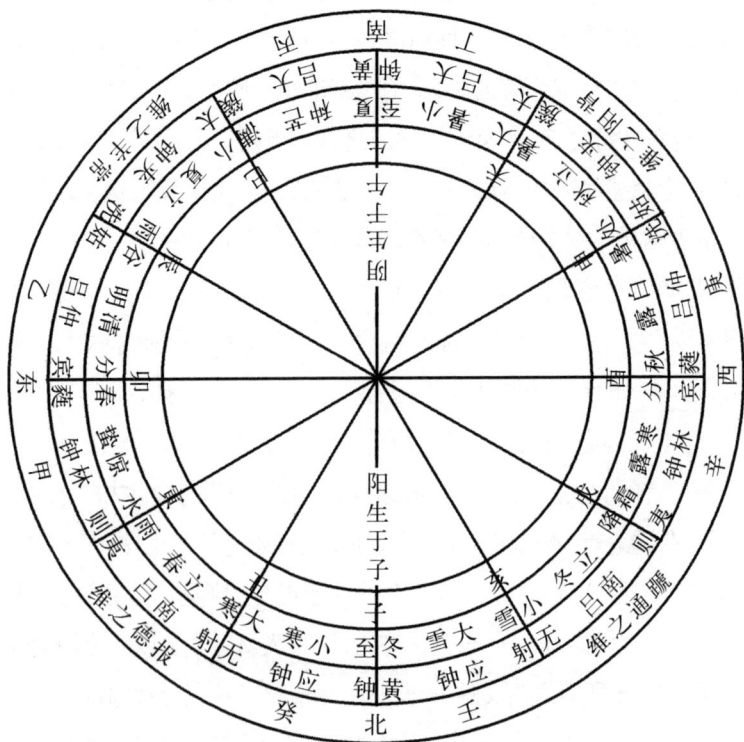

《淮南子》律历相通图

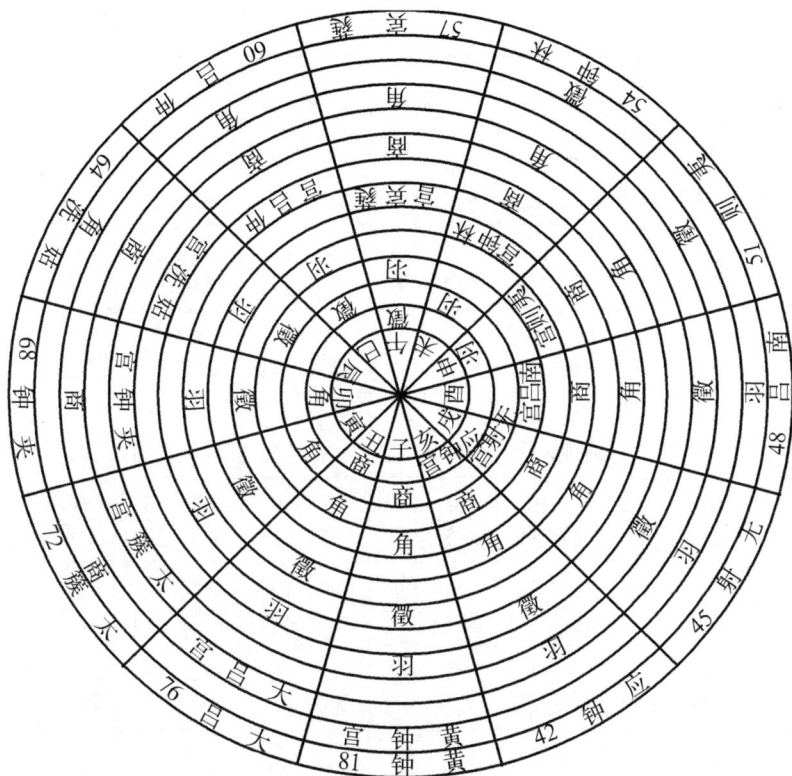

《淮南子》五音旋宫图

《淮南子》旋宫六十调以当六十甲子表

五音 十二律吕	徵	羽	宫	商	角
子 黄钟	甲子 仲吕之徵	丙子 夹钟之羽	戊子 黄钟之宫	庚子 无射之商	壬子 夷则之角
丑 大吕	乙丑 蕤宾之徵	丁丑 姑洗之羽	己丑 大吕之宫	辛丑 应钟之商	癸丑 南吕之角
寅 太簇	丙寅 林钟之徵	戊寅 仲吕之羽	庚寅 太簇之宫	壬寅 黄钟之商	甲寅 无射之角
卯 夹钟	丁卯 夷则之徵	己卯 蕤宾之羽	辛卯 夹钟之宫	癸卯 大吕之商	乙卯 应钟之角

续　表

五音／十二律吕	徵	羽	宫	商	角
辰 姑洗	戊辰 南吕之徵	庚辰 林钟之羽	壬辰 姑洗之宫	甲辰 太簇之商	丙辰 黄钟之角
巳 仲吕	己巳 无射之徵	辛巳 夷则之羽	癸巳 仲吕之宫	乙巳 夹钟之商	丁巳 大吕之角
午 蕤宾	庚午 应钟之徵	壬午 南吕之羽	甲午 蕤宾之宫	丙午 姑洗之商	戊午 太簇之角
未 林钟	辛未 黄钟之徵	癸未 无射之羽	乙未 林钟之宫	丁未 仲吕之商	己未 夹钟之角
申 夷则	壬申 大吕之徵	甲申 应钟之羽	丙申 夷则之宫	戊申 蕤宾之商	庚申 姑洗之角
酉 南吕	癸酉 太簇之徵	乙酉 黄钟之羽	丁酉 南吕之宫	己酉 林钟之商	辛酉 仲吕之角
戌 无射	甲戌 夹钟之徵	丙戌 大吕之羽	戊戌 无射之宫	庚戌 夷则之商	壬戌 蕤宾之角
亥 应钟	乙亥 姑洗之徵	丁亥 太簇之羽	己亥 应钟之宫	辛亥 南吕之商	癸亥 林钟之角

　　虽然,迄今刘安已去世二千余年,而其一生五十九岁中,确好读书鼓琴,以此纪念之,或能慰安之情。三代自杀之怨,其可已乎,其可已乎。

《参同契》作者及成书年代考

《参同契》一书,在吾国文化史中,今当属于科技史,有其特殊地位,且有现实意义。而对其成书及流传的原委,尚未见全面的考核,对其内容的理解,尤多恍惚。因综合前人之说以考核之,要在能明辨全书之旨。然近二千年来变化情况殊复杂,此文仅考核《参同契》的作者及成书时间。

《周易参同契通真义》三卷,《四库提要》曰:"诸家注《参同契》者,以此本为最古。"此见已成定论,因自乾隆四十六年(1781)迄今,未能发现早于此本之《参同契》。故凡论《参同契》者,必以此本为主。今据明正统十年(1445)刊成的道藏本,注者自署为"朝散郎守尚书祠部员外郎赐紫金鱼袋昌利化飞鹤山真一子彭晓注"。晓字秀川,永康人,任后蜀孟昶。宋正一道士陈葆光撰集《三洞群仙录》,间引成都景焕所撰《野人闲话》云:"祠部员外郎彭晓,字秀川,自号真一子。常谓人曰:'我彭篯之后,世有得道者。余虽披朱紫,食禄利,未尝懈怠于修炼。去作一代之高人,终不为下鬼矣。'宰金堂县,则恒骑一白牛于昌利山往来,有会真之所,往往有白鹤飞鸣前后。晓注《阴符经》《参同契》。每符篆,谓之铁扇子,有疾病者,饵之则愈。"读此可略见彭晓之情况。

自署中"化飞鹤"三字,亦知其所指。晓既事修炼,宜其详读《参同契》而注之。于全书分三卷为九十章,三卷当为原次,九十章晓所分。计上卷分四十章,中卷分三十八章,下卷分十二章,每章各取章首数字为章名。九十章外,尚有《鼎器歌》自为一章,末有赞序。晓注毕而总作《明镜图诀》,列八环明二象以喻全书之旨。自序于"孟蜀广政十年岁次丁未九月八日"(947)。此分章而注之,加《明镜图诀》以明之,皆属彭晓所理解之《参同契》,有其心得而不可认为是《参同契》之本义。自此本后,注《参同契》者甚多,不乏有发展其理论者,亦多考核其原委者。合而言之,须了解《参同契》的作者情况及其内容。于文献已无他本,不得不准此九十一章原文,然不必为分章所限。于个别文字的订正,他家采晓本时殊多出入,宜斟酌取用。且考核原委时,决不可舍此文献而空评前人观点之是非。

下录"会稽鄙夫章第八十八"、"务在顺理章第八十九"、"审用成物章第九十"。

　　会稽(邻国)鄙夫,幽谷朽生。挟怀朴素,不乐欢(落权)荣。栖迟僻陋,忽略利(令)名。执守恬淡,希时安平。晏然闲居(远客燕间),乃撰斯文。歌叙大易,三圣遗言。察其旨(所)趣,一统共伦(八十八章)。务在顺理,宣耀精神。神化流通,四海和平。表以为历,万世可循。序以御政,行之不繁。引内养性,黄老自然。含德之厚,归根返元。近在我心,不离己身。抱一毋舍,可以长存。配以服食,雌雄(雄雌)设陈。挺除武都,八石弃捐(八十九章)。审用成物(功),世俗所珍。罗列三条,枝茎相连。同出异名,皆由一门。非徒累句,谐偶斯文。殆有其真,砾砾可观。使予敷伪,却被赘愆。命《参同契》,微览其端,辞寡意大,后嗣宜遵。委时去害,依托丘山,循游寥廓,与鬼为邻。化形而仙,沦寂无声,百世一下,遨游人间。陈敷羽翮,东西南倾,汤遭厄际,水旱隔并。

柯叶萎黄,失其华荣。吉人相乘负,安稳可长生(九十章)。(按:
文录自《道藏》本,括号中字录自朱熹《考异》本。)

此三章实为一文,乃魏伯阳的自序。彭晓为之三分,文旨混乱,精
义晦涩,全文不可卒读。此证晓于《参同契》的原委,毫无所知,今依文
义为之分段:

首至"乃撰斯文"十句为第一段,自述作此书之目的,"希时安平",
实为全书之旨。以下分三小节,明全书有三种内容。其一自"歌叙大
易"至"行之不繁"十二句,所以明大易;其二自"引内养性"至"可以长
存"八句,所以明黄老;其三自"配以服食"至"世俗所珍"六句,所以明
服食。继以"罗列三条"至"皆由一门"四句,所以总结以上三小节,明
三种内容之同出一门。计自"歌叙大《易》"至"皆由一门"共三十句为
第二段,义明同此三种内容,庶几可望"安平"。以下"非徒累句"至"后
嗣宜遵"十句为第三段,所以明命书名为《参同契》,且贵实践而切忌执
文。最后自"委时去害"至"安稳可长生"十六句为隐语,实自署名字。
宋末俞琰(1258—1324)已猜得三字,凡四句射一字,委邻鬼为魏,百下
一加人为伯,陈去东汤去水隔并为阳;最后四句或猜作歌字,尚不切,
好解字谜者可一思之。且最末二句为五字,似未是;以全文观之亦当
为四字,或作"各相乘负,安稳长生",可备一说。又"乘负"二字得自大
《易》无疑,《解》:"六三,负且乘,致寇至,贞吝。"《象》曰:"负且乘,亦可
丑也。自我致戎,又谁咎也。"《周易·系辞上》:"子曰:作《易》者其知
盗乎。《易》曰:'负且乘,致寇至。'负也者,小人之事也,乘也者,君子
之器也。小人而乘君子之器,盗思夺之矣,上慢下暴,盗思伐之矣。慢
藏诲盗,冶容诲淫。《易》曰:'负且乘,致寇至。'盗之招也。"此节文辞,
魏氏必已熟读,宜用"乘负"二字。

由上原文,可确证《参同契》为魏伯阳撰,且用四字句"谐偶斯文"。
继之当详考魏伯阳之一切,庶可了解《参同契》之内容。

考彭晓之序,既据葛洪《神仙传》,尚另有所据于旧闻。综合言之,谓魏氏之学:"不知师授谁氏,得古文《龙虎经》,尽获妙旨。乃约《周易》撰《参同契》三篇。未尽纤微,复作《补塞遗脱》一篇,继演丹经之玄奥。所述多以寓言藉事,隐显异文。密示青州徐从事,徐乃隐名而注之。至于后汉孝桓帝时,公复授与同郡淳于叔通,遂行于世。"此旧闻自桓帝(147—167在位)传至彭晓约已八百年,当知其是否属实,且非仅魏氏一人,宜并考徐从事与淳于叔通。

当彭晓前,唐玄宗(712—756在位)时《参同契》已流传于蜀,有绵州昌明县令刘知古著《日月玄枢篇》,所以论《参同契》之旨。其言曰:"抱朴子曰:'魏伯阳作《参同契》、《五相类》凡二篇,假大易之爻象以论修丹之旨。'玄光先生曰:'徐从事拟龙虎天文而作《参同契》上篇以传魏君,魏君为作中篇传于淳于叔通,叔通为制下篇以表三才之道。'《参同契》者,参考三才,取其符契者也。"(见《道枢》中录存的《日月玄枢篇》)此引抱朴子之言,本诸《神仙传》,若玄光先生之说未知所本,而彭晓之言与之略同,唯徐从事和魏伯阳的授受不同,可能在师友之间。以历代书目观之,《唐书·经籍志》始著录《周易参同契》二卷,《周易五相类》一卷,皆魏伯阳撰。若刘知古读时,当然未分九十章,极可能所谓三篇即《唐志》之三卷,似即彭晓本的三卷。卷上、卷中为《参同契》,卷下为《五相类》。然晓之注对此有不同的见解,其注曰:"晓按:诸道书或以真契三篇,是魏公与徐从事、淳于叔通三人各述一篇,斯言甚误。且公于此再述《五相类》一篇,云'今更撰录《补塞遗脱》',则公一人所撰明矣。况唐蜀有真人刘知古者,因述《日月玄枢论》进于玄宗,亦备言之,则从事笺注淳于传授之说,更复奚疑。今以四篇统分三卷,为九十章,以应阳九之数也。"考晓之分章皆以意而言,由魏氏之自序,已见其一斑。故晓之功,贵能保存旧文献,且所作《明镜图诀》尚有所得,若对于魏氏与徐从事、淳于叔通之情况及成书之始末,可云一无所知。然于诸道书所保存之古义,竟以意否定之,实不足为训。且亦提及刘知古,然又未用《日月玄枢篇》所引及之说,可证诸道书当属唐以前,三篇各为一人所撰,必有所据。自晓起认为凡《参同契》之言皆出魏氏,未免武断。且晓亦信徐从事有笺注,唯淳于叔通是否有注,所见始不同。晓据《五相类》认为亦属魏氏之言,尚合文义。然下卷中非仅《五相类》一篇,故晓之断言仍未可信。

至于魏氏、徐从事、淳于叔通三人之关系,可取唐以前古文献《真诰》为证。《真诰》卷十二中言及徐与淳于:"定录府有典柄执法郎是淳于斟,字叔显(《御览》卷六百六十六引作字叔颢),主试有道者。斟,会稽上虞人,汉桓帝时作徐州县令。灵帝时,大将军辟掾。少好道,明术数,服食胡麻黄精饵,后入吴乌目山隐居,遇仙人慧车子,授以虹景丹经,修行得道,今在洞中为典柄执法郎。"陶弘景(456—536)自注云:"《易参同契》云,桓帝时,上虞淳于叔通受术于青州徐从事,仰观乾象,以处灾异,数有效验。以知术,故郡举方正,迁洛阳市长。"如此亦为小异。余嘉锡《四库提要辨证》推之而曰"乃知彭晓之说,源出于此",且认为:"晓谓伯阳以示青州徐从事,至桓帝时复以授同郡淳于叔通。……是叔通之术为伯阳所亲授,而弘景所引《参同契》谓叔通受术于徐从事,二说不同,疑晓误也。弘景既未言徐从事作注,则彭晓所谓徐乃隐名而注之者,事之有无,亦在疑似间矣。"余氏能以《真诰》及弘景之说以证《参同契》之情况,极有见地,可证《参同契》与徐从事有关。然未及刘知古及所引玄光先生之说,且叔通之术既受于徐从事,未尝不可再受术于魏伯阳。合诸知古与晓之说,极可能徐与魏为同辈,而魏且略小于徐,二人既相知,宜叔通能兼受二人之术。至于徐从事是否有注,不可妄猜,应于《参同契》原文观之。据彭晓本,宜录《鼎器歌》后《赞序》一文:

> 《参同契》者,辞陋而道大,言微而旨深,列五帝以建业,配三皇而立政。若君臣差殊,上下无准,序以为政,不至太平;服食奇

（其）法，未能长生；学以养性，又不延年。至于剖析阴阳，合其铢两，日月弦望，八卦成象。男女施化，刚柔动静，米盐分判，以经为证，用意健矣。故为立法，以传后贤，惟晓大象，必得长生（按《考异》本此句后多"强己益身"四字），为吾（此）道者，重加意焉。

今以文义观之，此文殊非魏氏自言。对《参同契》之三者，皆有所抑，更有所扬，且愿为之立法，正合徐从事之口气。故晓据旧说认为"徐乃隐名而注之"，知古据玄光先生而谓"徐从事拟龙虎天文而作《参同契》上篇以传魏君"，其义可通，实即徐从事读魏氏《参同契》后，为之提纲立法，总以此《赞序》。此义朱子已见及，于《周易参同契考异》曰："此似注序，后人所作，今注亡而序存耳。立法即立注，字转写误耳。"又曰："或云后序，或云魏君赞词，其文意乃是注之后序。彭晓序云：'魏君密示青州徐从事令笺注，徐隐名而注之。'恐此是徐君语也，其注则不复存矣。"此"立法"与"立注"，或确为写误，或亦可视为应于"服食奇（其）法，未能长生"之"法"字。

幸有此文在，辨合诸陶弘景之说，可确证《参同契》一书，原作者虽为魏伯阳，内已有徐从事为之立法（注）而晓其大象，总以"健"字为评，可云已道出魏氏"希时安平"之情。至于徐氏之立法（注）是否尚在，以下更将深入考核之。

此外淳于叔通尚多事迹可考，余嘉锡于《四库提要辨证》基本已为搜集，然不信叔通亦受术于魏氏，亦未用玄光先生之言，故考得之事实，未合《参同契》原文之义。今特重为考核淳于叔通之事迹，以见其确与魏氏有关。

《搜神记》今本卷六：

汉桓帝即位，有大蛇见德阳殿上。洛阳市令淳于翼曰：蛇有鳞，甲兵之象也。见于省中，将有椒房大臣受甲兵之诛也。乃弃官遁去。至延熹二年，诛大将军梁冀，捕治家属，扬兵京师也。

《后汉纪》卷二十二：

尚字博平，初为上虞长。县民故洛阳市长淳于翼，学问渊深，大儒旧名，常隐于田里，希见长吏。尚往候之，晨到其门，翼不即相见。主簿曰还，不听，停车待之。翼晡乃见，尚宗其道德，极谈而还。

《后汉书·孝女曹娥传》：

元嘉元年，县长度尚改葬娥，为立碑。

《御览》卷三百八十五引吴谢承所撰《会稽先贤传》：

淳于长通年十七，说《宓氏易经》，贯洞内事万言，兼《春秋》，乡党称曰圣童。

《开元占经》卷百二十引《会稽典录》：

淳于翼字叔通，除洛阳市长。桓帝即位，有大蛇见德阳殿上，翼占曰：以蛇有鳞，甲兵之应也。

《元和姓纂》卷三：

会稽上虞《列仙传》有淳于斟，字叔孙。

据上资料,可概见淳于氏之情况。据《会稽典录》,可知淳于叔通名翼。若《元和姓纂》作斟字叔孙,《会稽先贤传》作长通,皆传写之误,所指为同一人。年十七有圣童之称,因已得《易》《春秋》二端之学,《史记·司马相如传赞》"《春秋》推见之隐,《易》本隐之以显"是其义。所学之《易》为《宓氏易经》,《隋志》:"《周易集林》十二卷,京房撰。又引《七录》云:伏万寿撰。"此因伏氏易传京氏易,所撰之《周易集林》,有题为京房撰,乃以《七录》证之,此书实为伏氏撰。伏万寿为伏恭(前6—84)之子,琅玡东广武人,官至东郡太守(见《后汉书·儒林列传·伏恭》)。父恭于青州举为尤异,太常试经第一,拜博士,迁常山太守。由是北州多为伏氏学。恭治《诗》,寿治《易》,恭九十多岁卒,故其子寿之《周易集林》约成于其父卒年前后,系继京氏易以兴起,京氏易于东汉初可包括在伏氏学中。四五十年后翼既习当时盛行于北州之伏氏易学,乃能复从青州徐从事以受术。以时考之,徐从事极可能为寿之弟子。当翼于会稽本地郡举为方正而迁洛阳市长,其时当在桓帝前,乃有桓帝即位(147)以占大蛇之异,且有圣童之称,翼之年龄可能在三十至四十岁间。从徐从事受术,时当在回会稽前。核实大蛇之占,似已见及梁冀专权之事,故必须离洛阳以避祸。冀被刺于延熹二年(159),翼当早在会稽。度尚于元嘉元年(151)为曹娥立碑,可证在桓帝初确为上虞长,常往翼门候之,正当其时。以《参同契》论,魏伯阳亦可能于是时以授翼。翼既有名于会稽,更有度尚之愿受教,宜徐从事、魏伯阳的《参同契》可赖翼之力以行于世。至于翼与《参同契》之关系,应重视其所学之伏氏易及其他诸术。凡魏氏之取诸大易基本用京氏易,然其间略有不同,极可能已本诸伏氏易。今虽未能详考,合诸翼与徐从事的情况,可得间接的证明。可见魏氏与徐从事、淳于翼三人所学皆相似,故最具体的考核,当从原文观之。晓本"补塞遗脱章第八十四"更宜录之:

　　《参同契》者,敷陈梗概,不能纯一。泛滥而说,纤微未备,缺略仿佛。今更撰录《补塞遗脱》,润色幽深,钩援相逮,旨意等齐,所趣不悖。故复作此,命《五相类》,则大易之情性备矣。五位相得而各有合:

甲	丙	戊	庚	壬
沈石	武火	药物	世金	真汞
一	二	三	四	五
木	火	土	金	水
乙	丁	己	辛	癸
浮石	文火	物	世银	真铅

　　此章之义本极明白,至少是成《参同契》后更为撰录,与《参同契》为另篇。《唐志》分为二书,皆认为魏伯阳撰。更求《唐志》之源,则《神仙传·魏伯阳传》已分为二,原文为:"……伯阳作《参同契》、《五相类》凡二卷,其说似解说《周易》,其实假借爻象以论作丹之意。而儒者不知神仙之事,多作阴阳注之,殊失其奥旨矣。"可见读《参同契》后,亦当读此《五相类》。所谓《五相类》者,明《周易·系辞上》"五位相得而各有合"一句之义,准此可尽大易之情性。下记十天干与《洪范》五行数的关系,汉世早已盛行,配以金银铅汞、沈浮石药、文武火候,方属《参同契》的纲领,亦为更撰《五相类》之旨。惜朱熹作《考异》时未予收入,或误认为是晓之注,由是朱熹注《五相类》曰"此篇五章,一参同、二大易、三象彼、四郐国、五委时",可云大误。乃《参同契》之文字,既误于彭晓之分章,更误于朱熹之解五相,故使原文进一步晦涩。今核实以言,凡《五相类》仅指晓本之第八十四章,所以准"五位相得"之理,"以类万物之情",乃取名为《五相类》,同类相合,庶能尽大易之情性。情性云者,说明《参同契》之"推情合性"。此本属魏氏之主旨,亦属《赞序》中以"健"字称之之象。故此《五相类》既可视为魏氏晚年更撰,亦

未尝不可视为与精通易学之叔通有关。凡此《五相类》,当属于《参同契》之外,而有以深入阐明《参同契》有关大易之义。或忽视此与叔通极有关系之《五相类》,决不能全面了解魏氏之志。惜此《五相类》之旧文,为朱子妄为删削而以意解五相。继之有宋末俞琰又肯定朱本之删削,而即以《参同契》之参字为准,进而妄改《五相类》为《三相类》,变本加厉,正解全失,何能更见大易之情性。然俞氏固为深究《参同契》者,对作者问题深思久之,仍未能解决,有言曰:

> 愚尝紬绎是说,窃叹世代寥远,无从审定,是邪非邪,皆不可知。忽一夕于静定中,若有附耳者云:魏伯阳作《参同契》,徐从事作笺注,简编错乱,故有四言、五言、散文之不同。既而惊寤,寻省其说,盖上篇有乾坤坎离屯蒙,中篇复有乾坤坎离屯蒙;上篇有七八、九六,中篇复有七八、九六;上篇曰"日辰为期度",中篇则曰"谨候日辰";上篇曰"震受庚西方",中篇则曰"昴毕之上,震出为征";其间言戊己与浑沌者三,言三五与晦朔者四。文义重复如此,窃意三人各述一篇之说,未必不然。而《经》《注》相杂,则又不知孰为《经》,孰为《注》也。愚欲以四言、五言、散文各从其类,分而为三,庶《经》《注》不相混淆,以便后学参究。然书既成,不复改作,姑诵所闻于卷末,以俟后之明者。

考自宋末元初至东汉中晚期,实仅一千一百余年,然从事道学者每多忽视史迹,以致难于考核。今已由《真诰》证之,殊可深信徐从事、淳于翼皆与《参同契》有关。然有关之情况,必须合诸具体的文献,俞氏既已注毕《参同契》,则熟谙全书已不待言,且思之不已,始可于静定中似闻耳语,实仍为俞氏脑中起判断作用的脑细胞在判断。可信者《参同契》确应属三人之作品,且总上徐从事与淳于翼之事迹,方可较正确地见及魏伯阳之生平及著成《参同契》之始末。

魏氏为会稽上虞人，与翼为同郡。因于自序中隐有"魏伯阳"三字，故当为《参同契》的主要作者。至于作书之情况，自序中云："远客燕间，乃撰斯文。"经具体考核全书之内容，《道藏》本"晏然闲居"不及朱子《考异》本作"远客燕间"为宜。唯其在中年客居时所作，宜于晚年归故乡后须"今更撰录"，况魏氏有"健"意在，日在尽其情性，不仅"晏然闲居"。且因魏氏曾"远客燕间"，始可以撰于客地燕间之《参同契》密示于青州徐从事。至于"徐乃隐名而注之"，今以《赞序》观之，当有其事。然其注是否已佚，须重视俞氏所悟得者，更宜从原文中考之。上已提及《五相类》一篇出于《参同契》之外，进而于《参同契》中观之，是否尚有徐从事与淳于翼之言，是否徐从事之注尚在，是否有上中下三篇之辨。

今核诸文句，魏氏之自序为四字句，中篇确以四字句为主，而上篇中实多五字句，惜其间略有混淆。尤可注意者，于上中二篇之中，以四字句五字句并观，其内容相似，竟可视之为全同，故恰合徐从事作上篇，魏氏作中篇，亦即徐从事有以印证魏氏之说，基本肯定之，与《赞序》之内容全合。当魏氏"远客燕间"而作，特造徐从事之门而密示之，徐之德与齿似高于魏，宜魏氏得之，敬而置于上篇，自作之《参同契》置于中篇，合诸情理丝毫未悖。上已提及，徐从事与魏氏之关系可能在师友之间。日后魏氏归于乡里，又遇同郡之叔通，所以授以《参同契》者，魏氏之地位不外师叔或同门，若更撰《五相类》，当又受叔通之影响。叔通之于《参同契》，是否亦有所作，更未可武断，须合诸原文而观其文义。俞氏悟得四言五言极是，曰散文则未合。更读晓本第七十九章，实为乱辞之序。以下第八十、八十一、八十二、八十三这四章为乱辞，殊有总结《参同契》之气势，然与魏氏自序有拘束之文风不类。昂首畅言，颇合使度尚久候而又能与之极谈之神情，圣童叔通，至老未改。"天道无适莫兮，常传与贤者"与"使余敷伪，却被赘愆"，决非一人之言。且读乱辞之序言，有曰："……吾甚伤之，定录此文，字约易思，事省不烦。披列其条,核实可观,分两有数,因而相循。故为乱辞,孔窍其门,智者审思,用意参焉。"此"吾"字不似魏氏之口气。又曰"定录此文",可肯定为他人录此《参同契》者所言。此人合诸古传之说,即淳于氏为《参同契》作乱辞,所以介绍其旨,以使其能通行于世。故旧说三人各述一篇者,或指下篇中之乱辞,包括乱辞之序,且《鼎器歌》之文气亦具乱辞之象,义与《五相类》可通。故此乱辞序、乱辞、《鼎器歌》宜属诸淳于氏,亦合"叔通为制下篇以表三才之道"之古义。此外于卷下,仅存第八十五、八十六、八十七三章。先宜录其文而观其义:

> 大易情性,各如其度;黄老用究,较而可御;炉火之事,真有所据。三道由一,俱出径路(八十五章)。枝茎华叶,果实垂布,正在根株,不失其素。诚心所言,审而不误(八十六章)。象彼仲冬节,竹木皆摧伤,佐阳诘贾旅,人君深自藏。象时顺节令,闭口不用谈。天道甚浩广,太玄无形容。虚寂不可睹,匡郭以消亡。谬误失事绪,言还自败伤。别序斯四象,以晓后生盲。(八十七章)

凡八十五、八十六两章,正属魏伯阳自言著《参同契》之旨,较之自序更中肯有实。或更撰《五相类》后,再次叙述《参同契》之纲领。因《五相类》的确重要,然不可徒以《五相类》代替《参同契》。至于八十七章似当为徐从事之言,归诸乾坤坎离四象,不谈之谈,以待剥而复,正合当时之时代,亦合徐从事之地位。由此两小节一为四字句,一为五字句,恰可证明上篇为徐氏之言,中篇为魏氏之言。由是略为移动上中篇的四字五字句,此二节亦可分入上中篇,则晓所传之三卷方可文气通贯。此步整理工作,前人基本已完成。当俞氏悟得后二百余年,俞氏的同乡有云岩道人杜一诚字通复者,始为分四言者魏之经,五言者为徐之注,赋、乱辞及歌当《三相类》为淳于之补遗,乃其精思所得,其言曰:"经文三篇为一册,笺注三篇为一册,《三相类》二篇为一册。

经文、笺注、《三相类》篇末,各自有序。经文多四言,间有散文。注虽五言,或有四字句。《三相类》文体,无待更订。而经注节次,或有差错,以待后贤。"自序于正德丁丑(1517)八月,其从父五存于正德己卯(1519)为之跋,十余年后有王围山人某捐俸以刻,时当嘉靖二十五年(1533)。此本大体可取,惜承俞氏妄改《三相类》之误,且以赋、乱辞、歌三者当之尤非。未久杜之抄本及刻本,皆为蜀杨慎(1488—1559)所得,乃为编成《古文参同契》,序于嘉靖丙午(1546),且称:"近晤洪雅杨邛崃宪副云:'南方有掘地得石函,中有古文《参同契》。魏伯阳所著上中下三篇,叙一篇;徐景休《笺注》亦三篇,后叙一篇;淳于叔通补遗《三相类》上下二篇,后序一篇。合为十一篇,盖未经后人妄纂也。'亟借录之。未几,有人自吴中来,则有刻本,乃妄云苦思精索,一旦豁然,若有神悟,离章错简,雾释冰融。其说既以自欺,又以欺人,甚矣。及观其书之别序,又云有人自会稽来,贻以善本。古文一出,诸伪尽正,一叶半简之间,其情已见,亦可谓掩耳盗铃,藏头露足矣,诚可笑也。"读杨慎之序,令人啼笑皆非,凡事之以误传误是非颠倒一至于此。然所谓《古文参同契》,实有杜一诚完成俞玉吾之所悟,有功于古文献之整理,更有益于后人之学习《参同契》,其何可小视之。一诚或更受会稽某人之启发,亦可能有其事,然决非会稽尚有古本或有石函可得。且杨慎为徐从事定名景休,或有得于以休黄庭之内外景,庶得《参同契》之象,则其理可取。如确信汉代之徐从事名景休,未免唐突古人。继之蒋一彪得之而作《古文参同契集解》,自序于明万历甲寅(1614),且以古文之次,集彭晓(947)、陈显微(1234)、陈致虚(1329)、俞琰(1248)四家之注,为之"节集于各段之下,以显明其义",则非但有功于原著,亦有以纠正四注之误,"且得彭陈诸人之所未睹,真一大快事也"。虽然,由明迄今,未察古文之原委者甚多,且杜本亦未必肯定无误,况蒙以"石函"之伪,故既为徐渭(1521—1593)非之于前,《四库提要》亦斥之于后。惟蒋一彪能确有所见,而其后似未闻更有用古本者。若余氏之《四库提要辨证》考核已精,惜未能合诸晓本以究之,结论仍误。故不得不详为叙述其原委,专为《古本参同契》张目。《参同契》一书,实为三人之言。主要作者为魏伯阳,内容为四字句的《参同契》。魏在燕间以《参同契》示徐从事,徐氏为之印证而更作五字句为主的《参同契》。当魏氏回乡里,更以示淳于翼,翼为之作乱辞与《鼎器歌》,宜魏氏又为之补作《五相类》。如是以观彭晓所保存的原本,始能文句通顺,与古传之说亦合,进而可考核三人之年龄及成书之时间。

淳于翼之年龄基本可确定。魏氏授以《参同契》,当在梁冀被刺前后。即以梁冀被刺之年(159)论,翼约五十岁左右,伯阳可能长十岁左右,徐从事可能更长于伯阳二十岁左右。而《参同契》之书,约当顺帝(126—144 在位)末成于燕间,徐氏之上篇亦成。魏氏归会稽后,与翼相见而更撰《五相类》,即在梁冀被刺前后。经叔通之力,可于桓、灵之际(167)行于会稽。不先考得此作者及时间,不论如何注解《参同契》,决难确切理解其内容。因三人之学既有相通处,亦各有其重点,混而观之,自然其旨恍惚。历代传其说者,更因时而为之注,皆未能直探其原以明之。今以时代观之,则东汉中晚期之著作,比比皆是。故以时代思潮合诸徐、魏、淳于三人之所学,方能客观说明《参同契》之内容。贵能认识其在当时及历史上的影响,要在说明迄今犹有之现实意义。

当刘邦元年虽犹有楚汉之争,然秦已灭,故以是年起至汉武帝建元六年窦太后卒止(前 206—前 135),为汉初崇尚黄老的时期。汉初所以尚黄老者,要在否定秦之专制,有以休养生息,且重视人法自然之道。一九七三年既得长沙马王堆汉墓的大量文献,该墓下葬于前元十二年(前 168),至少可确定在长沙地区崇尚黄老的情况。《周易》一书,本可与黄老并读。墓中尚多医药气功书,间接可证今仅存的中医理论书《内经》,至迟当在武帝前完成。该书旨在说明医学之理,必托名于黄帝与岐伯等的对言者,正有以发展《尚书》虞廷之对。考孔子的儒学发生于鲁,其主张托始于尧舜,要在以社会学为主。由春秋而战国,由鲁而齐,齐燕产生的方仙道,即以黄帝之理为主,所以发展尧舜之说。以《内经》论,由社会学为主已变成以生物学为主。且孔子所谓尧舜之历数,亦发展利用干支五行之说,能进一步说明历数之理,且以之反身作为治疗疾病的方法。故发展至汉初,凡干支术数、阴阳五行、医书天文等皆可总于大易与黄老,此一学风经武帝尊儒术斥百家而大变。然武帝本人仍信方仙道,故汉之尊儒,实已与方仙道合一,要在否定黄老崇尚自然之理。计自西汉武帝(前140—前87在位)至东汉顺帝(126—144在位)约二百七八十年间,学风正经一次反复。由兴儒而又见兴黄老,当其压黄老,主要为武帝之灭淮南王安(自杀于元狩元年),明帝之灭楚王英(自杀于永平十四年)。然武帝后黄老道之理日在民间发展,于易学中重视孟喜、焦、京之易,东南沿海尤盛行,及两汉之际谶纬盛行,总合成楚王英所奉祀的黄老与浮屠。而徐从事、魏伯阳、淳于翼三人所继承之学术,正属汉初的大易黄老思想,益以方仙道及淮南王安、楚王英等兼及易学思想的黄老道,故自然与律历医学术数相合,成为黄老道的理论基础。魏氏好之而一生专研之,然徐从事既属青州刺史之副,其何可直斥儒家经学而为奉行黄老道的著作作注,而心实好之,故不得不隐名。而淳于翼已弃官,故能"定录此文"以使行于世。且唯其在桓、灵之际尚可流传,十余年后即有太平道取法于黄老道理论以掀起大规模的黄巾起义(一八四),却惨遭镇压,而黄老道理论亦受致命的打击,大量文献损失殆尽,而《参同契》属仅存的一种,尚可考核黄老道的思想。要而言之,取大易的律历为天,黄老的道德为人,用炉火以格物为地,三才同契,要以自然之理以正东汉末年世法的失道。其间音乐原理、天文历算、黄老养生、炉火炼丹、生理医药,今皆可属于自然科学,且能重视自然科学之理,作为治国平天下之标准,斯为黄老道之可贵处。

《参同契》的易学与服气之道

　　《参同契》作者魏伯阳,浙江会稽人,中年时曾北至燕间,燕当今之河北。此书因在燕地得《古文龙虎经》而作,作后曾与青州(今山东一带)徐从事印证。从事是汉代的官名,位仅下于刺史,且徐精通丹道与天文,读后必有所得而充实之,然碍于地位不便留名,事迹更未详,仅知为北海人。或谓《龙虎上经》本出徐从事。要而言之,会稽魏伯阳的《参同契》,已与北海徐从事的丹道相互交流结合而成,此可免地域性的偏见。其后魏伯阳南归,于桓帝时授淳于叔通。叔通名翼,或作斠,亦会稽上虞人,郡举方正,迁任洛阳市长,治宓氏易。桓帝即位(147),有大蛇见德阳殿上,翼认为蛇有鳞应甲兵象,乃弃官遁去,隐于故里。事实上,翼已见及梁冀的专权,必须避之。冀被刺于延熹二年(159),故翼归故里当在其前。时上虞长度尚常往翼门候之,宗其道德,极谈乃退。尚曾改葬曹娥,为立碑,时在元嘉元年(151)。此见尚的事迹,亦见翼的地位。翼亦受术于青州徐从事,魏伯阳以《参同契》授翼的时间,当在梁冀被刺前后,估计魏的年龄已六十左右。《参同契》一书,赖翼以传于世,翼或亦更有所作,故全书极可能合有三人之言。

　　时有世传孟氏易的虞氏,亦会稽望族,传至虞翻(170—239),重视

58

《参同契》所发展的纳甲说及消息卦,用以注《易》,作为虞氏易组成部分之一。虞翻的易著,曾上呈献帝,且以示孔融,时约当建安十年(205)。上《易》表时有言:"臣郡吏陈桃梦臣与道士相遇,放发披鹿裘,布《易》六爻,挠其三以饮臣,臣乞尽吞之。道士言:'易道在天,三爻足矣。'岂臣受命,应当知经。"此所谓"尽吞三爻"及"易道在天,三爻足矣"之义,即指《参同契》的纳甲。可见虞氏易与道教有密切关系。由以上史实,可确证《参同契》一书在桓灵之际(167)已流传于会稽。其后《参同契》与虞翻易注同传之蜀,西晋末有劝李雄称尊号的范长生(?—311),久居青城山,能传虞氏易,更为之注。详论虞氏易的卦变本于消息卦,与《参同契》之易理同。其后《参同契》与《虞氏易注》各地皆散佚,唯存于蜀。唐玄宗(712—756在位)时,蜀绵州昌明县令刘知古,曾以《参同契》之理作成《日月玄枢篇》以言于玄宗,颇能得《参同契》之旨,其间有"徐从事拟龙虎天文而作《参同契》上篇以传魏君,魏君为作中篇传于淳于叔通,叔通为制下篇以表三才之道"等语。当安史之乱,玄宗避于蜀(755),接驾中有资州人李鼎祚,善《周易》,辑成《周易集解》一书,当代宗即位时(762)上于朝。今日尚能见虞翻及范长生的易注,全出于《周易集解》。而《参同契》虽有刘知古传之,其原文仍仅传于蜀。直至五代孟昶时的彭晓为之分成九十一章,书前增作《明镜图》,自序于丁未(947),由是已晦七八百年的古籍,方能复行于世。张伯端在蜀悟道(1069)后作《悟真篇》(1075),当与《参同契》有关。及朱熹(1130—1200)晚年为之作《参同契考异》,始引起学者重视。宋末俞琰(1258—1325?)详为注释,理较中肯,注成后方悟得当分三言四言五言的作者,然已不及改。至明始有为之重编者,由杨慎的《古文参同契》(自序于1546)、蒋一彪的《古文参同契集解》(自序于1614)等完成,妄言掘得古本,实何必多一作伪。又为徐从事取名景休,于古无据,然示人休止诸景,庶可了解内外统一的《参同契》。此明人为徐从事取名之义,故景休之象未可忽视,或信徐从事名景休则大误。至于虞翻及范长生等易注,虽有《周易集解》通行于各地,然能确切深入了解其内容者,需至清惠栋(1697—1758)及张惠言(1761—1802)等,汉易方能复明于世。而《参同契》中所引用的易象,必须以东汉郑玄(127—200)、虞翻等的义例加以说明。当桓灵之际,汉朝已近崩溃,学术思想虽以儒家的经学为主,然民间仅重视六经之原《易经》,且合以黄老。一九七三年得汉初马王堆的帛书《周易》,同时又得黄老文献(下葬于前168),更可确证《周易》之理本通于黄老之说。《易》合黄老,汉初已成风气。及魏有王弼(226—249)注《易》、注《老》,与《参同契》中所谓"大易"、"黄老"截然不同。故今不取汉代《易》《老》之义,决难了解《参同契》的原义。

"参"者谓三,指"大易"、"黄老"与"炉火","炉火"亦名"服食"。此三者之旨可同而契合于一,为书名《参同契》的含义。或加"周易"二字,殊觉未妥,大易仅当三者之一,非以《易》概三者。

今人重视《参同契》皆注意其第三者炉火与服食,此确为该书的特色,然必须取大易黄老的思想,才能深入了解《参同契》的炼丹法。要而言之,取诸大易者,实以卦象符号表示阴阳消息,示人客观的律历。律以明音乐的原理,自然界的天籁,可影响人身的精神境界。历以明时间与方位,合诸自身,今名"生物钟"。此律历二者,属易学的基本应用之处,而为《参同契》所取则。黄老云者,黄取托名黄帝与岐伯等对言的《内经》,且重视天干地支与五行生克制化之理。老取其"上德不德"以归于"上善若水"之道,合诸人身,水犹体内的种种内分泌。识此准大易黄老之理,乃知《参同契》的炼丹法。凡所炼成的丹,有身内、身外二种。身外的炼丹,就是制药,服食所制成的药,健身延年益寿,属医的本职。身内的炼丹,就是今日所谓的气功。气功云者,就是服气,故包括在服食之中。隋唐起渐有内外丹之分,汉末尚未分。以《参同契》论,确在炼外丹,信有长生药,然并不主张服八石等。要在利用炼外丹的术语,反身以明炼内丹的方法。本文不论炼外丹,专论《参同契》本诸大易黄老的服气法。

《参同契》所应用的易学,基本取诸京氏易。京氏名房,字君明(前77—前37),善律历,其《易》立于学官,惜房于元帝末为石显所谮而弃市。及成帝即位(前32)为之昭雪,京氏易复立学官。迄汉末约二百年,京氏易极流行,然魏氏继承之,已有变化。于律取十二消息卦以当十二律吕,郑玄亦同,此为炼内丹的基本思想,非经学家所知。依《参同契》原文,示以下图(见图一)。

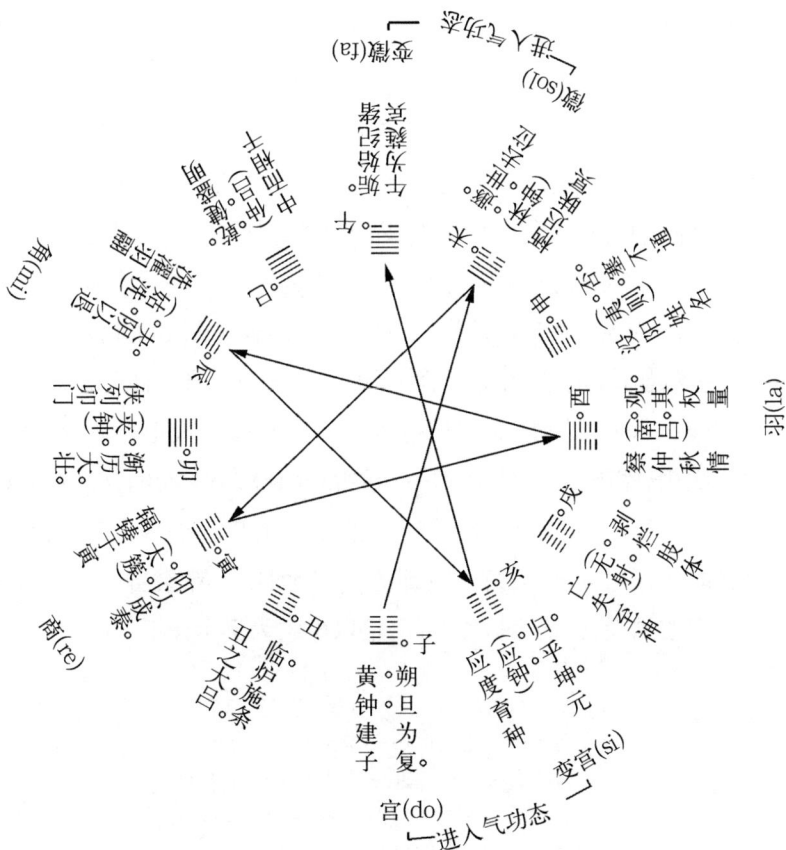

图一

凡炼服气,先须知气。气即呼吸,由一般呼吸而调成均、细、长的呼吸,今有深呼吸、腹呼吸诸名。至于均、细、长的标准,可因人而异。如能保持均、细、长的呼吸,经一段时间后,宜感觉呼吸的声音,尤其在呼吸转变时,闻呼吸声音的周流,应有听音乐的感觉。当服食的气周流于五脏时,有宫商角徵羽五声。据三分损益律的乐理,其次为宫—徵—商—羽—角,人人各有乐曲可闻,相似而并不相同。然角至宫有音差。角当至变宫,变宫当至变徵,此即由五音制发展成七音制。然七音制仍有音差,且吾国在东周时(或更早)已取六律六吕为基调,孟子曰"不以六律不能正五音"是其义。汉之京房,更辨知仲吕至黄钟的音差,特取"执始"之名,有五十三律的发现。然音差永远存在,要在能闻自然之天籁及人体内气血周流之乐音,庄子所谓"合于桑林之舞,乃中经首之会"。魏氏即准其理,本诸五音与七音之辨,反身体验之。若能闻宫与变宫、徵与变徵之音差而有以同之,始得混然之物,以今日名词言之,可谓已进入"气功态"。亦即均、细、长的呼吸,已达自然周流的境界,此为《参同契》服气的基础,此基础可因服气之功力而增高。《参同契》的服气法,必本此义作基,当基础已达相当厚实时,始可明易学所及的"日月运行",即由律而历。

魏氏于六十四卦中,特提出乾坤离坎四卦以当天地日月,其他六十卦之次用《序卦》。可见东汉后已重视《序卦》,与传统的《卦气图》取震春离夏兑秋坎冬的四时卦不同。又能合二卦以当昼夜十二时,此见当时计时法已与今日同,每一时即今之二小时,于卦象当一爻。以昼夜言当卯酉周天,合诸今日的时间,仍以屯蒙为例示如下:

夜　　蒙

酉十七—十九时——申十五—十七时

戌十九—二十一时——未十三—十五时

亥二十一——二十三时——午十一—十三时

子二十三——时——巳九—十一时

丑一—三时——辰七—九时

寅三—五时——卯五—七时

朝　　屯

又以三十日当一月为周期,由朝屯夜蒙当朔,朝既济夜未济当晦,晦朔各当一日为大月三十日,合晦于朔成一日为小月二十九日。此为

《参同契》中所独有,其他易著中未见,能表示明确的时间,且有潮水的涨落为事实根据,重要性可喻。以下图示之(见图二)。

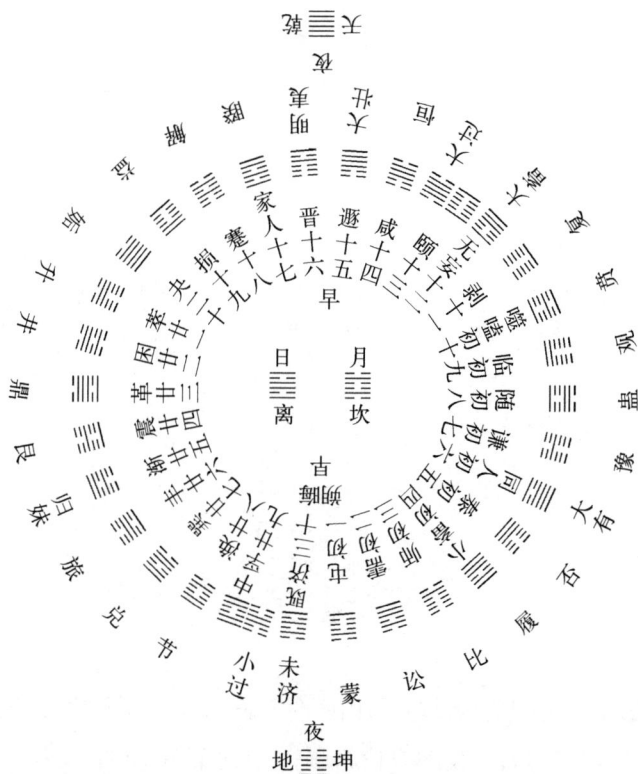

图二

以上为一日分十二时的周期,又积三十日取《序卦》作为一月的周期。至于月的盈虚消息,贵能合诸方位,且仅用三画八卦表示,要在有据于易学中早已流传的天干坐标(见图三)。

此图以阳代表所见之月光,其方位指周天环行,南指天顶,北当地下,凡每日的月行,为东出经南而西入。再合一月而观之,其向逆行,初一未能见月光为合朔。于坤(☷)癸北,积二三日逆行,由北而渐西,初三暮见新月于震(☳)庚。又积四五日逆行,由西而渐南,初八暮见上弦月

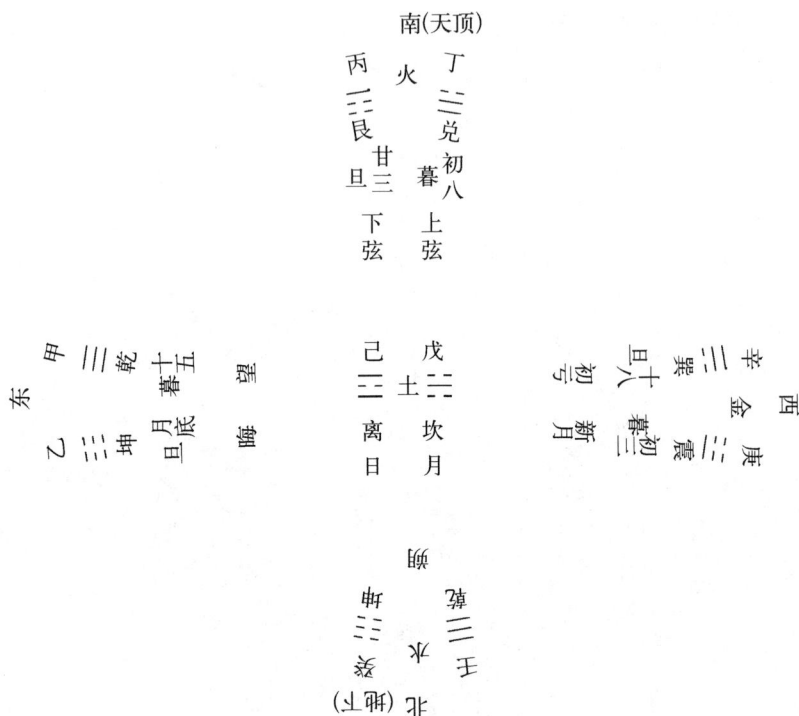

南(天顶)

丙　　火　　丁
艮　　　　　兑
甘三　　　　初八
旦　　　　　暮
下弦　　　　上弦

　　己　　戊
西　庚　　　　辛　巽　金　震
　　　　　　　　旦八　初暮
　　　　　　　　　　新月

东　甲　　乾
　　乙　　坤
十五暮　　星
月旦辰　　睭

己　　戊
离日　坎月
　　土

壬　　癸
水
北(地下)　睭

图三

于兑(☱)丁。又积七八日逆行,由南而渐东,十五暮见望月于乾(☰)甲。望月由暮而旦(晨),一夜的方位为顺行,由东而南而西,又积二三日逆行,于十八旦在西方,巳见初亏月于巽(☴)辛。又积四五日逆行,由西而渐南,二十三旦见下弦月于艮(☶)丙。又积六七日逆行,由南而渐东,月底旦,月晦无光于坤(☷)乙,继之即合朔于北。此月光相应于潮汐,谚云"初一月半,子午潮来;初八十三,潮夜没滩"是其象。涨落的时间虽有地域性的不同,然必以一月为周期。此以八个三画卦合诸十天干,是谓纳甲,京氏易中已用之。魏氏更以一月月相的盈虚,旦暮的时间和顺逆旋转的方位加以说明,实有功于京氏易。虞翻采用之,殊非贸然。要在能见月之逆行,以调其已厚实的呼吸,始可进入与一般不同的呼吸,使气功态又起变化。不同云者,呼吸与吸呼相合,间有定象。

进而观一年的周期，乃用十二消息卦。究此十二卦之消息，可认为编辑成《周易·卦辞》者已知之，流传亦早。其合诸气象学，始成代表一年的卦气图。由卦气图以见四时及日出方位之往复，而逐步定二十四气。其间最重要的卦象即此十二消息卦，是名爻辰，以示日出的时间。当太阳视运动到达冬至点，日出的方位，由南回归线向北移而日渐长为复(䷗)；夏至点日出的方位，由北回归线向南移而日渐短为姤(䷫)；二分位于赤道，春分为泰(䷊)而大壮(䷡)，秋分为否(䷋)而观(䷓)，其他诸卦可例推(见图四)。

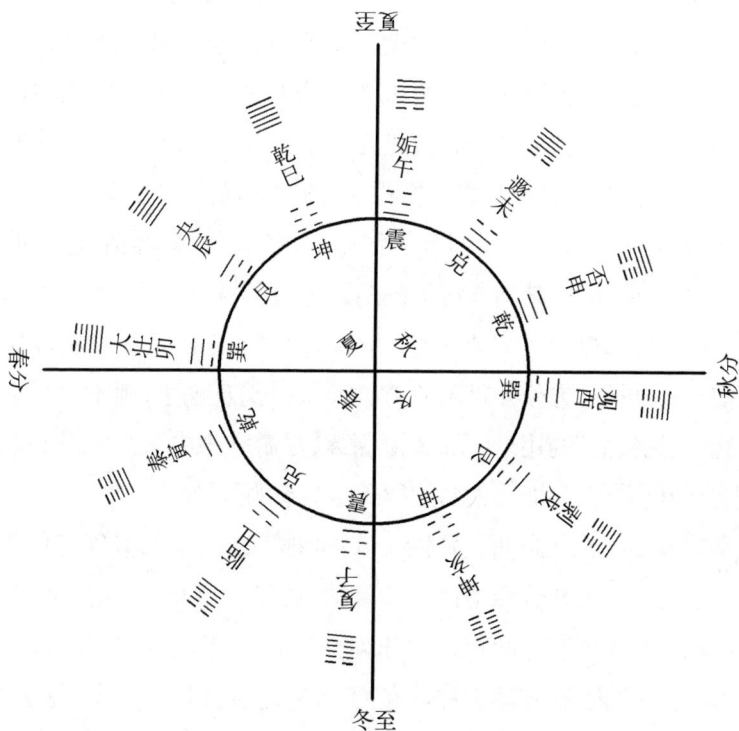

图四

上图示一年中太阳周年视运动的周期，此六画卦的消息，可合成二次三画卦的消息。原文曰"春夏据内体，从子到辰巳，秋冬当外用，自午讫戌亥,赏罚应春秋,昏明顺寒暑"是其义。故以内外体分春夏秋冬四时,当周正建子。且此图以六画爻辰阳为主,合以三画纳甲阴之消息,其间宜分辨日月运行的同异。凡以地球为主以观日月的运行,则日月同为东出经天顶南而西入。若以一月的纳甲观之,月之运行逐日在逆行。更以一年的爻辰观之,日出没的方位,乃往来于南北回归线。然则于月行须知其顺逆,于日行更须知有两个相互垂直的平面。此一现象,我国当时的天文学水平早已知之。魏氏即准此天象以反身,藉以描写体内气血周流的自然变化。所谓周天者,当了解在体内有种种周期平面,故既得与一般不同的呼吸后,宜观其象。周期平面的变化,唯由平面的旋转,始成"类如鸡子"的立体。此体本无,"因气托初"而生人。人当自究其气之初,则尚非日月运行所可尽,乃更以二十八宿为准。且爻辰以阳为主,此合诸二十八宿,又可取三画的纳甲以阴为主,而以阳合之,是之谓"用九翩翩,为道规矩"(见图五)。

此图明二十八宿的周期合于纳甲的周期,则"乾坤括终始"的形象,正当箕斗之间。其间不可见的"真一难图"犹今名之"人体黑箱",实即整体的人,魏氏即以老子之"上善若水"当之。且此左右旋转之变,使八卦纳甲之方位亦可不论方位而仅以消息视之,则不可见之真一,犹"结括终始"的用六,"真人潜深渊,浮游守规中",此所以必准五行生克制化之理,亦即由大易的律历达黄老的医学。

考《汉书·艺文志》的书目录自刘向刘歆的《七略》,其间有侍医李柱国校《方技略》,凡分四类:一、医经七家,二、经方十一家,三、房中八家,四、神仙十家。此属西汉末对医学的认识,东汉时基本相同。若《参同契》之内容,宜属于神仙家,不可视之为房中。魏氏自序云"引内养性,黄老自然,含德之厚,归根返元,近在我心,不离己身,抱一毋舍,可以长存"是其义。其间利用大易的阴阳卦象,所以明律历,切忌猜测。义由炼气筑基以知时之顺逆,既得阴阳,所以观全身气血之运行。凡气阳而生于肺金是谓"龙西",血阴而生于肝木是谓"虎东",由

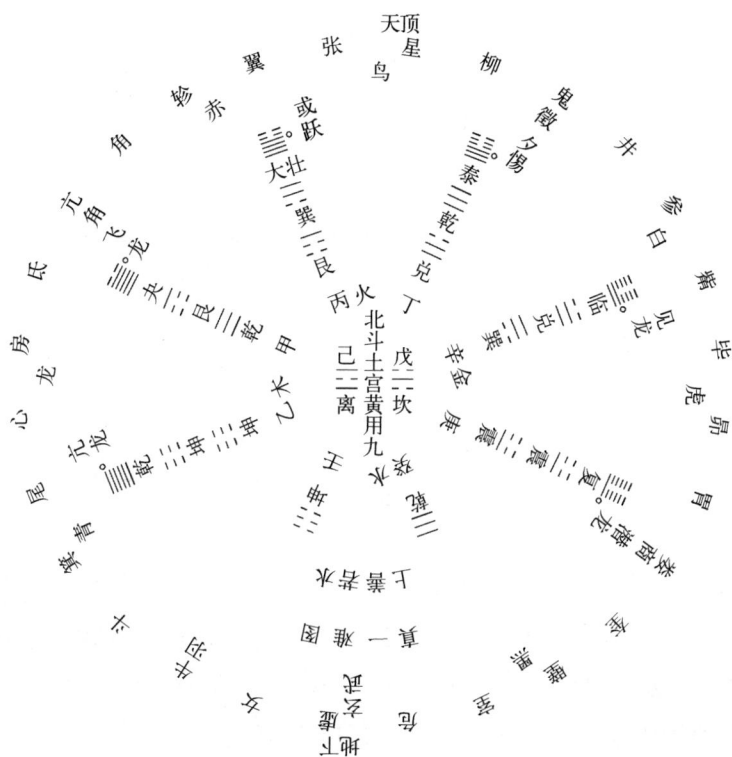

图五

肝木生火为父生女,由肺金生水为母生子。心火肾水,以当"两孔穴"。水者由气以成精,火者由血以成神。精神何如,生于气血。原文曰"肝青为父,肺白为母,肾黑为子,脾黄为祖,三物一家,都归戊己",理确圆融而反身尤善。凡父女之神为一物,母子为精为一物,此二物莫不本诸脾黄之祖,亦为一物。潜深渊、归戊己、守规中,庶为两孔穴的合一,是谓"天地之雌雄兮,徘徊子与午,寅申阴阳祖兮,出入复始终",理当脾土既合而又分,乃入寅申,土位在申为坤,寅即箕斗之乡(见图六)。

最后尚可概而明之。不知北方河车,何以见服气之功。未睹鸡子之象,又何以能得深渊之潜,环中之守,则何功可成。深渊年老,生命起源之地。环中色黄,庶免"四七乖戾",以睹"四海和平"之天。合上

67

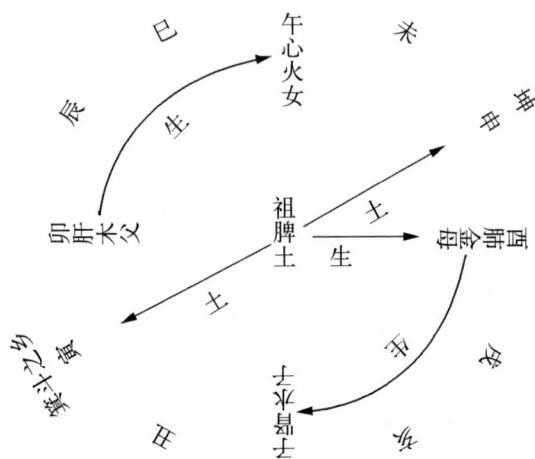

图六

六图，或可喻全书之旨，似较文字有更多的信息。一言以蔽之，准天地宏观之万象，反身以喻微观之万象，可分可合，可行可止，服气之道其何可有定法、定象以自囿。张伯端曰"读《参同契》不在乎泥象执文"，安得遇景休者共论之，然则与王弼之扫象，其同耶异耶。

论五斗米道、天师道、
正一道之同异

五斗米道、天师道、正一道三名,似同指东汉顺帝(126—144 在位)时,张陵客居在四川鹤鸣山(一作鹄鸣山,在今四川大邑境内)所创立的道教教派。然早期仅名五斗米道,因入道者须出五斗米,以此得名。其余二名,实来源于五斗米道之发展。

《后汉书·刘焉列传》:"鲁,字公祺。初,祖父陵,顺帝时客于蜀,学道鹤鸣山中,造作符书,以惑百姓。受其道者,辄出五斗米,故谓之米贼。陵传子衡,衡传子鲁。"此见由张陵至张衡、张鲁祖孙三代皆名五斗米道,毁之者谓之米贼。《三国志·张鲁列传》记其事,较《后汉书·刘焉传》为详,亦宜录之:

> 张鲁,字公祺,沛国丰人也。祖父陵,客蜀,学道鹄鸣山中,造作道书,以惑百姓。从受道者,出五斗米,故世号米贼。陵死,子衡行其道。衡死,鲁复行之。益州牧刘焉以鲁为督义司马,与别部司马张修将兵击汉中太守苏固,鲁遂袭修杀之,夺其众。焉死,子璋代立,以鲁不顺,尽杀鲁母家室。鲁遂据汉中,以鬼道教民,

自号师君。其来学道者，初皆名鬼卒。受本道已信，号祭酒，各领部众，多者为治头大祭酒。皆教以诚信不欺诈，有病自首其过，大都与黄巾相似。诸祭酒皆作义舍，如今之亭传。又置义米肉，县于义舍，行路者量腹取足。若过多，鬼道辄病之。犯法者，三原，然后乃行刑。不置长吏，皆以祭酒为治。民夷便乐之，雄据巴汉，垂三十年。汉末力不能征，遂就宠鲁为镇民中郎将，领汉宁太守，通贡献而已。

准此可见五斗米道之发展。由张陵而张衡尚在蜀，由张衡而张鲁乃由蜀而至汉中。且除张陵三代外，尚有张修。修与鲁同属于刘焉。

《后汉书·刘焉列传》："刘焉字君郎，江夏竟陵人也，鲁恭王后也。……时灵帝政化衰缺，四方兵寇。焉以为刺史威轻，既不能禁，且用非其人，辄增暴乱，乃建议改置牧伯，镇安方夏，清选重臣，以居其任。……会益州刺史郗俭在政烦扰，谣言远闻，而并州刺史张懿、凉州刺史耿鄙并为寇贼所害，故焉议得用，出焉为监军使者，领益州牧，太仆黄琬为豫州牧，宗正刘虞为幽州牧，皆以本秩居职。州任之重，自此而始。"考刘焉建议改置牧伯时，黄巾已起。焉领益州牧当灵帝中平五年(188)，可据《后汉书·灵帝纪》：

> 中平五年……益州黄巾马相攻杀刺史郗俭，自称天子。又寇巴郡，杀郡守赵部。益州从事贾龙击相，斩之。

贾龙既斩马相，乃能迎刘焉入川。故刘焉为益州牧时，陵、衡皆死，鲁与其母在，详亦见《后汉书·刘焉列传》：

> 沛人张鲁，母有姿色，兼挟鬼道，往来焉家，遂任鲁以为督义司马，与别部司马张修将兵掩杀汉中太守苏固，断绝斜谷，杀使

者。鲁既得汉中,遂复杀张修而并其众。

至于张修之情况,虽非益州黄巾马相之与,然亦早有不服汉室之事迹。《后汉书·灵帝纪》:"中平元年(184)秋七月,巴郡妖巫张修反,寇郡县。"刘艾记曰:"时巴郡巫人张修疗病,愈者雇以米五斗,号为五斗米师。"是年正当黄巾起义之甲子岁。其后马相继黄巾之太平道为贾龙所破,而修与鲁之五斗米道,幸得焉之信任,故同为司马。依时考之,衡早死,其妻尚有姿色,赖其兼挟鬼道,故能往来焉家而为其亲信。州任既重,焉自然亦有独立益州之志。惟其所利用之术,转黄巾之太平道为蜀地之五斗米道,其实略同。

《典略》曰:"熹平(172—178)中妖贼大起,三辅有骆曜。光和(178—184)中东方有张角,汉中有张修。骆曜教民缅匿法,角为太平道,修为五斗米道。太平道者,师持九节杖为符祝,教病人叩头思过,因以符水饮之。得病或日浅而愈者,则云此人信道,其或不愈,则为不信道。修法略与角同。加施静室,使病者处其中思过。又使人为奸令祭酒。祭酒主以《老子》五千文,使都习,号为奸令,为鬼吏,主为病者请祷。请祷之法,书病人姓名,说服罪之意,作三通。其一上之天著山上,其一埋之地,其一沉之水,谓之三官手书。使病者家出米五斗以为常,故号曰五斗米师。实无益于治病,但为淫妄。然小人昏愚,竞共事之。后角被诛,修亦亡,及鲁在汉中,因其民信行修业,遂增饰之。教使作义舍,以米肉置其中,以止行人。又教使自隐有小过者,当治道百步则罪除。又依月令春夏禁杀,又禁酒。流移寄在其地者不敢不奉。"此节所记述,为五斗米道之重要内容。今更宜推敲其与太平道之不同处。

凡太平道据于黄老道,产生于东方,其原与楚王英信黄老浮屠有关。英自杀于永平十四年(71),而其信徒仍在,且日在发展。张陵为沛国丰人,正属当年楚王英之封地,约生于章帝(76—88 在位)时,故其父辈或有黄老道之信仰。据《汉天师世家》,张陵于建武十年生,永寿二年卒(34—156),寿一百二十三岁,实未可信。以常情核之,顺帝即位时(126)陵约当五十岁左右,似已由沛迁蜀。所谓在蜀学道有成者,犹结合黄老道与巴蜀本有之信仰。与黄老道之最大区别,已舍黄而仅取老,"祭酒主以《老子》五千文使都习"是其义。传曰曾有《老子想尔注》之著作,近代已得敦煌残本题张陵注,似可信之。至于受信道者五斗米,或系巴蜀地区所固有,宜张修亦为五斗米师。要而言之,太平道之文献为《太平经》,内容主黄老。五斗米道之文献兼及《太平经》与巴蜀地区之传统文化,且以老子《道德经》为主。产生之地域,太平道在东方沿海地区,由张角之黄巾而遍及全国。五斗米道仅在巴蜀,自鲁始发展至汉中。其初,汉中尚为张修所有,修杀汉中太守苏固,当献帝初平二年(191)。刘焉上书,有意言"米贼断道,不得复通",实计划使益州独立。据《典略》所谓"及鲁在汉中,因其民信行修业,遂增饰之",乃知修得汉中后一二年,始为鲁所袭杀。其时焉尚在,因有鲁母"往来焉家",焉未治鲁私自袭杀修之罪,而汉中尚与益州有关。焉卒于兴平元年(194),子璋继为益州刺史,受益州牧,方治鲁不顺之罪。亦即璋已不信鲁母之鬼道,是以"尽杀鲁母家室"。鲁亦据汉中独立,与益州无关。鲁仍"以鬼道教民,自号师君",直至建安二十年(215)始降汉。《三国志》所谓"雄据巴汉垂三十年",指五斗米道,实兼张修言。修自"中平元年寇郡县",至建安二十年恰三十年。鲁自璋即位而据汉中,则仅二十年。主要明五斗米道乃巴蜀所固有,修已在鲁前推行。裴松之谓:"张修应是张衡,非《典略》之失,则传写之误。"今以时核之,张修宜属鲁之前辈,然与张衡实非一人。考《典略》为董卓之长史刘艾所记,合诸其他文献观之,实未误。裴松之已信五斗米道唯张氏三代所独创,乃有此误。今据张修以五斗米道响应黄巾,确有巴蜀之地方色彩。张陵早已重视之,子衡不寿,具体事迹未详,衡妻曾起大作用。鲁亦有远见,更承张修之法以治汉中,始显五斗米道之作用。故当时之名,誉之者称为五斗米师,鲁亦自号师君。毁之者等视于黄巾,则谓之米贼。其时绝未见有天师道、正一道之名。

考"天师"之名,出于《庄子·徐无鬼》,谓黄帝尊称牧马小童为天师。其名必黄老道中已用,故郑隐所传之道经中,有《天师神器(器一作炁)经》、《小僮经》、《小童符》等。而张陵三代之道,已舍黄取老,且准巴蜀取五斗米之习俗而被称为五斗米道,宜早期文献中未见有作天师道者。及西晋武帝时有称天师者,见《华阳国志》:

> 咸宁三年(277)春,刺史(王)浚诛犍为民陈瑞。……瑞以鬼道惑民,其道始用酒一斛,鱼一头,不奉他神,贵鲜洁,其死丧产乳者不百日不得至道治。其为师者曰祭酒,父母妻子之丧不得抚瘵入吊,及问乳病者。转奢靡,作朱衣、素带、朱帻、进贤冠。瑞自称天师,徒众以千百数。浚闻,以为不孝,诛瑞及祭酒袁旌等,焚其传舍。益州民有奉瑞道者,见官二千石长吏、巴郡太守、犍为唐定等,皆免官或除名。

此所谓瑞道,仍为鬼道,实即五斗米道。虽亦在蜀,仪式戒律有不同,唯其自称天师,似为天师道之滥觞。人虽被诛,天师道之名反盛行,且在治中流传而上推至张陵,由是五斗米道又有天师道之名。《笑道论》提及"张陵称天师",作于北周天和五年(570),已在陈瑞后近三百年,不可信以为真。凡《晋书》中述及东晋时,始见互用五斗米道与天师道。

《晋书·孙恩传》:"孙恩字灵秀,琅邪人,孙秀之族也,世奉五斗米道。"

《殷仲堪传》:"仲堪少奉天师道,又精心事神,不吝财贿,而急行仁义,啬于周急,及(桓)玄来攻,犹勤请祷。"《传》中又提及"王氏世事张氏五斗米道,凝之弥笃"。

《郗鉴传》:"愔(鉴长子)事天师道。"

由以上之记载,可证东晋时已分五斗米道与天师道为二,盖同源异流。唯张氏之五斗米道,其来已久,故称"世奉"、"世事"。而天师道仅起于西晋之陈瑞,故仅称"少奉"、"事"。其后孙恩、卢循以五斗米道为号召,又掀起农民起义,事虽失败,东晋亦由是而亡。此与汉末黄巾起义实相类似,故魏晋以后,讳言黄老道;南北朝后,又讳言五斗米道。其实,西晋时《抱朴子》所传郑隐之道犹黄老道,讳言者,属黄巾所取于黄老道中之太平道。东晋时仲堪、郗愔所传之天师道犹五斗米道,讳言者,属孙恩、卢循所取则之五斗米道。宜北朝寇谦之(365—448)、南朝陆修静(406—477)皆有以改革之而成南北天师道。北天师道创自寇谦之,寇亦自称天师,且已信张陵为天师,然有所改革,所谓"去三张之伪法"是其义。南天师道创自陆修静,陆建三洞,对道教教义有划时代之进步,示不同于孙恩、卢循,早已讳言五斗米道。故自南北朝起,天师道之名大行,五斗米道遂不为一般信徒所称。

更有理解其史迹者,既欲尊敬三张,又欲避讳米贼之贬辞,乃有舍米字而仅取五斗为义。五斗者指北斗与四方各七宿之二十八宿。凡四方各七宿之形象,先秦早有青龙、白虎、朱雀、玄武之图案。郑隐书目中,亦有青龙符、白虎符、朱雀符、玄武符,可见早为黄老道所利用。三张之发展五斗米道,亦有二十四治增加四治成二十八治等,皆有取于二十八宿之客观天象。然以北斗为主,殊无异议。问题在二十八宿中亦有一宿名斗,因其形象与北斗相似。《周易参同契》言及"始于东北,箕斗之乡",此箕与斗即二十八宿中二宿之名。魏伯阳取始于箕斗之间,与银河之起讫点有联系,此有天文学价值,亦即《周易·说卦》"艮,东北之卦也,万物之所成终而所成始也"之义。然北斗与箕斗之斗并不相对,或以箕斗之斗名南斗,且与北斗对言,实大误,因二十八宿当自为东南西北。亦有知其误者,又改北斗名中斗,然北斗实为北方,此因我国地处北半球,未能见南极而仅见北极。若有智者,于先秦时如邹衍等早已理解有南极,亦即发展盖天仪成浑天仪。故五斗之义,虽能改正北斗名中斗,合以二十八宿之四方四斗,亦仅成盖天仪之形象。于《正统道藏》中尚存有《太上玄灵北斗本命延生真经》、《太上玄灵北斗本命长生妙经》、《太上说南斗六司延寿度人妙经》、《太上说东斗主算护命妙经》、《太上说西斗记名护身妙经》、《太上说中斗大魁保命妙经》、《太上说中斗大魁掌算伏魔神咒经》、《太上北斗二十八章经》、《太上飞步南斗太微玉经》、《太上老君说五斗金章受生经》等。以最早者论,似皆起源东晋南北朝之际,因讳言五斗米道而巧立五斗之象。故自南北朝起之信道者,基本已无有自称信五斗米道者,乃完成以天师道之名代替五斗米道,亦即道教进一步为统治阶级所利用。

当南北天师道确立后,南朝陆修静立三洞,于梁朝更有孟法师(大孟名孟景翼,小孟名孟智周,同称孟法师)益以四辅。四辅中特取正一辅总摄其他三辅以辅三洞,义如下示:

三　　洞	四　　辅
洞神—— 洞玄—— 洞真——	太清 太平　正一 太玄
陆修静立	孟法师立

观上表,可喻孟法师之立四辅,于道教思想之认识又有所深入。其一,梁武帝时已事过境迁,乃恢复重视黄老道之《太平经》;其二,遵南天师道,进一步重视五斗米道之《正一经》。于郑隐书目中早有《太平经》五十卷,又有《甲乙经》一百七十卷亦属后世流传之《太平经》,其为黄老道之主要文献已无疑。然经魏晋直至陆修静时,尚因黄巾曾利用,故宁可用后出之《灵宝度人经》为三洞中之洞玄,而讳言《太平经》。

及孟法师始以《太平经》辅洞玄,则实能推得洞玄灵宝之度人,义本东汉之黄老道。以史迹观之,必本黄老道之《太平经》,方见张陵创五斗米道之原。又合诸正一,所以发展陆修静之南天师道。今《正统道藏》中有《陆先生道门科略》一卷(见涵芬楼影印本《道藏》七六一册仪下),旨在说明改革天师道之具体事实。首节可录之:

> 夫大道虚寂,绝乎状貌;至圣体行,寄之言教。太上老君以下古委悉,淳浇朴散,三五失统,人鬼错乱,六天故气,称官上号,构合百精。及五伤之鬼,败军死将,乱军死兵,男称将军,女称夫人,导从鬼兵,军行师止,游放天地,擅行威福,责人庙舍,求人绘祠,扰乱人民,宰杀三牲,费用万计,倾财竭产,不容其佑,反受其患,枉死横夭,不可称数。太上患其若此,故授天师正一盟威之道,禁戒律科,检示万民逆顺,祸福功过,令知好恶。置二十四治,三十六靖庐,内外道士二千四百人,下千二百官。章文万通,诛符伐庙,杀鬼生人,荡涤宇宙,明正三五,周天匝地,不得复有淫邪之鬼,罢诸禁心,清约治民,神不饮食,师不受钱。使民内修慈孝,外行敬让,佐时理化,助国扶命。唯天子祭天,三公祭五岳,诸侯祭山川,民人五腊吉日祠先人,二月八月祭社灶,自此以外不得有所祭。若非五腊吉日而祠先人,非春秋社日而祭社灶,皆犯淫祠。若疾病之人,不胜汤药针灸,惟服符饮水,及首生年以来所犯罪过,罪应死者,皆为原赦,积疾困病,莫不生全,故上德神仙,中德倍寿,下德延年。而今之奉道,是事颠倒,无事不反。余谨请为出其疾病,如左天师立治置职,犹阳官郡县城府,治理民物。奉道者皆编户著籍,各有所属,令以正月七日,七月七日,十月五日,一年三会,民各投集本治师。当改治录籍,落死上生,隐实口数,正定名簿,三宣五令,令民知法。其日天官地神,咸会师治,对校文书。师民皆当清静肃然,不得饮酒食肉,喧哗言笑。会竟,民还家,当

以闻科禁威仪,教敕大小,务共奉行。如此,道化宣流,家国太平。

幸存此《道门科略》,尚能理解南天师道之实质,不啻为国家整理户籍,制定祭祀等级,全为统治阶级服务。其神太上老君,即五斗米道之舍黄取老。所谓"授天师正一盟威之道",因东晋末之孙恩、卢循,正利用五斗米道,故不可不彻底承认三张为天师道。至于《正一经》流传甚多,出自太上所说,郑隐书目中所无,当由五斗米道所传出。虽有汉末之文献在其中,然已有后师之说。基本发展于东晋,又经陆修静辈所整理。故南天师道成立,《正一经》有其特殊地位,然尚未独立正一之名。及孟法师进一步整理《正一经》文献,视为可自成一辅以总结其他三辅,始确立正一之名。义能囊括三洞,与天师道之名相称,实在发展三张之教义,且有褒无贬,乃造成后世以龙虎山张天师为唯一道教之理论根据。隋唐后互用天师、正一两名,宋真宗大中祥符九年(1016)赐信州道士张正随为贞静先生,开始重视张氏之世袭。《元史》称"正一天师",明赐印文为"龙虎山正一玄坛",且自朱元璋以为"至尊者天,天岂有师",故自明迄今,正一道之名,大行于民间。《正统道藏·正一部》收录有大量文献,虽似杂乱,实含有历代道教之具体内容。要在能明辨其著作年代,庶可理解隋唐以来正一道继五斗米道、天师道后之发展情况。

论天师与天师道

"天师"之名,以今日所存之文献论,见于《庄子·徐无鬼》,不可不知是庄子及其学派所编辑之寓言。这一寓言,对形成秦汉以来之道教教义,有决定性作用。而寓言本身,确具极精深之哲理,先录原文于下:

> 黄帝将见大隗乎具茨之山,方明为御,昌寓骖乘,张若、谞朋前马,昆阍、滑稽后车。至于襄城之野,七圣皆迷,无所问涂。适遇牧马童子,问涂焉。曰:"若知具茨之山乎?"曰:"然。""若知大隗之所存乎?"曰:"然。"黄帝曰:"异哉小童! 非徒知具茨之山,又知大隗之所存。请问为天下。"小童曰:"夫为天下者,亦若此而已矣,又奚事焉! 予少而自游于六合之内,予适有瞀病,有长者教予曰:'若乘日之车而游于襄城之野。'今予病少痊,予又且复游于六合之外。夫为天下亦若此而已,予又奚事焉!"黄帝曰:"夫为天下者,则诚非吾子之事。虽然,请问为天下。"小童辞。黄帝又问。小童曰:"夫为天下者,亦奚以异乎牧马者哉! 亦去其害马者而已矣!"黄帝再拜稽首,称天师而退。

　　故知天师者,黄帝尊称牧马之小童。此小童之所以能受尊于黄帝,因知具茨之山之所在地,及居此山中之德道者大隗。当黄帝坐于马车中,正副御马车者二人,及马前车后各二人,共凡七人,马车行至"襄城之野,七圣皆迷"。襄城当时属韩国,今在河南,仍名襄城。其地亦可包括黄老学说之诞生地区。黄帝等七人由迷涂而问及牧马小童,小童非但知其地,知其人,且知为天下。自言治愈瞀病法,在乘日之车而游于襄城之野,由是复游于六合之外。此"乘日之车"之意义,是指乘时间之车。《山海经》之《海外北经》与《大荒北经》,皆载有夸父追日之寓言。而庄子之寓言,明此牧马小童,可不必徒步追日,能乘日之车而附日以行,则可免道渴力尽而死。此附日以行与七圣马车之速度,何可并论,日车犹乘时,乃能复游于六合之外。并见六合内外,所以治目有所蔽未得正观之瞀病,其唯永远合时,庶能不迷而知为天下。德道者名大隗,犹大地,以今日观之犹地球,庄子所用之专门名字,即六合。小童少时,仅"自游于六合之内",内指宇,知宇而未知宙,安得无瞀病。幸得长者之教而知乘日之车,则既知宇宙,自然能"复游于六合之外"而"非徒知具茨之山,又知大隗之所存"(宇宙之义,宜参阅《庄子·庚桑楚》)。且在战国时,人类所掌握之速度,莫速于乘马。牧马者贵能得千里马。去其害者,所以去其损毁马行之速度者。以牧马之理喻为天下,即在得时而不迷,此唯黄帝心知小童,安得不"再拜稽首,称天师而退"。然则天师之象,所以能乘日之车以畅游于六合内外。

　　在庄子成此寓言前,略早数十年已有孟子盛赞孔子为"圣之时者也"。孔子之弟子在编成《论语》时,末章特选"尧曰:咨尔舜,天之历数在尔躬,允执其中,四海困穷,天禄永终。舜亦以命禹",是即孔子知时以划时代于尧舜之象。孟子尊孔而不知变,故仍"言必称尧舜"。可见孟子理解孔子为时圣者,要在孔子能知以天之历数示其时,且尧舜已知之,宜尧舜孔子,是当孔子所掌握之时。然自孔子所严事之老子起,对时之认识,已能深入思考时空之本身。唯老子创立"有物混成,先天地生"之哲学命题。这一哲学命题,自然可通于宗教命题,况此哲学命题,本由原始宗教的思想发展而成。凡由尧舜而黄帝,以产生黄老自然之道,是战国初中期所发展之学说。故继黄老之说之庄子,实可兼及尧舜孔子之理;而仅继尧舜孔子之说之孟子,实难理解黄老崇尚自然之至道。此所以庄子及其学派之说,不妨视儒为能知六合之内,而乘日之车以畅游六合内外之天师,则决非尧舜所知。《庄子·逍遥游》所谓"之人也,之德也,将旁礴万物以为一,世薪乎乱,孰弊弊焉以天下为事。之人也,物莫之伤,大浸稽天而不溺,大旱金石流、土山焦而不热。是其尘垢秕穅,将犹陶铸尧舜者也,孰肯以物为事"。之人之德既可陶铸尧舜,安得不以天师称名之。

自庄子创此寓言后之黄老道,莫不知天师为贵。秦汉以来之黄老道,当早已重视牧马小童之识见。葛洪《抱朴子内篇·遐览》著录其师郑隐所收之道经中,有《天师神器(器一作炁)经》、《小僮经》、《日精经》、《小童符》等,原文虽皆失传,以名观之,可肯定与"天师"有关。故黄老道中之天师,指牧马小童,贵能乘日之车,与汉后所谓天师道之天师,早已名同实异。且称张陵、张衡、张鲁祖孙三代为汉天师者,更属后起之名。自张陵根据老子之哲理创教起,至张鲁于建安二十年(215)降汉止,自称、被称皆用西南地区早已存在之"五斗米道",而无天师道及天师之名,故在史实上并无汉天师。今由天师之名,尚可考核黄老道的内容及其发展之情况。

论南北天师道与净土禅机

天师道即五斗米道,由张陵所倡始,其孙张鲁治汉中有大发展。黄巾利用黄老道起义,大失败于灵帝甲子(184),其后延续有十余年之久,惜终被消灭。而张鲁于建安乙未(215)有降汉之名,故能代黄老道而兴。然鲁卒以后,五斗米道势必分裂,主之者已非姓张,且须改革其教义。若葛洪(283—363)承郑隐之道教,尚属黄老道而与五斗米道无关。改革其教义者,先有魏夫人(252—334)发展《黄庭经》,继之者成《三十九章经》以开洞真,当三洞之一。是时佛教大兴,本取老庄之理以"格义"明其般若之说,乃与魏晋清谈合流。道安(312—385)辈已渐有驾玄学而上之势。自佛图澄至北方(? —348)而道安师之,乃不尚空论,老庄清谈之理,实已不敌有实修之般若,且有具体之戒律。益以鸠摩罗什(350—409)来吾国,能弘扬龙树之理,佛教始具整个理论体系而不须再取玄学之说。而玄学家的出路,不得不归于道教。至于道教在当时所发展的五斗米道,早已有取于黄老道之说。乃当南北朝时,因政局的变化,自然产生改革五斗米道的南北天师道。北天师道创自寇谦之(365—448),自谓得道于嵩山(北魏拓跋嗣神瑞二年,415),又受李谱文道于泰常八年(423),继之于始光元年(424)被拓跋焘所重用。此嵩山的道教道场迄今犹为道教之重要据点,当五岳之中岳。寇本人确有练气之功能,此决不可忽视。

以南方言,由道安而慧远(334—416),玄学基本已归于佛学而以般若为主,且有实修法。慧远于太元十一年(386)定居庐山,旋与刘遗民等结莲社同修净土,佛教始具穷理尽性之法而不再徒尚玄言。以道教言有陆修静(406—477)出,能以三洞的纲领,开道教之新面目。其于元嘉三十年(453)入庐山,慧远卒已三十八年,而莲社的规模仍在,陆著道教仪规有取于佛教可知。至于三洞之理,乃道教所固有,迨陆承前说而扩大三洞的内容,对吾国的哲学思想有所发展。观佛藏分经律论三藏,而三洞者同属经藏,故合诸佛教教义,道教分三洞犹判教。合观当时庐山的情况,正须说明何谓佛教何谓道教,故判教渐成主要问题。而陆立三洞,道教的判教已成。又陶渊明(372—426)的年龄,在慧远、陆修静之间。慧远之卒尚未见东晋之亡,陶则已目睹,然陶、陆对刘裕的态度大异。陶言"不知有汉,无论魏晋",而事实则是晋而非宋,反观陆的思想,则是汉而非魏晋。其以刘裕当刘邦的开国,实未能考虑当时的空间形势,惟其考虑汉与魏晋的时间形势不可谓非。乃三洞之理,益以孟法师四辅的判教,必有当其时者始能用之。其后用于唐,以唐继汉,方实现陆修静的思想。此见陆的思想有向前看的认识,而陶潜之思想分二方面,拘则是晋而非宋,达则并汉而忽之,难免有保守向后看的认识。虽然,此本整个时代的发展趋势言,决不可简单地认为陆歌颂刘裕为是而陶不顾刘裕为非,更不可是道而非佛。佛道二教当时正处于相互渗透而各自发展的阶段。

又南朝由宋齐而梁。梁武帝天监二年(503)以孟景翼为大正,故世有大孟之称。尚有小孟,名智周,或可同称孟法师。乃继陆修静的三洞而益以四辅,此以三洞四辅判析道教,可影响佛教对经藏的深入研究。其后佛教产生天台宗的判教,不可不注意其与道教的关系。若梁武帝本人的信仰,盖由道而佛。其所谓佛者,因反玄学的清谈,必以具体的修持为主。适是时有胡僧达磨(?—528)由海路至梁,与梁武帝之话不投机可不言而喻,乃渡江北至嵩岳,于少林寺面壁九年而成。此于佛教另开教外别传的禅机,尤不可不知受吾国固有思想的影响。考少林寺建成于北魏孝文帝太和十九年(495),达磨面壁其中,尚为新落成的寺院。依时考之,寇谦之在嵩岳,自初荐于永兴二年至受李谱文道于泰常八年(411—423),共十三年,与达磨相差已近百年,先后相应,亦有相感之理。且北方的道教不尚玄理,奈何于炼外丹之术屡屡失败,而内丹之修炼法,正可相应于达磨之面壁。其后开禅宗之门,实与内丹可通。

综上所述,陆修静的南天师道,有取于净土之说。而道教之理贵能出入三界,故于庐山能生由佛而道之说。略早于陆修静的北天师道,则由内修而重视外丹。及达磨面壁而开禅宗,实有应于内丹,故于嵩山能生由道而禅之说。此南北道教与南北佛教之变化,正属佛道教理相互渗透的核心所在。

南北朝道教与三洞四辅

　　道教与三教合一的道教,有其不同内容而可同属于道教之名,宜道教之实,似较儒佛更复杂。陶弘景(456—536)著《茅山长沙馆碑》,有言曰:"百法纷凑,无越三教之境。"以名核实,称儒释道为三教而有以合之者,应重视陶弘景的思想。

　　《南史·列传第六十六》:"陶弘景字通明,丹阳秣陵人也。祖隆,王府参军。父贞,孝昌令。……至十岁,得葛洪《神仙传》,昼夜研寻,便有养生之志。谓人曰:'仰青云,睹白日,不觉为远矣。'父为妾所害,弘景终身不娶。……未弱冠,齐高帝作相,引为诸王侍读,除奉朝请。……永明十年(492)……上表辞禄,诏许之,……于是止于句容之句曲山。恒曰:'此山下是第八洞宫,名金坛华阳之天。周回一百五十里,昔汉有咸阳三茅君得道来掌此山,故谓之茅山。'乃中山立馆,自号华阳陶隐居。人间书札,即以隐居代名。始从东阳孙游岳受符图经法,遍历名山,寻访仙药。……永元(499—501,齐东昏侯年号)初,更筑三层楼,弘景处其上,弟子居其中,宾客至其下,与物遂绝。……性好著述,尚奇异,……尤明阴阳五行、风角星算、山川地理、方图产物、医术本草,著帝代年历。……又尝造浑天象高三尺许,地属中央,天转而地不动,以机动之,悉与天相会,云修道所须,非止史官是用。深慕张良为人,云古贤无比。齐末为歌曰:'水丑木,为梁字。'及梁武兵至新林,遣弟子戴猛之假道奉表。……武帝既早与之游,及即位后,恩礼愈笃。……国家每有吉凶征讨大事,无不前以咨询,月中常有数信,时人谓为山中宰相。……天监四年(505)移居积金东涧。弘景善辟谷导引之法,自隐处四十许年。……曾梦佛授其菩提记云,名为胜力菩萨,乃诣郧县阿育王塔自誓,受五大戒。后简文临南徐州,钦其风素,召至后堂,以葛巾进见,与谈论数日而去,简文甚敬异之。天监中,献丹于武帝。中大通初,又献二刀,其一名善胜,一名威胜,并为佳宝。无疾,自知应逝,逆克亡日,乃为告逝诗。…… 遗令,既没不须沐浴,不须施床,止二重席于地。因所著旧衣,上加生祇裙及臂衣韡冠巾法服,左肘录铃,右肘药铃,佩符络左腋下。绕腰穿环结于前,钗符于髻上,通以大袈裟覆衾蒙首足。明器有车马。道人道士并在门中,道人左,道士右。百日内夜常然灯,且常香火。弟子遵而行之,诏赠太中大夫,谥曰贞白先生。"

以上摘录《南史》,可了解陶弘景一生的概貌。齐高帝作相在宋顺帝升明三年(479),陶弘景仅二十四岁,为萧道成(旋即代宋为齐高帝)赏识而引为诸王侍读,除奉朝请,可知陶能深知宋齐变化的实情。于齐永明二至四年的三年中(484—486)从东阳孙游岳受符图经法,孙游岳卒于永明七年(489)(据《茅山志》《云笈七签》),是年陶亦仅三十四岁。陶于永明十年入句容之句曲山以创立茅山道,孙之卒有以促成之。孙享寿九十一岁(399—489),则年反长于陆修静(406—477)。陶隐居于茅山四十年许,所以法其师孙游岳居缙云山四十七年。且陶不及见陆修静而能师孙游岳,为陶于道教成就的基础。陶入茅山后之发展情况,与陆与孙皆有所不同,而道教与三教合一的道教,亦因时代思潮而有所分辨。

综观南北朝的道教情况,大体而言,南朝以吸收佛教为主,北朝以排斥佛教为主。自北魏的寇谦之(365—448),南朝的陆修静起,对佛教的态度各有不同,而同在因佛教教义日在发展,当有以改革道教。寇谦之结合崔浩,犹合儒道以排佛。陆修静创立三洞,已在庐山有以吸收慧远东林寺的仪规(慧远于公元 386 定居庐山,陆修静于公元 453 入庐山),于明帝太始七年(471)上《三洞经书目录》,实为总结并发展道教的教义,有划时代的作用。不与世接之孙游岳早见及此,乃愿于太始中往从之。三洞云者,指洞神三皇经、洞玄灵宝经、洞真杂题诸名。当葛洪(283—363)之时尚未分三洞。然继承三洞之学者,非由孙游岳而陶弘景,当注意孟法师所著之《玉纬七部经书目》。考梁武帝天监二年(503)曾设置大小道正,以孟景翼为大道正,孟智周为小道正,尊称为大孟法师与小孟法师,后人以大小孟称之。以年龄核之,是年陶为四十八岁,大小孟当亦相近。而大小孟皆不信佛教,且有以折服之。成《七部经书目》,所以进一步发展陆修静之三洞而益以四辅。七部之结构,以下表示之。

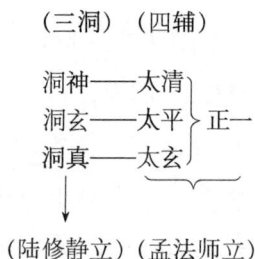

(三洞) (四辅)

洞神——太清
洞玄——太平〉正一
洞真——太玄

(陆修静立)(孟法师立)

　　至于立七部的孟法师,是大孟或小孟已失考,似可兼及大小孟。下录大孟的事迹:
　　《南史·列传第六十五》:"……明僧绍《正二教论》以为:'佛明其宗,老全其生。守生者蔽,明宗者通。今道家称长生不死,名补天曹,大乖老庄立言本理。'文惠太子、竟陵王子良并好释法,吴兴孟景翼为道士,太子召入玄圃,众僧大会。子良使景翼礼佛,景翼不肯。子良送

《十地经》与之,景翼造《正一论》,大略曰:'《宝积》云佛以一音广说法,《老子》云圣人抱一以为天下式。一之为妙,空玄绝于有境,神化赡于无穷。为万物而无为,处一数而无数。莫之能名,强号为一。在佛曰实相,在道曰玄牝。道之大象,即佛之法身。以不守之守守法身,以不执之执执大象。但物有八万四千行,说有八万四千法。法乃至于无数,行亦达于无央。等级随缘,须导归一。归一曰回向,向正即无邪。邪观既遣,亿善日新。三五四六,随用而施。独立不改,绝学无忧。旷劫诸圣,共遵斯一。老、释未始于尝分,迷者分之而未合。亿善遍修,修遍成圣。虽十号千称,终不能尽。终不能尽,岂可思议。'"

《三洞群仙录》卷十六引《道学传》曰:"孟景翼,字辅明,平昌安丘人也。轲之后也,性至孝。齐景陵王盛弘释典,广集群僧,与景翼对辩二教邪正。景翼随事剖析,辞理无滞。虽蔺生拒嬴,来公折隗,蔑以加焉。"

由上记载,可证四辅中以"三太"归诸正一之说,确与大孟有关。正一者,乃指明僧绍《正二教论》之非而特造《正一论》以阐明道教之旨。正一者,犹孟子之"定于一"而深体乎老子之得一。

至于小孟的事迹,《上清道类事相》卷一引《道学传》曰:"孟智周,丹阳建业人也。宋朝于崇虚观讲说《十方忏文》。"唐王悬河《三洞珠囊》卷二引《道学传》曰:"孟智周,梁武帝时人。多所该通。梁静惠王抚临神坻,请智周讲。光宅寺僧法云来赴。发讲,法云渊解独步,甚相凌忽,及交,往复盛其词辩。智周敷释焕然,僧众叹伏之也。"

今法云(467—530)之生卒年可考,则智周之年龄当相近。惜具体之词辩未传,然知在崇虚观讲说《十方忏文》,而崇虚观即宋明帝为陆修静所筑,然则智周必与陆修静有关。考法云十一岁时陆修静卒,智周较法云如长数岁,虽或年轻于陶弘景,反能直接为陆之弟子。况所讲说的《十方忏文》属《灵宝度人经》,就是经陆所阐辑的忏仪。当梁时而二孟合成七部,所以续成陆修静分类之遗志,对道教更有大贡献。

推究孙游岳之情况,有应于陆修静当属事实,然所继承者,以洞玄上清灵宝经为主。且陆为宋明帝所重视,而孙为齐武帝所重视,武帝特为敕建兴世观以居之,宜与孟智周仍居崇虚观有所不同。而陶从孙学,正在敕建兴世观前后。要而言之,传陆修静之道者,由宋而齐为孙游岳,由齐而梁为二孟与陶,而道教略有变化。先述三洞四辅的道教,尤可见陶弘景所创立的茅山道,已属三教合一的道教。

以三洞言,陆孟皆取洞神为三皇经,基本继承葛洪之说。葛洪自言得于其师郑隐有《三皇内文天地人》三卷,且曰:"……弟子五十余人,唯余见受金丹之经,及《三皇内文》《枕中五行记》,其余人乃有不得一观此书之首题者矣。"(《遐览》)又曰:"余问诸道士以神丹金液之事,及《三皇内文》召天神地祇之法,了无一人知之者。……昔左元放于天柱山中精思,而神人授之金丹仙经,会汉末乱,不遑合作而避地来渡江东,志欲投名山以修斯道。余从祖仙公,又从元放受之。凡受《太清丹经》三卷,及《九鼎丹经》一卷,《金液丹经》一卷。余师郑君者,则余从祖仙公之弟子也,又于从祖受之,而家贫无用买药。余亲事之,洒扫积久,乃于马迹山中立坛盟受之,并诸口诀之不书者。江东先无此书,书出左元放,元放以授余从祖,从祖以授郑君,郑君以授余,故他道士了无知者也。然余受之已二十余年矣,资无担石,无以为之,但有长叹耳。"(《金丹》)

此明神丹金液之事,亦与《三皇内文》有关。其四代相传的情况,当属事实,且可考核葛玄之年龄。左元放约与曹操(155—220)同时,葛洪生卒年可考(283—363),而郑隐于永宁二年年八十余东投霍山莫知所在,则其生年亦可知,约在曹操卒年前后,故葛玄确可上承左慈而下传郑隐。又葛洪受之二十余年,正当郑投霍山前数年,洪仅二十岁许。进而论《三皇经》来源曰:"……昔黄帝东到青丘,过风山,见紫府先生,受《三皇内文》,以劾召万神。南到圆陇阴建木,观百灵之所登,采若乾之华,饮丹峦之水。西见中黄子,受九加之方,过崆峒,从广成子受自然之经。北到洪堤,上具茨,见大隗君黄盖童子,受神芝图。还陟王屋,得《神丹金诀记》。到峨眉山见天真皇人于玉堂,请问真一之道。皇人曰:'子既君四海,欲复求长生,不亦贪乎? 其相复不可具说,粗举一隅耳。夫长生仙方则唯有金丹,守形却恶则独有真一,故古人尤重也。'……"(《地真》)此说当然是神话,今究此神话,决非葛洪所杜撰,乃属东汉时黄老道之言。若黄帝当五方之中,本为先秦古说,而《三皇内文》受于东方者,东方贵有春天的生气。东方色青,故曰"到青丘"。依八卦方位,《说卦》曰:"万物出乎震,震东方也。齐乎巽,巽东南也。齐也者,言万物之洁齐也。"又曰"巽为风",故又曰"过风山"。道重紫与儒重红相对,当分光之两端,古人观虹而知之。紫气东来之说,不必信为关尹望见老子之气,而从方仙道起,已可有道生紫气之象,故《三皇内文》托名受于东方的紫府先生。其实三皇者,就是总结先秦的哲理,以归诸天地人三才之道。由方仙道及黄老道,化成人格化的天皇地皇人皇。其作用能"召天神地祇之法",核实而言,指人所已能控制的自然界与生物界。故既多荒诞不稽者,亦不乏有科技知识在其中。对此类文献,葛洪特别重视,认为是道教的核心。于黄帝的神话中,除四方中央外,又提到峨眉山见天真皇人事。此为长江流域的思想,因西北既有五胡入主,不得不思西南之真一。若葛洪的道教,仅继承黄老道,并不以五斗米道为是,然已不得不信有天真皇人。当陆修静整理成洞神三皇,以继承葛洪为主。于《抱朴子·遐览》中有《太清经》,孟法师即取太清之名以辅洞神,且谓《太清经》明金丹之术,犹见神丹金液之事,与《三皇内文》有关。因认识天文、地理、养生医学、数学、炼丹法等事,当时有所发展,此类道书亦多,有其属于自然科学的专业知识。

此外洞玄与洞真的内容,实已发生在东晋。先以洞玄言,指《灵宝度人经》,当葛洪时已有《灵宝王子心经》及《灵宝五符》等,基本仍属洞神的象数,五符与五行有关。而葛洪的族孙葛巢甫造作《灵宝度人经》,则以象数理化成元始天尊度人之法,此对道教教义有大变化。观葛洪的思想以儒道分外内,即《抱朴子》外篇为儒术,内篇为道术,故并不以黄巾利用《太平经》为是,及陆修静亦不以孙恩、卢循利用五斗米道为是。然陆对《灵宝度人经》知其重要而立此洞玄,庶能完成道教的自度度他。及孟法师能说明其理,故以《太平经》辅之,其实《太平经》在《度人经》之前,此不可不知。另有《上清经》者,起于杨羲所主持之降灵,时间当升平三年至太和二年(359—367),而有大批手书为信道者所重视。究其实起于魏夫人的思想,以《黄庭经》、《大洞真经》等为主。而此《上清灵宝经》已兼及自度度他,成为当时道教的主流。更以洞真言,则言老子之哲理,于葛洪时亦并不重视。而陆修静能立此洞真,则凡清谈有得者皆可归诸此洞,故属于此洞之道经,尚无专名。后孟法师以太玄辅之者,犹玄之又玄以当重玄之《老子》,义始归一。且以太清、太平、太玄合于正一者,仍在恢复张陵之道教,亦有不言黄而仅言老的思想,观大孟之《正一论》可知。

总上所述,对三洞四辅的内容舍其神秘之说以合诸时代思潮,则可当先秦至晋末的情况。在当时的思想,根本不存在道教起于五斗米道的概念。详以下表示之:

三 洞	四 辅
洞神(黄帝)	——太清(天地人三才)(方仙道)
洞玄(元始天尊)	——太平(黄老道)(五斗米道) 正一(天师道)
洞真(老子)	——太玄(魏晋玄学)

而在同时的陶弘景特创立茅山道,与孟法师以四辅辅三洞之结构,似有所不同。当其取茅山者,重视汉有咸阳三茅君得道来掌此山,且深慕张良为人。当永元初更筑三层楼,所以避齐末之乱。为歌水丑木以奉表于武帝,因本已相应,不得不有以趋时,方能成其"山中宰相"的地位,而其本身实有所得。自读《神仙传》至受符图经法于孙游岳,对洞神

与洞玄,已能身体力行。造浑天仪而知其为修道所须,实有天人相应之象,是犹由《参同契》而《胎息经》(另详拙稿《论〈参同契〉与〈胎息经〉的结胎》)。最关键处,已不与二孟同,可不必折佛而自然归一。且必"诣鄮县阿育王塔自誓,受五大戒",则不可不认为与梁武帝有关。当时有梁武帝弘扬佛法,与阿育王有相似处。故知陶弘景之信佛,有与于梁武帝的思想。况自鸠摩罗什来中国(350—409),整个般若的理论已能完备,更有聪颖的僧肇有老庄之基础而通于般若,所作的《肇论》实能青出于蓝,故不言佛道结合而早有通其理者。考佛教能发展成中国佛教者,实有以取诸中国的哲理而纳入佛教教理中,然虽合而仍为佛教,与道教之取诸佛教教义必加说明且有形式者不同。故陶弘景的道教,就成为三教合一的道教。其实于三洞的意义,洞神确属道,可包括黄老,陶"尤明阴阳五行、风角星算、山川地理、方图产物、医术本草"等皆可属之。天监中献丹于武帝,丹指医药药丸,非指铅汞,外丹又能炼成善胜、威胜二刀,方属内外丹之各得其所,此南朝的道教较北朝的道教为可取。又于洞玄、灵宝犹外王之学,愿为"山中宰相"亦有以度人,宜除武帝外尚能为简文所钦敬。故洞神与洞玄,不啻为道与儒。至于洞真之重玄,大孟必以老子折服佛法,可见其确有相同处。既同其实,则"名可名非常名",宜陶弘景不妨以"大袈裟覆衮蒙首足",而有应于"道人道士并在门中"。然则三洞以三教当之,亦未尝不可。唯不必合一于正一而归于三茅公之医学——犹道,及张良之善于出入人世——犹儒,是可当茅山道之形象。且当汉初时,佛教尚未传入,自两汉之际既已传入后,则何可不正面视之。故陶之观点实能会通中国与印度佛教的思想文化,以下表示之:

<pre>
        南朝梁   西汉初

      洞神——道 ⎫
      洞玄——儒 ⎬   ⎰ 张 良(儒)
      洞真——佛 ⎭   ⎱ 三茅公(道)
</pre>

　　此茅山道的形象日在发展,而认识三洞四辅的结构,方可认为已认识道教的纲领。唐孟安排著《道教义枢》,所以继承二孟之说,玄宗准之而编成第一部道藏《三洞琼纲》。其后宋张君房之《云笈七签》直至明《正统道藏》莫不用之。而此三洞之精义,已在唐末五代有钟、吕、刘与陈抟,更能善继陶弘景之说而再次形成三教合一的道教,南北宗的教义迄今仍盛行。故从道教与三教合一的道教以观道教之实质,自然可认识道教确在起扩大中国思想文化的作用。

孟法师考

道教教义的具备,本诸三洞四辅。以三洞四辅分类所有的道经,始有集成《道藏》的理论基础。

观《抱朴子·遐览篇》所著录的道教典籍,分道经与诸符二类。凡道经二百零四种,六百七十八卷;诸符分大符六十六种,小符则不可具记。是时仅以形式辨之,犹书与图,尚未能以内容加以分类。其后百年余,道经日出以对抗佛经,教典既富,势必加以分类。此一重要工作,由陆修静与孟法师完成,直至明《正统道藏》仍用之,已成为道教的基本教义。若陆修静上《三洞经书目录》于宋明帝泰始七年(471),史有明文。至于孟法师增四辅以辅三洞而成七部的原委,及孟法师确指何人,有一考的必要。

青溪道士孟安排集《道教义枢》,于卷二《三洞义》第五云:"又序三洞经。洞者,其卷数题目,具如陆先生《三洞经书目录》,孟法师《玉纬七部经书目》,《陶隐居经目》,《太上众经目》,《三十六部尊经目》等。"今准此诸目的次序,孟法师当陆修静(406—477)与陶弘景(456—536)之间,似可无疑。然孟法师的史迹如何,与集此《道教义枢》的孟安排有何关系,迄今仍多误解。

考唐末杜光庭(850—933)《道德真经广圣义序》云:"梁道士孟安排,号大孟,作《经义》二卷。"又云:"梁道士孟智周,则号小孟。"按杜光庭以孟智周号小孟则是,以孟安排为大孟则非。今人每承杜光庭之说,以孟安排为梁道士。陈国符《道藏源流考》已考得孟安排为唐武后时道士,然碍于杜说而谓"此非《道教义枢》撰人"。读《道教义枢》的序文,此青溪道士孟安排已提及《隋书·经籍志》而引其原句,其为唐人可知。考《隋书》成于显庆元年(656),陈子昂《荆州大崇福观记碑》作于圣历二年(699),内提及孟安排,正撰此《道教义枢》者。故孟安排与大小孟已无关系。至于"大孟先生,讳景翼,字辅明",乃三洞道士朱法满之说,似可取。此大小孟之事迹,尚多可考。

《三洞群仙源》卷十六引《道学传》曰:

> 孟景翼,字辅明,平昌安丘人也。轲之后也,性至孝。齐景陵王盛弘释典,广集群僧,与景翼对辩二教邪正。景翼随事剖析,辞理无滞。虽蔺生拒嬴,来公折隗,蔑以加焉。

《珠囊》卷一引《道学传》曰:

> 梁竟陵王遇《灵宝经》一部,看便以掷地。少日,便手发疽疮,痛楚特甚。遂遣冯先生首谢。先生为作悔辞,备加慊疑。虽蒙少差,终为此疾而亡也。

《太平御览》六百六十六引《道学传》曰:

> 梁武帝天监二年(503)置大小道正。平昌孟景翼,字道辅,时为大正。屡为国讲说。四年,建安王伟于座问曰:道家科禁甚重,老子二篇,盟誓乃授。岂先圣之旨,非凡所说耶? 景翼曰:崇

秘严科,正宗妙化,理在相成,事非乖越。

由上三节的记录,可知孟景翼号大孟者,因曾为梁武帝的"大道正",人皆尊之,乃仅称法师而不名。且知已重视《灵宝经》,辩释道以拒群僧,其深信道教而理驾于释,又可概见,此其所以能增四辅以成七部。

《云笈七签》于七部(卷六)太清引孟法师云:"大道气之所结,清虚体大,故曰太清。"(此句亦见于《道教义枢》)太玄引孟法师云:"是太玄都也。"至于七部者,据《正一经次》:"一者洞神部,二者洞玄部,三者洞真部,四者太清部,五者太平部,六者太玄部,七者正一部。"若孟法师所分之七部,同此可信,《玉纬经》云"洞神、洞玄、洞真,是三清境",则其序次亦同,然据《道门大论》与《本际经》,于三洞皆以洞真、洞玄、洞神为次,乃七部中更宜互变太清与太玄之次,今《正统道藏》即本此而不同于《正一经》、《玉纬经》。

至于小孟的事迹,唐王悬河曾二引《道学传》。一曰:"孟智周,丹阳建业人也。宋朝于崇虚馆讲说《十方忏文》。"一曰:"孟智周,梁武帝时人。多所该通。梁静惠王抚临神伎,请智周讲。光宅寺僧法云来赴。发讲,法云渊解独步,甚相凌忽,及交,往复盛其词辩,智周敷释焕然,僧众叹伏之也。"

按崇虚馆为宋明帝礼敬陆修静而筑,筑时在泰始三、四年间(467—468)。陆亡于元徽五年(477),孟智周既居于崇虚馆,所讲的《十方忏文》,又据陆修静本《灵宝度人经》的十方而作,故似为陆的弟子。于梁时,与光宅寺僧法云(467—530)辩论。今已知法云的年龄于陆修静卒时仅十一岁,智周如能为陆的弟子,年当长法云十余岁。又孟景翼于天监二年为大正时,法云为三十七岁,智周约五十余岁,而景翼能为大正,年或更长十余岁。景翼辩二教邪正于齐,亦较智周早十余年,故有大小孟之称欤。且景翼与智周,同时宣扬道教以伏佛教,发展三洞成七部,或亦相同,皆继承三洞而益以四辅。依时言,小孟又继承大孟,宜后人于《玉纬七部经书目》,乃不辨景翼与智周而题名孟法师,似可兼指大小孟,大小孟亦可能同为陆修静之弟子。

论司马承祯《天隐子》

　　司马承祯(647—535),字子微,河内温(今河南温县)人。周晋州刺史琅琊公裔玄孙。少好学,薄于为吏,于二十一岁遂为道士,事潘师正,于嵩岳传其符箓及辟谷导引服饵之术。师正是年已七十四岁,特赏异之,谓曰:"我自陶隐居传正一之法,至汝四叶矣。"四叶即四世,指陶隐居、王远知、潘师正、司马承祯。名曰正一之法,指三洞四辅中,取正一一辅兼及其他三辅以应三洞,犹能得道教之整体。此取"四叶"、"正一"之法,据《旧唐书》。又李渤《真系传》则师正曰:"我自简寂传操正法,至汝六叶矣。"凡四而六,即上增陆修静与孙游岳。而正一之法作正法,李渤似未知唐孟安排《道教义枢》所记述的三洞四辅之旨。故李渤以道教起于杨羲,未合史实,当以"正一之法"为是。且自陶隐居起,于道教之理已兼及儒释道三教。其理自梁至唐,日在深入发展,此南朝茅山道的特点,与孟法师已有所异。且发展陆修静之旨,故与北天师道不同,而司马承祯能传陶弘景之旨。平生尝遍游天下名山,于王屋山有好感,"潘尊师碣"题曰"弟子中严道士司马子微书",中严为王屋山之地名。《天坛王屋山圣游记》:"自坛顶至上方院八里,又曰中严台,乃司马子微修行游息之所。"又此石立于武周圣历二年(699),是

97

年承祯已五十三岁,于二三十年中除游王屋山而主要在嵩岳事潘师正外,尝止于天台山玉霄峰。因天台位于南方,与茅山相近,自孙绰作《游天台山赋》后,早为云游者所重视。况时当盛唐,便于游观天下之名山大川,由潘师正而上之。然承祯有志于南朝之道教,故止于天台,此有利于道业之成就。则天闻其名,召至都,降手敕赞美之。因则天登基前潘师正已羽化,当时道教似以承祯为主。于六十五岁当景云二年(711),睿宗令其兄承祎就天台山追之至京,引入宫中问以阴阳术数之事。承祯对曰:"道经之旨,为道日损,损之又损以至于无为。且心目所见者,每损之尚未能已,岂复攻乎异端而增其智虑哉。"帝曰:"理身无为则清高矣,理国无为如何?"对曰:"国犹身也。老子曰:'游心于淡,合气于漠,顺物自然而无知焉,而天下理。'《易》曰:'圣人者与天地合其德。'是知天不言而信,无为而成,无为之旨,理国之道也。"睿宗叹息曰:"广成之言即斯是也。"承祯固辞还山,为敕建桐柏观于桐柏山(属天台山)。七十五岁时,当开元九年(721),玄宗又遣使迎入京,亲受法箓。一年后返天台。八十一岁时,当开元十五年(727),又召至都,令承祯于王屋山自选形胜置坛室以居焉。承祯因上言:"今五岳神祠,皆是山林之神,非正真之神也。五岳皆有洞府,各有上清真人降任其职,山川风雨,阴阳气序,是所理焉。冠冕章服,佐从神仙,皆有名数,请别立斋祠之所。"玄宗从其言,因敕五岳各置真君祠一所,其形象制度,皆令承祯推按道经创意为之。由是有属于上清之五岳真君形象,与古代帝王之封禅始有所异。承祯善隶书,玄宗令以三体写《老子经》,刊正文句,定著五千三百八十言为真本以奏上。承祯居王屋山阳台观,玄宗为题额。其后又令玉真公主及光禄卿韦绍至其所居,修金箓斋。是岁年八十九,旋卒于阳台观,当开元二十二年,谥曰"贞一先生"。此八九年中有承祯之居于王屋山,对北方道教的发展殊多影响,已起了承前启后的作用。玄宗必令之居王屋山,亦有以使道教之理感化彼地之人士,此亦为当时的治国之道。承祯一生著作甚多,有《修真秘旨》十二篇、《修真秘旨日历》一卷、《天隐子》八篇、《坐忘论》一卷、《修生养气诀》一卷、《服气精义论》一卷、《采服松叶等法》一卷、《洞玄灵宝五岳名山朝仪经》一卷、《上清天地宫府图经》二卷、《登真系》、《太上升玄经注》、《太上升玄消灾护命妙经颂》、《上清含象剑鉴图》一卷、《上清侍帝晨桐柏真人真图赞》一卷、《道体论》一卷等。此文仅详论《天隐子》一书之旨，犹可见其所得。

《天隐子》一卷分八篇，篇目为神仙一，易简二，渐门三，斋戒四，安处五，存想六，坐忘七，神解八。八篇前有"天隐子序"，后有"后序口诀"，皆自题唐司马承祯。此书早收入《道藏》。今当明《正统道藏》太玄部，千字文编目甚下（涵芬楼影印本第六七二册）。

综观全书的纲领，简洁而明白。初学炼气者可作为入门书，及认识深邃者仍可反复体验之，必能受其种种启示，其中有无穷信息以待有心人取之，确能深入浅出而雅俗共赏。计司马承祯迄今已一千二百余年，或以生物观之，以人体观之，千余年间之变化微而又微，可云未变。故而研习古人之炼气法，反足以增进今日对人体之认识。

先以下表示《天隐子》的总纲，犹《天隐子》表解。

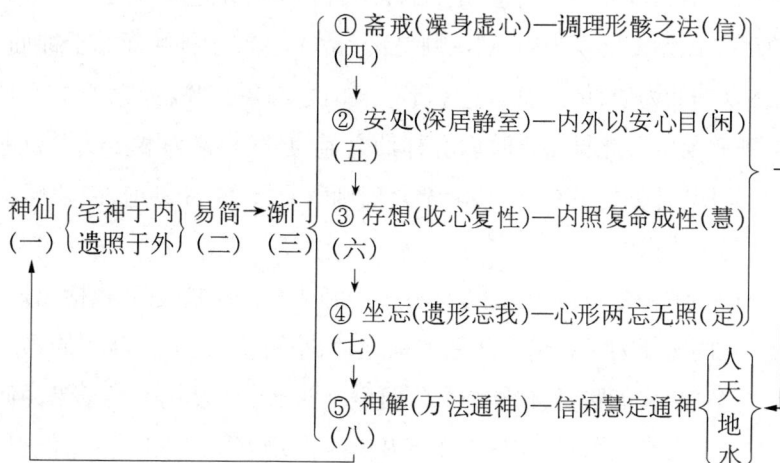

《天隐子》表解

读八篇《天隐子》，首当知其结构，实为首尾相连的一个整体。取《周易·系辞》"参伍以变"之理，先分八篇为三、五两段，首三篇论其理，后五篇明具体之实践。其理归神仙于易简，为此书之可贵处，亦有取于《周易·系辞》"易简而天下之理得矣"的意义。然理虽易简，何可以不得为得，故又取六十四卦中渐卦之象，以验其是否有得于易简。观渐☶象，为下卦贞艮(☶)，上卦悔巽(☴)，艮为山、巽为木，故渐卦《大象》曰："山上有木，渐，君子以居贤德善俗。"大义明山上之木，有其不惧严寒抵抗风雪之能力，故居山之君子当法之，以贤德之理渐次善俗，奏其从容化导之功。《道德经》曰："修之于身，其德乃真，修之于家，其德乃余，修之于乡，其德乃长，修之于国，其德乃丰，修之于天下，其德乃普"，义可通此渐门之象。又渐卦六爻为"初六鸿渐于干"，"六二鸿渐于磐"，"九三鸿渐于陆"，"六四鸿渐于木"，"九五鸿渐于陵"，"上九鸿渐于陆"。本取鸿鸟之渐次高飞，干谓水涯，磐为大石，陆指高平之大地，木出于地，陵高于陆，最后之陆应于四陆，即二十八宿星象。故识此鸿渐之上出，庶能究其五门，而"观我所入，则道可见矣"。以下阐述一至五五门，当渐进之步骤，犹鸿之渐。其间于五步中，又有四与一之分，前四步为信、闲、慧、定，合此四者犹得易简之神，是之谓"终则有始"，"原始要终以为质也"(《周易·系辞》)。终于神解而始于神仙，始终以神仙为质，解之而体之，贵有渐门之易象。"故天隐子生乎易中，死乎易中"，此见盛唐时理解神仙之道，必取易象为准。以下当进一步阐明"神仙之道有五，其渐学之门则一焉"。然在其前，尚须理解生死易中的天隐子。

司马承祯序曰："天隐子，吾不知其何许人。著书八篇，包括秘妙，殆非人间所能力学者也。"此系承祯之言，不可不信，信为渐门的第一步。第一步未能踏稳，何能深入理解以下四渐门。然则天隐子果为何人？读其书者当深思之，核实作者及其时代，决不可忽略。或未能得，势必有惑，惑则生疑，又将有碍于信。故初学古人之炼气法，对古人之情况，每有荒诞不稽之感，而此天隐子亦有恍惚之象。然不妨先学司马承祯"吾不知其何许人"，暂可不辨天隐子其人。当一千二百余年前的司马承祯且不知，今日何能知之。故可先读其书，然稍有理解能力者，必笑此为愚。因此属司马承祯之寓言，何必信其为真。八篇《天隐子》，实为司马承祯所自作。或核诸事实，"后序口诀"中已自作"天隐子出焉"的说明。然有意作"前序"之言，更不可不深信之而深思之。天隐子之秘妙，殆非人间所能力学者也。故愿由文字而进一步研习天隐子之理者，首当有悟于司马承祯特为构此寓言之故，得其故者，方能入其渐门。

于"后序口诀"曰："承祯诵《天隐子》之书三年，恍然有所悟。乃依此五门渐渐进习，又三年，觉身心之闲，而名利之趣淡矣。又三年，天隐子出焉，授之以口诀。其要在《存想篇》，归根复命成性众妙者是也。"读此可确证《天隐子》之八篇，为司马承祯所作。而天隐子其人，殆非人间所能力学者也。"前序"之言实有其深义，今略为阐明之。

究此八篇《天隐子》的文字当为司马承祯所作，在作此文字前至少有九年。已知此八篇之结构，此必有闻于潘师正，且亦非起于潘师正，乃起于"至汝四世矣"的陶弘景。然此天隐子之象，亦何尝起于陶弘景。逐步上推之，则为孙游岳、陆修静、葛巢甫、杨羲、魏夫人、葛洪、鲍靓、郑隐、葛玄、左慈等，而陶弘景之象能直接继承三茅公与张良。四世后之司马承祯更能驾三茅公与张良而上之，乃"归根契于伯阳，遗照齐于庄叟"。以老庄之理而述此八篇，实指反身所得，此生命之秘妙，宜"非人间所能力学者也"。然则司马承祯之有意构此寓言，所以寓其"吾丧我"之象。当入此渐门而合一于天隐子，三三而九年，未可谓久。初经三年而不疑此天隐子，是当信解。既得信解，庶能入读其书而出其文字，又三年而得心闲名淡，是当闲解。既信且闲，乃达天籁自然之象。又三年而天隐子出焉。此当慧解之始，方见人参天地而可究其方生方死，天门开阖之理，宜知口诀之要"在《存想篇》归根复命成性众妙者也"。且此九年之限,全法于庄子之象。

《庄子·齐物论》:"南郭子綦隐几而坐,仰天而嘘,苔焉似丧其耦。颜成子游立侍乎前曰:'何居乎? 形固可使如槁木,而心固可使如死灰乎? 今之隐几者,非昔之隐几者也。'子綦曰:'偃,不亦善乎而问之也! 今者吾丧我,汝知之乎? 汝闻人籁而未闻地籁,汝闻地籁而未闻天籁夫。'子游曰:'敢问其方。'子綦曰:'夫大块噫气,其名为风,是唯无作,作则万窍怒号,而独不闻之翏翏乎。山陵之畏佳,大木百围之窍穴,似鼻,似口,似耳,似枅,似圈,似臼,似洼者,似污者,激者,謞者,叱者,吸者,叫者,譹者,宎者,咬者。前者唱于而随者唱喁。泠风则小和,飘风则大和,厉风济则众窍为虚,而独不见之调调之刁刁乎。'子游曰:'地籁则众窍是已,人籁则比竹是已,敢问天籁。'子綦曰:'夫吹万不同,而使其自已也。咸其自取,怒者其谁邪。'"

此节之象即司马承祯有闻于潘师正而更有所悟,本诸自然,乃能述此《天隐子》八篇而不知其为何许人。凡渐门明山土之木,噫气为风而众窍怒号,怒者其谁邪。人籁比竹,故《齐物论》继之又曰:"道之所以亏,爱之所以成。果且有成与亏乎哉,果且无成与亏乎哉。有成与亏,故昭氏之鼓琴也,无成为亏,故昭氏之不鼓琴也。"虚而见之调调之刁刁,虚而闻之翏翏,是犹吹万不同之天籁。当子游闻此三籁之言而反诸身,气行于身一如众窍怒号,知成知亏,渐知调调刁刁翏翏之自取,乃经九年而有得。《庄子·寓言》:"颜成子游谓东郭子綦曰:'自吾闻子之言,一年而野,二年而从,三年而通,四年而物,五年而来,六年而鬼入,七年而天成,八年而不知死不知生,九年而大妙。'"是即司马承祯所亲身渐得者。其进也,由野而从而通,始悟天隐子实有其人,乃依此五门渐渐进习,由丧我而物而来而鬼入,尚知入而不知出。鬼入云者,于佛犹断灭相,犹小乘而尚未能转小而大。宜天隐子于六年后出焉,出而授以口诀,方能天成而不知死不知生而大妙。大妙者,以观众妙之出入于玄玄之门,方生方死,何碍于生死之变,然何可不归根,何可不复命，何可不成性。此即五渐门之象，而言于《存想篇》。凡物来存想，其何可不知有天地鬼神之阴阳。于"后序口诀"中所述之功法初在通，既通而忌于法地而不法天，此所以以《存想篇》为转机。得机而坐忘，即《庄子·大宗师》："颜回曰：'堕肢体，黜聪明，离形去知，同于大通，此谓坐忘。'"坐忘云者，犹《维摩诘经》之不二法门，"彼我两忘，了无所照"，是犹生乎易中死乎易中的天隐子。由存想而坐忘而神解，三教自然为一，故曰"兼三才而言谓之《易》，齐万物而言谓之道德，本一性而言谓之真如"。此理由陶弘景经四世而及司马承祯，贵能反身以通阴阳，岂空执名相之争所可比拟。道教能取比较宗教之原理，取彼之长以广吾之道，此实为道教之旨，而贵能通贯易象之变。《易》本为儒道所兼取，若佛教初入用"格义"以通于道，进而又用易象以象其义，此生死乎易中之天隐子，所以至唐而更能发挥三教合一之理。而天隐子者，实即隐几以言天籁之子綦云。能明"人法地、地法天、天法道、道法自然"者，自伯阳以来，惟天隐子而已矣。

下附《天隐子》原文，初学者不妨取"后序"中之功法。行之既久，或亦不限于六年，当见吾丧我之天隐子为是。此为司马子微之道法，实有得于归根复命成性众妙之理。

附录：《天隐子》原文

序

神仙之道，以长生为本；长生之要，以养气为根。夫气受之于天地，和之于阴阳。阴阳神灵谓之心主，昼夜寤寐谓之魂魄。是故人之身，大率不远乎神仙之道矣。天隐子，吾不知其何许人。著书八篇，包括秘妙，殆非人间所能力学者也。观夫修炼形气，养和心灵，归根契于伯阳，遗照齐于庄叟，长生久视，无出其书。承祯服习道风，惜乎世人夭促其寿,思欲传之同志,使简易而行。信哉,自伯阳以来,惟天隐子而已矣。唐司马承祯谨序。

神仙一

人生时禀得灵气,精明通悟,学无滞塞,则谓之神。宅神于内,遗照于外,自然异于俗人,则谓之神仙。故神仙亦人也,在于修我灵气,勿为世俗所沦污;遂我自然,勿为邪见所凝滞,则成功矣。

易简二

《易》曰:天地之道易简者,何也? 天隐子曰:天地在我首之上,足之下,开目尽见,无假繁巧而言,故曰易简。易简者,神仙之谓也。然则以何道求之? 曰无求不能知,无道不能成。凡学神仙先知易简,苟言涉奇诡,适足使人执迷,无所归本,此非吾学也。

渐门三

《易》有渐卦,道有渐门。人之修真达性,不能顿悟,必须渐而进之,安而行之,故设渐门。观我所入,则道可见矣。渐有五门,一曰斋戒,二曰安处,三曰存想,四曰坐忘,五曰神解。何谓斋戒? 曰澡身虚心。何谓安处? 曰深居静室。何谓存想? 曰收心复性。何谓坐忘? 曰遗形忘我。何谓神解? 曰万法通神。是故习此五渐之门者,了一则渐次至二,了二则渐次至三,了三则渐次至四,了四则渐次至五,神仙成矣。

斋戒四

斋戒者,非蔬茹饮食而已;澡身者,非汤浴去垢而已。盖其法在乎节食调中,摩擦畅外者也。夫人禀五行之气而食五行之物,实自胞胎有形已呼吸精血,岂可去食而求长生。但世人不知休粮服气是道家之权宜,非永绝食粒之谓也。故食之有斋戒者,斋乃洁净之务,戒乃节约之称。有饥即食，食勿令饱，此所谓调中也。百味未成熟勿食，五味太多勿食，腐败闭气之物勿食，此皆宜戒也。手掌摩擦皮肤温热，熨去冷气，此所谓畅外也。久坐、久立、久劳、久役，皆宜戒也。此是调理形骸之法，形坚则气全，是以斋戒为渐门之首矣。

安处五

何谓安处，曰非华堂邃宇重褥广榻之谓也。在乎南向而坐，东首而寝，阴阳适中，明暗相半。屋无高，高则阳盛而明多；屋无卑，卑则阴盛而暗多。故明多则伤魄，暗多则伤魂。人之魂阳而魄阴，苟伤明暗则疾病生焉。此所谓居处之室尚使之然，况天地之气，有亢阳之攻肌淫阴之体，岂可不防慎哉。修养之渐倘不法此，非安处之道术。曰：吾所居室，四边皆窗户，遇风即阖，风息即开。吾所居座，前帘后屏，太明则下帘以和其内映，太暗则卷帘以通其外曜。内以安其心，外以安其目，心目皆安，则身安矣。明暗尚然，况大多事虑，大多情欲，岂能安其内外哉。故学道以安处为次。

存想六

存谓存我之神，想谓想我之身。闭目即见自己之目，收心即见自己之心。心与目皆不离我身，不伤我神，则存想之渐也。凡人目终日视他人，故心亦逐外走；终日接他事，故目亦逐外瞻。营营浮光，未尝复照，奈何不病且夭邪。是以归根曰静，静曰复命，成性存存，众妙之门。此存想之渐，学道之功半矣。

坐忘七

坐忘者，因存想而得也，因存想而忘也。行道而不见其行，非坐之义乎；有见而不行其见，非忘之义乎。何谓不行，曰心不动故；何谓不见，曰形都泯故。天隐子瞑而不视，或者悟道乃退，曰：道果在我矣，我果何人哉，天隐子果何人哉。于是彼我两忘，了无所照。

神解八

一，斋戒谓之信解；二，安处谓之闲解；三，存想谓之慧解；四，坐忘谓之定解。信定闲慧，四门通神，谓之神解。故神之为义，不行而至，不疾而速，阴阳变通，天地长久。兼三才而言谓之易，齐万物而言谓之道德，本一性而言谓之真如。故天隐子生乎易中，死乎易中，动因万物，静因万物，邪由一性，真由一性，是以生死动静邪真，我皆以神而解之。在人谓之人仙，在天曰天仙，在地曰地仙，在水曰水仙，能通变化之曰神仙。故神仙之道，五归一门。

《老子说五厨经》句解

引　言

　　《正统道藏·洞神部·玉诀类》收有《老子说五厨经注》，当涵芬楼影印本《道藏》第五百三十三册"是"字下九。此经当然非老子所说，然其理则本于老子，尚有所发挥，由注者尹愔可见此经至迟成于唐，迄今已有一千二百余年。全经仅一百字，凡五字句二十。文简有实，反身绵绵，取佛偈之体，明修养之道，哲理结合气功，有重新为其句解之价值。先录尹愔之序：

　　臣闻《易》曰："精义入神，以致用也；利用安身，以崇德也。"富哉言乎！富哉言乎！是知义必精，然后可以入神致用；致用必利，然后可以安身崇德。义不精而云致用，用不利而云安身，身不安而云知道者，未之有也。然则冲用者，生化之主也。精气为物，谓之委和，漠然无间，有与立矣，则天地之大德不曰生乎。全其形生者，在乎少私寡欲，抱朴柔和，游心于淡，合气于漠。且清明在躬，志气如神，嗜欲将至，有开必先（廷按：先字似当为失字）。故圣

107

人垂教以检之，广业以持之。专气致柔，以导其和；向晦宴息，以窒其欲；洗心藏密，穷神知化。然后安身而国家可保，德用而百姓不知，是以自天佑之吉无不利矣。伏读此经五章，尽修身卫生之要。全和含一，精义可以入神；坐忘遗照，安身可以崇德。研味兹久，辄为训注。臣草茅微贱，恩霈特深，天光不违，自忘鄙陋，俯伏惭惧，徊徨如失。臣愔顿首顿首谨言。

按：尹愔为尹思贞（640—716）之子，长安人。新、旧《唐书》皆有思贞之传。思贞以明经及第，累官工部尚书，仕高宗至玄宗，前后为刺史十三郡，皆以清廉著闻，卒谥简。其子愔初通老子书，为道士，玄宗召对甚喜，拜谏议大夫、集贤院学士，固辞不起。有诏以道士服视事，乃就职，专领集贤史馆图书。尹愔师从叶法善（616—720），叶法善寿享百有五岁，卒于开元八年，卒时尹愔在侧。今幸存此序，注者可确信为愔，称臣以上呈，必当玄宗，且在安史之乱以前。至于百字经文，即认为尹愔自撰自注已有价值，况撰者或在愔之前乎。

读愔序之每引《周易》原文，其熟习可佩。借易象以明理，道非空言；缀易老之贵生，委和无间。未喻精气，何能深入咸四之感心；广悟致柔，自然损之又损而随息。洗之、藏之、穷之、知之，否有不反于泰乎，元必交亨成大有矣。由外而入，神妙万物，语唐之善《易》者，不可不知有尹愔云。谓此《五厨经》尽修身卫生之要，殊合易道近取诸身之理。全和含一者，保合太和之神；坐忘遗照者，今者丧我之吾。准此以味五厨之味，其庶几乎，其庶几乎！

题　　解

愔曰："夫存一气和泰和，则五藏充满，五神静正。五藏充则滋味足，五神静则嗜欲除。此经是五藏之所取给，各求食于厨，故云五厨尔。"今试原其意而畅言之,夫厨者烹小鲜以知味,味有酸辛苦咸甘,脏有肝肺心肾脾,行有木金火水土,德有仁义礼知信。其数五,其道周,德行脏味,取始于五厨。味充脏,脏其行,行有德,德通道。此所以以五厨名。计经文二十句,四句二十字为一厨,百字五厨,道其寓焉。

句　　解

一、一气和泰和——一气化三,曰天地人三气,天气地气相交为泰,《易》曰:"天地交泰。"唯其相交而上下通,是谓泰和,指人气已合天气、地气而仍归一气。故一气和泰和者,由一而三、由三而一之象。

二、得一道皆泰——《易·系辞上》曰:"一阴一阳之谓道。"又阴阳相交而泰,泰和一气,已得一之象。得一道皆泰,谓已得阴阳交泰之一,非得一阴或一阳之一。

三、和乃无一和——交泰之和,已得一而不知二者之相交。既无二对,并一亦无。唯其无一和,方为和之至,谓由二而一,由一而无。

四、玄理同玄际——玄理指交泰之理,玄际指交泰时所现两者之分辨处,泰三《象》曰"天地际也"是其义。究极其理,贵达其一。一其分辨处而失分辨之两者,则理同际,《老子》曰:"此两者同出而异名,同谓之玄。"玄者同也,同有名之际与无名之理之谓也。反身而言,其于性宫命宫之象,有辨乎? 无辨乎? 同之为是。

以上四句为一厨,其味酸,其脏肝,其德仁,其行木。行仁以去肝之酸,木仁荄滋,泰和熙熙,何不同之有,春生之象也。

五、不以意思意——意指分辨之两者,《易·系辞下》曰:"圣人立象以尽意。"谓意不外玄理与玄际。其同处立象以尽之,不可以意思之。或以意思意,则思得之意,仍为玄理或玄际而非其同处。庄子曰:"吉祥止止","虚室生白"。或以意思之,其何以止止,其何以生白,盖止止与生白,皆象也,非意也。

六、亦不求无思——此句反上句之义，谓既知不当以意思意，故求无思，然仍非。盖不以意思，奈何象尚未成，则舍意亦无可思，乃仅求无思。不知求无思之求仍属意，其可乎哉！

七、意而无有思——合上有思与无思，贵于有无双遣，是谓无有思。其意若此，象其成焉。成象以尽意，方可思意。此有象之思，思犹无思，无思犹思，已达玄理玄际同异之境，非玄牝之门乎。

八、是法如是持——如是指意而无有思。反身而言，性宫命宫之象，有辨乎？无辨乎？持之为是。持之持之，意尽象立，思云乎哉。

以上四句为一厨，其味辛，其脏肺，其德义，其行金。行义以辛肺，持法肃肃，禁非以绝嗜欲，秋杀之象也。

九、莫将心缘心——进而明如是持之意，同理与际之玄，得此玄意，名之曰心。孟子曰："学问之道无他，求其放心而已矣。"求得此心，仁义而已矣，酸辛而已矣。春生秋杀，合之分之，全任自然，其可更缘他心乎。凡未合自然之纷扰，莫不起于心缘心，习坎重险，其攀缘心之谓乎，可不慎诸。

十、还莫住绝缘——此句承上句而明缘心之反。盖缘心既非，反之而住于绝缘亦非。原其住于绝缘者之心，仍因有缘心而起。知缘心之非而绝之，奚若忘其缘心而无有乎缘，既能忘缘，则何绝缘处可住。

十一、心在莫存心——心有缘心与绝缘两端，能不缘不绝是谓存心。并此存心而无，则何来缘绝，是谓莫存心。故心宜在，尤贵莫存心。不然在在而存之，势将不期而或缘或绝，犹意之未得法，理际之未同。然则存心未去，能不为虎所咥乎，人心惟危，岂虚言哉！

十二、真则守真渊——真指莫存心之心在，以此真心而守真渊，犹泰和之和一气，道心惟微之象，复其见天地之心乎。龙潜于渊，有不真者乎。确乎不拔，有失守者乎。以反身言，合朔成丹，河车其静，周天云乎哉！

以上四句为一厨，其味苦，其脏心，其德礼，其行火。行礼以息止之火，降龙伏虎之象。盛而有序，赜而不乱，嘉会之合，礼本于太乙之谓也。

十三、修理志离志——志以修理，须离志之本身，其可忘真渊之守，勿用之用乎。

十四、积修不符离——修理畜积，可尝理性寂然之味。然仍不可与志之本身符离为一，庶见人能弘道非道弘人之理。

十五、志而不修志——此明志之本身不待积修，道法自然之象也。

十六、己业无己知——己业由积修而得，修理由己知而积，然修志非志之本身，则己志无与而无己知，此所以能无我而达真知之境。以反身言，丹圆自化，出入无疾，诚合外内，玄之又玄之谓也。

以上四句为一厨，其味咸，其脏肾，其德知，其行水。水行之不舍昼夜，有识其真渊者乎，有化其鲲鹏者乎。真知以净肾水之咸，气化之功奏矣。

十七、诸食气结气——泰和之气，其至矣乎。和而食之，有气有味。奈何五味之充五脏，能无多寡之量乎。五德之行生克，能无衰旺之时乎。时量有辨，气能无结乎。

十八、非诸久定结——此句承上句而更言所食之气。盖唯和气能久，久而不慎，仍将有结，况气之未和者乎。非诸久者，未和之气也，定结无疑。

十九、气归诸本气——既食能久之和气，又当一气和泰和而归诸本气，庶能永不结气而为食气之道。

二十、随取当随泄——气本自足，食之以随取，食已当随泄。《抱朴子》曰："人在气中，气在人中。"故取犹不取，泄犹不泄，取之泄之，神而明之，食犹不食也。以反身言，天门开阖，一如天府，一如葆光。人中之气与人外之气，廓然而一，何有乎结，是之谓道。

以上四句为一厨，其味甘，其脏脾，其德信，其行土。行信以甘脾，建中建极之象。人参天地而黄中通理，其黄庭之旨乎。

论《真系传》

　　《真系传》一卷,唐李渤述。渤,陇西人,《新唐书·艺文志》《崇文总目》《宋史·艺文志》《通志略》等皆有著录,早已收入《道藏》,当编《正统道藏》(成于 1445)时已佚,书名载于《道藏阙经目录》。幸宋张君房所编纂的《云笈七签》(成于 1019)于卷五名"经教相承部",实全部抄录李渤《真系传》以当之,故此书犹存。首载李渤之自述,可明著述的时间与地点。原文曰"时贞元乙酉岁七月二十一日于庐山白鹿洞栖真堂中述",即当唐德宗二十一年(805)。是年朝中有大变化,于正月癸巳德宗崩,而太子(顺宗)已于德宗二十年(804)九月得风疾不能言。为大业计,仍不得不即位,"力疾出九仙门,召见诸军使,人心粗安"。然"疾久不愈",于"夏四月乙巳,上御宣政殿,册太子。百官睹太子(宪宗)仪表,退皆相贺,至有感泣者,中外大喜"(引文皆录自《资治通鉴》)。而李渤特于是年述《真系传》,似与继位事有关。凡真系之相传,不一定传子,方能传之久远,以喻世法必传子之非。

　　其言曰:"今道门以经箓授受,所自来远矣。其昭彰尤著,使搢绅先生不惑者,自晋兴宁乙丑岁(365),众真降授于杨君。……"全书记述自杨君以下直至唐李含光,李含光卒于大历己酉(769),距李渤述此

《真系传》仅三十七年,实有以自继李含光之道系。故李渤除述此《真系传》外,《宋史·艺文志》尚著录有李渤《李天师传》一卷,惜此书已佚。凡《云笈七签》卷五所引十师之传,与李渤之述全同,可证其确为抄录《真系传》原文。

凡《真系传》所记述者共十师,及保存经籍者三世。以下据原文略为考核,以见由晋至唐所延传的道系。

一、晋茅山真人杨君——杨羲,晋咸和五年九月生于句容,太元十二年丙戌去世(330—386)。具体事实本诸《真诰》,此书今尚存。李渤亦本此书以作杨羲之传。降神之事,起于兴宁乙丑,是年杨羲三十六岁。

二、雷平山真人许君——许翙,字道翔,小名玉斧。父穆,晋护军长史。翙生于咸康七年辛丑,年三十(341—370)。

三、仙人临沮令许君——许黄民字玄文,上清仙公翙之子,上清左卿穆之孙,以升平五年辛酉生,终时年六十九(361—429)。以上二许的事迹,亦本诸《真诰》。

附述保护道经者马朗等——许黄民于元嘉六年(429)封其真经一厨付朗。……马朗敬经若君父。……朗终,子洪、伋季真犹共尊尚。……陆简寂南下立崇虚馆,时当泰始三年(476)。经亦归于馆。以上事迹本诸《真诰·叙录》,因辗转抄录人名人事等,难免有出入,然大体仍相似,其间保存经籍自元嘉六年至泰始三年约五十年,当亦有其事,视马朗、马洪、伋季真为三世保存经籍者。

四、宋庐山简寂陆先生——陆修静,吴兴人。元徽五年卒,年七十二(406—477),谥曰简寂先生。陆修静于癸巳(453)入庐山,后立三洞,为发展道教的主要成绩。而此上清经属重要的一部分,似未可囊括三洞(另详),故李渤于三百五十年后仍在庐山,其对道教的认识,未可与陆并论。且自李渤起始以上清经当洞真或信为陆修静确如是,亦仅得三洞之一,况陆分三洞,未必以上清经当洞真。

五、齐兴世馆主孙先生——孙游岳,字颖达,东阳人。永明七年卒,此书未记年龄,另据《茅山志》寿九十一,则年反长于陆修静(399—489)。

六、梁茅山贞白陶先生——陶弘景,字通明,丹阳秣陵人。大同二年告化,时年八十二(456—536)。陶创立茅山道能发展道教成三教合一的道教(另详),李渤亦未能继承之。

七、唐茅山升真王先生——王远知,琅琊人,南朝陈扬州刺史昙首之子。唐贞观九年卒,年一百二十六岁(510—635)。王卒年可考,年龄未可全信。《茅山志》、《玄品录》谓生于梁大通二年(528),则贞白卒时王仅九岁,其间当有宗道先生。李渤重视王,必使亲受于陶,年一百二十六岁似非事实。

八、中岳体玄潘先生——潘师正,赵州赞皇人,永淳元年告化,年八十九(594—682)。

九、王屋山贞一司马先生——司马承祯,字子微,河内人。至二十三年告化,时八十九(647—735),谥曰贞一先生。若司马承祯愿止于天台山,年八十一岁,玄宗召之,且使之居于王屋山。此玄宗或有以使其感化北方,承祯能继承陶弘景三教合一的道教。

十、茅山玄静李先生——李含光,其家本姓弘,晋陵人。父弘孝威,避敬宗讳,改姓李。大历四年坐亡,年八十七(683—769)。以上三世,正经初唐盛唐而中唐,李经安史之乱又归茅山。时中岳与王屋山正当纷争之地。

李渤曰:"李君至于杨君十三世矣。杨、许并越汉登真,许令亦终获度世。马、戽幸会而不业。自陆君已降,则帝者无不趋其风矣。此皆史有明文,或遗迹可访。又世世从事于斯者,其支裔焉。且知理而不知神,非长生之士也。超理入神,混合于气,无为而无不为者,我真宗之道也。道无否泰,教有通塞,塞而通之者,存乎其人,故予述《真系传》。其同源分派者,录名仙籍不缉于此。"读此可确见中唐时庐山道士李渤所理解的道教史。自杨羲于晋兴宁乙丑(365)起至李含光卒(769)，凡四百零五年。所谓十三世者，于十世间有马朗传子洪，又及叟季真以之归于陆，故有"幸会而不业"之三世。于一杨二许皆认为已登真度世。于陆修静以下，则为历代帝室所重视。唯陶传王似有所阙，宜李渤已曰"王君又从宗道先生得诸胜诀云。经法秘典，大备于王矣"。因王有密告符命于秦王的事，宜得唐室之重视，以年龄合之，或已不得亲受于陶。其间当有宗道先生臧矜，此属茅山道之传(另详)。当唐朝开国继隋而结束南北分裂的道教，故由王远知授潘师正，已居于中岳。潘实兼继寇谦之之传，故能合南北天师道为一。由潘师正授司马承祯，更居于山西之王屋山，在今山西河南交界处，古有黄老道的遗迹。而司马承祯授李含光，李又归于茅山以继贞白。此又见唐之衰。李含光而李渤，则居于庐山以继简寂，然未及三洞之全。若对德宗之传世，何能无感于"教有通塞"而当有以通之，此为述此《真系传》之旨。至于认为可征信的道教史仅起于杨羲，则对中国文化实少了解，故未足以当整体道教的传人，仅属上清经之传承。然李渤已可称李天师。凡天师道之主为上清经，故宋真宗初封张正随，王钦若为奏言授箓院及上清观。可证唐及宋初之时，即以上清经属于天师道，亦为正一道，然未可以当三洞之一。李渤未辨三洞四辅，又以上清经当洞真，由是与孟安排所记述的史实不同，与《道藏》编目亦不同。故此《真系传》当重视其思想，仅属道教中上清经的传承，而非整个道教史的史实。不记洞神三皇，洞玄灵宝及洞真老子以得道教之精华，苏轼笑其陋非偶然(见《石钟山记》)。朱熹取其白鹿洞而作为书院，特取其境，非重其对道教的认识，此不可不知。

附：传授上清经诸师生卒年

杨羲(330—386)

许玉斧(341—370)

许黄民（361—429）

陆修静（406—477）

孙游岳（399—486）

陶弘景（456—536）

王远知（510—635）

潘师正（594—682）

司马承祯（647—735）

李含光（683—769）

考李渤作此时在贞元乙酉（805），李含光仅去世三十七年。李渤有以继之，然其迹待考。

论陈抟先天易与禅机的关系

陈抟字图南,号扶摇子,生年未详,约百岁左右而卒于宋太宗端拱二年(989)秋七月二十二日。按陈抟一生,当唐末五代之乱,时代思潮非常混杂。尤其是儒、释、道三教的内容,正在起相应的变化。陈抟能探得其要,且于反身体验有独得的成就,不愧为划时代的伟大人物,千年来于中国的思想文化有极大影响,宜隆重纪念之。作为道教人物的陈抟,近年来已引起学者的重视,然尚多未加深入研究的问题。例如创造先天易的情况,犹未见有确切的叙述,其实与当时禅师之思想密切相关。陈抟主张以易学使三教合一,于易理禅机的贯通,更有精粹的思路。基本的认识方法,全部说明于自著的名作《观空篇》中,以下特为专论之。

考自唐高祖李渊开国于武德元年(618),亡于唐哀帝天祐四年(907),整个唐室的盛衰过程凡二百八十九年。在安史之乱(755)前的一百三十余年中,国势基本兴盛。能三教并存,于教义或相互吸收,或相互排斥,不碍其保持各自独立。为上者情有所偏,亦未尝有主一灭二的现象。时有王维(699—759)、李白(701—762)、杜甫(712—770)三位诗人的文思,恰可代表释、道、儒三教的教义而互为

117

挚友,正可反映玄宗时的一般思潮。故唐代的三教,早已通观哲理与宗教。在当时的概念,不必分辨儒家是否宗教、道教是否道家诸问题。以道教论,根本未注意宋后盛传的龙虎山天师道,所谓道教即老子之说。唯能等视儒、释、道三种哲理,庶可深入研究中国传统的整体理论。安史之乱后,当代宗即位(762),有李鼎祚上其编辑的《周易集解》,自序中论及对《易》的认识,其言曰:"原夫权舆三教,钤键九流,实开国承家修身之正术也。"此因汉代的《易》,已能钤键儒、道、阴阳、法、名、墨、纵横、农、杂九流。及唐代的《易》,进一步能权舆儒、释、道三教。可见由汉及唐,《易》的思想内容正日在扩大而兼及三教。以唐室论,自代宗起衰景毕现,经济基础亦不足兼顾三教的思想,故权舆三教的唐易,未能蔚然成风。且于五十余年后,有韩愈奋起以排佛老(819),实未识权舆三教的整体易理。况唐室开国二百年来(618—819),虽不忘儒术治国,而其认识论每以释老思想为基础,故韩愈之说必归失败。然既起复古思潮,亦难消灭,延续二十余年后,仍有武宗(841—846 在位)的灭佛。实经济基础已有崩溃之象,乃不得不归咎于佛教的糜费。虽然,宣宗即位(847)能制止灭佛。惟数年间佛像佛经之损失极难恢复,故信佛之内容不得不随时风而变,由贤首而禅正当其时。一花五叶而禅师辈出,决非偶然。究澄观《疏钞》,李长者《合论》等,早已兼及易象。变而为一花五叶之禅,尤与易象密切相关,是皆为有心之陈抟有以取之者。

此文仅以临济宗言,其源出黄檗的棒喝,棒喝犹阴阳之象。黄檗希运卒于宣宗大中四年(850),而武宗灭佛于会昌五年(845),可喻黄檗之棒,恰起于武宗灭佛前后的客观形势下。其徒临济义玄,卒于懿宗咸通八年(867),已迟十七年,创造临济宗以见佛教禅机之振兴。然正见未出,唐室日衰,临济宗有四宾主与四照用的方法,实为当时是非颠倒,世见混乱的反映。先以四宾主论,义当两仪而四象。凡主为阳,宾为阴;主为是,宾为非。如能主对主相见,则心心相应,不言而喻,故曰:"横按莫邪全正令,太平寰宇斩痴顽。"或为主对宾而宾能从主,亦未尝非,此即临济宗觉人之志,故曰:"高提禅师当机用,利物应知语带悲。"或有不辨是非者,反成喧宾夺主,凡以宾对主,庶见时代之黑暗,故曰:"口念弥陀双挂杖,目瞪瞳人不出头。"临济卒后八年(875),又发生黄巢起义,民不聊生,黑暗可喻。更有甚者,世多茫然不知所云者,尚在高谈阔论,故曰:"倚门傍户犹如醉,出言吐气不惭惶。"对言而辩是非,唯多宾对宾。一如唐室君臣,已成尾大不掉病入膏肓之象,安得不衰竭而亡。然则临济宗之四宾主,时义岂不大矣哉!

进而再论四照用。四照用者,所以以主悟宾之象。推究宾主之异,关键在未悟阴阳。此四照用中之阴阳,犹破我执与法执。如能双破我法,斯可由宾而主。将破之之时,须视宾之所执,执为阴,破之为阳。遇宾执我者,当破其我执而不破其法执,是名"先用后照",即"夺人不夺境",诗曰:"是处有芳草(不夺境),满城无故人(夺人)。"或我执已破而尚有法执者,是名"先照后用",即"夺境不夺人",诗曰:"上苑花(喻法)已谢,车马尚骈阗(喻人)。"谓花已谢则是,何必尚骈阗以寻花。更有顽钝者,坚执我法,必须照用同时,人境双夺,诗曰:"云散水流去,寂然天地空。"反之即能我法双破由宾而主,故为"人境俱不夺",诗曰:"一片月生海(喻境),几家人上楼(喻人)。"其间由破我法,自然有我法,悟在执与不执而已。上引双夺与俱不夺的诗句,大可玩味。

上述四宾主与四照用,即临济宗旨。文益(885—958)有言:"临济则互换为机。"互换云者,就是易学中阴阳之变。今进一步合观宾主与照用的阴阳,凡四宾主反身自觉为阴,四照用因机觉人为阳,是犹内圣(由宾而主)外王(由双夺而俱不夺)之道。反身则主为阳宾为阴,照用则不夺为阳夺为阴。由是配合阴阳互换,全同先天八卦之次。亦即数十年后,陈抟能画出"先天图",实有以取诸当时盛传的临济宗之象。详见附图,示于文末。

由图可证临济义玄的思想结构,殊能切合"《易》以道阴阳"之理,依次互换,自然同先天图之次。至于义玄本人,并未画出先天图以示之,宜千余年来,尚未闻有人提及临济宗旨犹先天图之次。而陈抟画出先天图后,亦未言其图所由来。故先天图之源,迄今仍恍惚。且当深入研究陈抟深通三教的思想结构,每有文献不足之感。陈抟是否对佛教教义能深入理解,对禅机之精妙处是否有体验,对临济宗旨是否认识等等,凡此关键问题,皆难断定。仅以时间核之,当陈抟生前的佛教,要在以禅机为主。陈抟而通三教,不可能不知禅机。准此原则以求诸《佛藏》、《道藏》,约于十年前,不期而于《道藏》所收录南宋初至游子编辑的《道枢》一书中,得陈抟《观空篇》一文。此文未见载入任何书目,故千年来乏人重视。幸得之而反复详究其内容,庶见此文之思想结构谨严而飘逸。盖深合于当时时代思潮之机,非精通易理、禅机,尤能合诸亲身的体验者,不能成道教高真之象。故可深信曾慥所录者,的确是当时已盛传百余年的希夷先生之言。以下当阐明其精要,先录未足四百字的原文如下:

希夷先生曰:欲究空之无空,莫若神之与慧,斯太空之蹊也。于是有五空焉。其一曰顽空,何也?虚而不化,滞而不通,阴沉胚浑,清气埋藏而不发,阳虚质朴而不止,其为至愚者也。其二曰性空,何也?虚而不受,静而能清,惟任乎离中之虚,而不知坎中之满。扃其众妙,守于孤阴,终为杳冥之鬼,是为断见者也。其三曰法空,何也?动而不挠,静而能生,块然勿用于潜龙,乾位初通于玄谷,在乎无色无形之中。无事也,无为也,合于天道焉,是为得道之初者也。其四曰真空,何也?知色不色,知空不空,于是真空一变而为真道,真道一变而为真神,真神一变而物无不备矣。是为神仙者也。其五曰不空,何也?天者高且清矣,而有日月星辰焉;地者静且宁也,而有山川草木焉;人者虚且无也,而为仙焉。三者出虚而后成者也。一神变而千神形矣,一气化而九气和矣,故动者静为基,有者无为本,斯亢龙回首之高真者也。(《道枢·观空篇》)

　　详究此文之奇妙,贵在体验当时认识论最精粹的问题,且能实事求是加以解决。凡经唐五代三百余年的发展,当陈抟生前三教的哲理早已纷纭丛杂,名实难分。陈抟之易,唯一属于能继承李鼎祚的唐易,盖以易象为主。于三教之象,儒曰内圣外王、释曰自觉觉他、道曰自度度他,各有其相似的阴阳整体理论。合诸易象的分类法,向内反身属阴,向外对境属阳,阴阳之实,则以认识空有为本。要在已识太空之蹊,乃可空之无空,空与无空指由我及境言。且陈抟由体验所得的方法,有神与慧二者。此二者的作用,慧以破执,神以为主。曰内圣、自觉、自度者,用以破我执,于无慧者反以生我执。曰外王、觉他、度他者,用以破法执,于无慧者反以生法执。且不论我、法,无慧者其执愈破愈多。此见照用的方法,必须有慧方能喻之。更以神言,要识空之无空而为主,贵在以主对宾,照用及时,促使宾能有神。宾有神而为主,自然形成主对主的"太平寰宇斩痴顽",方能使人类社会永在进化中。反之主而无神,则喧宾夺主而退化成宾对宾的"出言吐气不惭惶",其象何能认识空之无空。故陈抟提出"神之与慧"以达空有之辨,由以会通临济宗旨,且尚不限于一叶云。

　　进而具体明其太空之蹊,凡分五空。五空者曰顽空、性空、法空、真空、不空。循次以进,方能掌握空有之变,且当破双执而认识空,于空的形象,仍当有照用之辨。况认识我、法二执之空后,更当认识空之无空,庶可由宾而主,是即太空之蹊径。一曰"顽空"者,犹严辨空有以执空,不知空之不空,有可通之机。其为至愚者,尚未知《易》以道阴阳"之理。"清气埋藏而不发"无其神,"阳虚质朴而不止"无其慧,治之之道,当悟"应无所住而生其心"之旨。二曰"性空"者,已知阴阳而犹执其一,故曰"惟任乎离中之虚,而不知坎中之满"。既闭其"众妙之门",何能见"众甫之状",是诚知阴而不知阳,知鬼而不知神。以佛法言,由小转大,由罗汉而菩萨,正当其时。仅任离火炎上以出世,不识坎水润下以入世,尚未达复卦"出入无疾"之境。三曰"法空"者,在阐明已见法空后的形象,恰当乾初"潜龙勿用",贵在反身修德以悟之,玄牝之门,谷神居其中。潜初以得道于下丹田,自然合于上丹田的天道。中国传统有天人合一之理,犹佛法之法空。"上苑花已谢",犹在无色无形之中,无事也,无为也。初得道者,正不必"车马尚骈阗"。勿用之用,庶见大用,种子既在,何碍于花开花谢,开谢之法,理当空之。四曰"真空"者,已达"五蕴皆空"之境。"知色不色,知空不空",犹"色不异空,空不异色,色即是空,空即是色,受想行识,亦复如是"之象,是之谓真空。由真空、真道、真神之阴阳三变,自然成八卦之象。《系辞下》有言:"乾,阳物也;坤,阴物也。阴阳合德而刚柔有体,以体天地之撰,以通神明之德。""物无不备",是之谓神仙。五曰"不空"者,"妙有"乃生。《说卦》曰:"神也者,妙万物而为言者也。"凡《易》有天地人三才之道。以道观之,当由人而仙,天人已合一之象。以数量喻之,一神而千神,一气而九气,犹十与九的进位制,河洛当之。以认识论言,基于静而动,本于无而有,必须穷理以尽性,庶可有悟。且天下繁啧,瞬息不慎即成亢象,亢龙回首以免悔,唯高真有其至德。曲折之蹊径,毋为茅塞,观空者宜时时惕之。

总上概述五空之象,确已通贯三教。凡内圣的圣,外王的王;自觉觉他的觉,自度度他的度;其空乎?有乎?同乎?异乎?此正陈抟生前所致思的问题。能综合而画出先天图,实含有无穷之理。先天图的伟大作用,当由此以悟之。

附：先天图与临济宗旨

卦　象	八卦	四象	两仪	太极
俱不夺 外王	乾 不夺	太　阳 不　夺	阳　仪 四照用	太　极 临济宗旨
夺境 不夺人 外王	兑 夺			
不夺境 夺人 外王	离 不夺	少　阴 夺		
双夺 外王	震 夺			
主 对 主 内圣	巽 主	少　阳 主	阴　仪 四宾主	
宾 对 主 内圣	坎 宾			
主 对 宾 内圣	艮 主	太　阴 宾		
宾 对 宾 内圣	坤 宾			

谈谈南北宗

　　中国文化自宋代开始,有划时代的变化。以儒家观之,就是产生理学,今视之为新儒家。究其实质,乃兼取由魏至五代(220—960)七百余年中所发展的儒释道三种理论,而仍以儒统一之。以儒本身论,关键在加《孟子》一书之观点。事实上所谓儒家理论,自孔子创始起已受老子之影响,其后可归结为汉宋两次改革。以汉儒论,汉武帝、董仲舒所尊之儒家思想,乃兼及方仙道与黄老道。以宋儒论,程朱所创建孔孟之理学思想,更兼及三教之复杂理论。今研究理学思想,决不可忽视释道文化。以道教论,不讳言兼取三教,在儒佛,则虽亦取于其他二教而讳言之。这一史实起于茅山道,自宋代又兴起南北宗之道教后尤为明显。或仍使三教严加分辨,极难深入理解宋代道教南北宗之精华处。至于南北宗之名,亦未可误解。或不以产生具体之思想文献为准,仅以存在"南北宗"之名字为准,则未能说明南宗之史实。南宗在北宗前,然在北宋时北宗尚未产生,则虽有南宗,如何会其后产生北宗,对道教的认识问题、修炼问题与南宗有其相似点,且当有结合的趋势,方有南北宗之名。南北宗对立之名字虽后起,然南宗之理论,早已建立。名南宗者,始祖为张伯端(987—1082),天台人。晚年悟道,时当熙宁二年(1069),地点在成都。因其一生皆辗转于南方,悟道后著有划时代作品《悟真篇》,自序于乙卯(1075),故自有《悟真篇》起就有南宗。南宗之内容已兼及三教之理论,作为修炼金丹之原则,炼成金丹即为道教之最终目的。其思想来源远则本于汉魏伯阳等之《参同契》,近则私淑于华山之陈抟,且有悟于禅机可刹那而得,故须慎其授受。其文字基本以诗表示,隐晦特甚。主要单传五代,后人名之曰"南五祖",其道统与作品如下示:

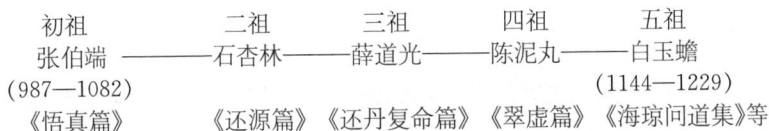

初祖	二祖	三祖	四祖	五祖
张伯端	石杏林	薛道光	陈泥丸	白玉蟾
(987—1082)				(1144—1229)
《悟真篇》	《还源篇》	《还丹复命篇》	《翠虚篇》	《海琼问道集》等

此五祖之时间,略同理学由程而朱。朱子能集理学之大成,白玉蟾(1144—1229)亦有集道教南宗大成之地位。且与朱子先后同在武夷山,玉蟾有《朱文公像疏》之作及其《自赞》,可并录之:

> 天地棺,日月葬,夫子何之? 梁木坏,太山颓,哲人萎矣。两楹之梦既往,一唯之妙不传。竹简生尘,杏坛已草,嗟文公七十一襈,玉洁冰清;空武夷三十六峰,猿啼鹤唳。管弦之声犹在耳,藻火之像赖何人。仰之弥高,钻之弥坚;听之不闻,视之不见。恍兮有像,未丧斯文。惟正心诚意者知,欲存神壹壹者说。(《朱文公像疏》)
> 千古篷头跣足,一生服气餐霞。笑指武夷山下,白云深处吾家。(《自赞》)

由上二文,可喻其相合之情。朱子之学晚年被视为伪学时有悟于道,此惟玉蟾知之。又道教之南宗至玉蟾而显,由陈泥丸起单传改为广传,是皆受时代思潮之影响。且是时北宗已兴,故后数传及元代,即起南宗分裂及南北宗相合之情况。

至于北宗,创自王重阳(1112—1170),京兆咸阳人,生于宋徽宗政和二年壬辰(1112)。始名中孚,字允卿,幼善属文,才思敏捷。十六岁(1127)北宋亡,地处金,当金太宗天会五年。及年二十七,即金熙宗天春元年戊午(1138)曾应武举。易名世雄,字德威,可见其确为文武双全不世之才。此后十余年中或对处境渐有反感,日以饮酒为事。于四十六岁(1157)始有求道之心,改名嘉,号重阳,自呼王害风。于四十八岁当正隆四年己卯六月望日,饮酒于终南甘河镇上遇吕纯阳,自诗曰:"四旬八上得遭逢,口诀传来便有功。一粒丹砂包愈好,玉华山上现殷红。"翌年中秋于醴泉县又遇吕纯阳,授以秘诀五篇,遂专心修炼。五十岁于终南南时村凿圹丈余封高数尺,时人以活死人目之,坐于墓中连及三年,乃在体验"吾丧我"之旨。五十二岁秋填墓迁刘蒋村,与和玉蟾、李灵阳同房修道。五十三岁遇刘海蟾。及五十六岁大定七年丁亥(1167)四月十六日自焚茅庵,辞众曰:"余东海提马去。"开始实行创建全真教之具体行动,自认祖师为钟离权,师为吕岩,师叔为刘海蟾。此三位得道者皆唐末五代人,距重阳近二百年。自名重阳者,即继钟号正阳、吕号纯阳之象。五月过北邙山上清宫,有题诗事。闰七月十八日抵宁海州会马丹阳,丹阳筑全真庵居之。九月丘长春自昆仑山来受学;谭长真抱病而至,重阳治愈其疾,即为弟子。次年(大定八年戊子,1168)二月丹阳弃家入道;王玉阳自牛仙山来礼师。二月晦重阳携马、谭、丘、王游昆仑山,开烟霞洞居之。三月郝广宁受业于洞中。八月迁文登姜实庵,立七宝会。九年(1169)春同回宁海,周伯通筑庵居之,名金莲堂。重午日孙不二诣金莲堂出家。八月立金莲会,九月至福山县立三光会,遂游登州。登蓬莱阁,重阳入海中,久之复出,冠服如故,观者异之。乃立玉华会。又同马、谭、丘至莱州,刘长生弃家从道,十月达掖县,立平等会。是月即同马、谭、刘、丘西游汴梁,寓王氏旅邸。约明年(大定十年,1170)庚寅正月初回来聚,乃以秘诀五篇付丹阳,令递相规益,即羽化。己丑(大定九年)闰五月,故是年正月十一

谈谈南北宗

立春,重阳羽化时尚未立春,以五十八岁计。

自丁亥七年四月十六日焚庵东游起,至庚寅正月初四羽化,时未满三年,创立全真教,并立七宝会、金莲堂、玉华会、平等会等,收得弟子七人,是谓北七真,而全真教即起大发展。可喻其得自吕纯阳,亦可视之为悟得之秘诀五篇确重要,且以之授于马丹阳,令递相规益,此七真之所以能继承并发展全真之道。

凡北七真指同辈之七人,与其师重阳仅二代。而南五祖乃指单传五代,且第五代白玉蟾约与北七真中之丘长春真人同时。知此方可了解产生南北宗的具体时代背景。下录王重阳及北七真之生卒年,并其重要著作:

王重阳
(1112—1170)

和玉蟾
(?—1170)
李灵阳
(?—1189)

《全真集》
《教化集》
《分梨十化集》
《金关玉锁诀》
《授丹阳二十四诀》

孙不二(《法语》)——清净派
(1119—1182)
马丹阳(《渐悟集》,《洞玄金玉集》,《丹阳神光灿》)——昆仑派
(1123—1183)
谭长真(《水云集》)——
(1123—1185)
郝大通(《太古集》)——华山派
(1140—1212)
王玉阳(《云光集》)——
(1142—1217)
刘长生(《仙乐集》)——
(1147—1203)
丘长春(《磻溪集》)——龙门派
(1148—1227)

此七真中丘长春年最小,寿最长,重阳卒时仅二十三岁,继续修炼于磻溪。磻溪有姜尚垂钓处,丘选其溪,亦有以待文王之聘欤。实欲有应于上,庶能救人民生活于战乱间之痛苦,亦属宋民在金邦统治下之悲愤情绪,不得不借宗教之出世法以自慰。然具体生活何能忽视,故全真教以觉世救人为主,与传统道教贵白日飞升者不同。是时蒙古成吉思汗(1162—1227)崛起于西北,年小于丘。丘于四十四岁当明昌

127

二年(1196)已离磻溪东游,即沿黄河流域弘法。当成吉思汗于四十五岁(1206)开蒙古国,丘已五十九岁,七真中四真已逝,而全真之理早为成吉思汗所闻。开国六年(1211)蒙古即攻金,于十年(1215)攻占中都(即今北京),金势已衰,成吉思汗初成统治中国之势。若对中国之认识,首先所关心者为全真教。因金可灭北宋,然宋人之信仰难灭,况全真教为金统治时新创之道教,取三教合一之理,当时在北方足以概括中国所有之思想,所以能强盛。且王重祖之神通为七真所弘扬,早已传遍黄河流域,由陕西至山东,信奉者激增,故成吉思汗特于十四年(1219)召丘长春西行见面。是时六真俱亡,唯丘年七十二,犹健在。得蒙古太祖成吉思汗之邀请,特往雪山相见。以七十四岁之高龄率十八弟子经三年往返而成传道于成吉思汗之大事。此对元朝开国能以道自制,清心寡欲,减少杀伐等实起极重要之作用,全真教由是而大兴。于甲申(1224)三月年七十七岁还燕都,侍行门人十八位,逐一记其事迹。

一、虚静先生赵道坚(1163—1221),年五十九,名九古,号虚静子,南阳新野人。初从丹阳,后从长春,赐名道坚,留事李灵阳于终南祖庭。明昌辛亥(1191)长春命谒长生,未几长生仍令归长春。西行时于辛巳十一月初,连日雨大作四日,土人以为年,旁午相贺。是日虚静先生赵九古语尹公曰:"我随师在宣德(地名)时,觉有长往之兆,颇倦行役。尝蒙师训道,人不以死生动心,不以苦乐介怀,所适无可。今归期将至,公等善事父师。"数日示疾而逝,盖十一月五日也。师命门弟子葬九古于郭东原上,即西行。归时至赛篮大城之东南,山有蛇,两头,长二尺许,土人往往见之。望日门人出郊,致奠于虚静先生赵公之墓,众议愿负其骨归。师曰:"四大假躯,终为弃物,一灵真性,自在无拘。"众议乃息。师明日遂行。先是壬午年(1222)道众为不善人妒害,众不安。守公道安昼寝方丈,忽于天窗中见虚静先生。赵公曰有书至,道安问从何来,曰天上来。受而视之,止见太清二字,忽隐去,翌日师有书至,魔事渐清。此外尚有感应事从略。西行未成而羽化,故往时十八弟子,归时仅十七弟子。

二、冲虚大师宋道安——生卒年待考。道坚亡后,曾梦告道安。及长春羽化时有遗语:"令门人宋道安提举教门事,尹志平副之,张志松(或系素字之误)又其次,王志明依旧勾当,宋德方、李志常等同仪教门事。"此见对道安之重视。终七,提举宋公谓清和曰:"吾老矣,不能维持教门,君可代我领之也。"让至于再,清和受其托。据此可知其年当长于清和。

三、清和大师尹志平(1169—1251),号清和,字大和。远祖沧州人,北宋时有官莱州,因家焉。十四岁(1183)初遇丹阳,丹阳即是年羽化。明昌初(1190)从长春,又见玉阳、太古。著有《葆光集》《北游语录》等。丙申(1236)春始达终南恢复祖庭。辛丑(1241)正月重葬重阳(时已卒七十二年,重阳卒于1170),乙巳(1245)命潘仲和主领永乐宫之法席。

四、虚寂大师孙志坚——号虚寂,生卒年待考,事迹亦未详。

五、清贫道人夏志诚(1173—1255),号清贫道人,济南章丘人。西游还,亦主白云观事。《甘水仙源录》中记及。

六、清虚大师宋德芳(1183—1247),号清虚,字广道,莱州掖城人。初从刘长生,得度于玉阳,占道士籍,后从长春。西游归,尝对德芳曰:"汝缘在西南。"德芳因语及道经泯灭,宜为恢复之事。长春曰:"兹事体甚大,我则不暇,兼冥冥中自有主之者,他日尔当任之。"授以披云子号。壬酉(1237)起整理《道藏》,与门下讲师通真子秦志安等至甲辰(1244)成。

七、葆光大师王志明——丘真人遗言"王志明依旧勾当",具体事实未详,与尹志平随侍丘师左右者。

八、冲虚大师于志可(1185—1255),字显道,号冲虚,宁海人。年十九师刘长生,后随长春,事迹见《甘水仙源录》。

九、崇道大师张志素(1188—1268),号谷神人,睢阳人。道教作品署名"谷神子"者殊多,部分可属张志素之作品。

十、通真大师陶志圆——事迹未详,待考。

十一、通玄大师李志常(1193—1256),字浩然,洛州永年人。戊寅(1218)见长春,寇至不告众人避寇所,被寇击几死,众人感德之。

十二、颐真大师郑志修——事迹待考。

十三、玄真大师张志远——事迹待考。

十四、悟真大师孟志隐——事迹待考。

十五、清真大师綦志清(1191—1256),字子玄,号白云子,莱州掖县巨族。十五岁师长春,本《祖庭内传卷下》。

十六、保真大师何志清——事迹待考。

十七、通玄大师杨志静——事迹待考。

十八、冲和大师潘德冲(1191—1256),复兴河东永乐祠堂本《高挺清逸观碑》。

归时十七弟子分三班,令宋道安、夏志诚、宋德芳、孟志隐(亦作温)、何志坚(当作清,《道藏》误作坚字)、潘德冲六人先行。师携尹志平、王志明、于志可、鞠志圆、杨志静、綦志清六人次之;张志素、孙志坚、郑志修、张志远、李志常五人又次之。

论南北宗在道教史上的地位

道教是吾国土生土长的宗教,由原始宗教发展而成。原始宗教的具体信仰以及形式,每因聚居的地域而有所不同。吾国是一个多民族国家,早以汉族为主,然汉族的形成已同化各种部族以及各种民族为一,故今日有广大地区及众多人口,而全国尚多未经同化的民族。所谓道教指吾国汉族的宗教,各少数民族仍有各种原始形式的信仰,与道教已不可并论,研究道教史时宜加以参考,因原始道教亦可能具此形式。

今日所公认的道教,起于汉末张道陵。因自天师道起始有固定的宗教仪式,以及所信仰的鬼神和大量的信徒,其来源出于四川。近代著名学者蒙文通,曾认识到天师道的兴起,或与四川少数民族的宗教有关。此见极是,然汉后已与汉族同化。推广言之,各种同化于汉族的部族与民族各有其原始宗教,既归一于汉族,乃集合各种信仰形式以形成汉民族的宗教——道教。此道教的内容所以庞杂,道教的形成时期所以较难肯定,故决不可说张道陵前吾国无道教。概论吾国的道教史,基本宜分三大时期:

第一期,自古至汉末——汉族道教教义完成期。

第二期,曹魏至五代——道教与佛教的相互渗透期。

第三期,宋至今——道教教义的改革与衰落期。

最近于连云港孔望山发现东汉所刻的佛像,亦有道教形象的石刻。这一发现对吾国宗教史,包括佛教史与道教史等,有重要影响。主要是佛教的传入时期,及道教的形成时期,有重加考虑的必要。简而言之,佛教在东汉初,已由海路传入吾国,汉光武子楚王英,能"诵黄老之微言,尚浮屠之仁祠"当系事实,且非王府的点缀品,已成为有群众信仰的宗教。唯其有群众基础,故为明帝所忌,楚王英自杀于永平十四年(71),是时黄老与浮屠的信仰者,肯定已有相当数量。楚王的封地当现在的徐州,距孔望山石刻甚近,足可证明其有联系。故佛教的传入时期,比安世高于桓帝初年至洛阳,宜提前一二百年。至于吾国道教的形成,更宜早于东汉初期,于西汉时已普遍产生于全国各地。此文不论先秦的情况,以秦始皇统一而言,自然包括统一六国的宗教思想。秦封山川,一心求长生不死药,可视为秦始皇本人的宗教信仰,直接触及道教的中心内容。汉初张良学辟谷从赤松子游,以见社会上早有其人其事。黄石公亦为有心人,虽蒙上神秘色彩,而实与革命思想有关。商山四皓,又成为陶弘景辈所取法的思维形象。又世传张良隐于庙台子(今属陕西),可能有影响于东汉张道陵。明宋濂等早信道陵为良的六世孙,此言未有确据不足信,然从道教思想的发展形势观之,实有可能。当西北张良辈的思想传至西南,与西南少数民族的宗教信仰相结合,经二三百年的酝酿,乃孕育出张道陵的天师道,此为道教的一部分。

又齐燕沿海的方士先秦时已盛,秦始皇的信仰更促使其发展,由秦而汉此风未息。汉初破秦苛法,乃尚黄老,五六十年后渐见礼法不可无,故武帝反之而尊儒术斥百家。董仲舒所谓儒,即齐燕方士与邹鲁儒生的结合,所斥的百家,则以破法家的黄老为主。庙堂对策既定,黄老即转入民间,渐与方士结合而产生黄老道,百余年后为张角等所信仰,亦为道教的一部分。

更应注意的是南方及东南沿海地区的宗教思想。考楚国及吴越的思想,基本近黄老。今以马王堆出土的文献考之,内有《周易》帛书、老子《道德经》、医理养生等三大类,据此文献可见秦汉之际上层阶级的思维形象。若《周易》一书,属卜筮而免秦火,故流传各地。然观象的方法,势必因地而异。今之传本,皆出于杜田生,主要由丁宽东传。宽任梁将军以抗吴楚七国之反,《周易》授田王孙,再传为施雠、孟喜、梁丘贺三家易,皆列于学官。而南方的《周易》帛书逐步失传,幸经千余年而复得。今据帛书发表的卦次等观之,已知其重视象数,与干支五行有关。于三家易中,孟喜另有所得以授焦、京者,略与帛书有所合。以《周易》而论,本宜与干支五行相合,且可与中医理论相通。此《周易》、《道德经》、《内经》所代表的三种思想,于先秦时早已结合为一,成为吾国的整体概念。若汉易能兼此纳甲爻辰者,唯孟氏、京氏易有之,其象数渐为道教利用,以示炼内外丹的方法。据《抱朴子》所收集的道经,巨著唯有三种,其一《养生书》一百五卷,其二《太平经》五十卷,其三《甲乙经》一百七十卷。此外二百余种,以一卷为多而未有超过十卷者。可见此三部巨著,犹汉代道教的丛书,《养生书》的基本内容当属马王堆思想的发展,属南方及东南方的道教形式,此亦为道教的一部分。

楚王英所诵的黄老微言,似属道经,已不是老子原书。且汉言黄老,先秦早有黄帝成仙的传说,《内经》托名于黄帝是其义,故曰黄老微言,当有养生炼丹的内容在内。今仅存《周易参同契》一书,魏伯阳为会稽人,正可见东南方道教的特点。《周易》象数于汉代已全国通行,故能为各地区道教所利用。而全国道教的统一认识,《周易》象数又起主要作用。总上而论汉族道教的思想基础,不外黄帝养生、《周易》象数、老子道德三方面。及汉末由黄老道的失败,天师道的勃兴,自然结合养生而完成汉族道教的基本教义。亦即由汉初马王堆的南方思想，逐步结合全国各地具有地方性的民族思想，至汉末发展成汉族道教的宗教思想。故自古至汉末，当视为汉族道教教义的完成期，如以道教史始于张道陵，则尚未全面了解汉族道教的教义。

魏初王弼(226—449)注《老子》与《周易》出，时代思想大变，著名学者吕澂以为与佛教出入有关，陈垣则以为无关。此一问题，宜本佛教的传入时期而解决。如在汉末传入，尚不及影响王弼的思想，故以无关为长。今既有石刻佛像为证，则以有关为长。当东汉初佛教虽传入，尚未能影响吾国人民的基本思想，仅能附属于黄老。经一二百年的思想积累，浮屠渐可与黄老抗礼。而汉代的黄老，已与医学养生及《周易》象数相结合，为适应佛教的般若思想，不可不对吾国本有的哲学思维，加以深化并另出新义。王弼承王肃、何晏而完成《老子》、《周易》注，于《老子》否认其养生术，于《周易》否认其象数，由是飘然而玄，方可与般若思想争胜。且于《黄帝内经》的具体医药理论，避而不谈。故由王弼起，黄老废而老庄兴，汉易灭而玄易盛，吾国的思想发展而成另一天地。此亦非王弼等人主观所能起的作用，自然有其历史条件。以《周易》象数论，以之合于天文，渐见岁差的现象而莫知其理，乃疑其取象之未是；以之合于社会道德，又目睹"禅让"的闹剧。而般若虚幻之说正中下怀，故印度佛教思想影响吾国学术界，当以王弼始。道教自汉后与佛教相互渗透，包括排斥与吸收，且始终未忘汉的象数及反身的修养。能重视炼内外丹的方法，注意对世界及客观人身的认识，又因佛教不断传入的刺激，故汉族的道教于汉后大发展。初有《抱朴子》的总结，虽佛教已盛而只字不提，于佛道之辨可云严格。排斥方面如王浮作《化胡经》，吸收方面如杨羲、葛巢甫辈大造道经，乃可与佛教对抗。于是北魏寇谦之改革天师道于嵩山，刘宋陆修静创三洞于庐山。分道经为三洞，可直接研究对本体的认识，此为总结当时结合佛教后的道教，可贵处在其独特性。三洞决非佛教的经律论，而是吾国固有的天地人。由陆创三洞而继以大小孟的四辅,方见道教的严格规模,而此规模实对佛教天台宗的判教有影响。及唐佛、道的渗透尤明显,明皇立佛、道二藏,始见比较固定的佛、道二教的教义。以道教论,纂成《三洞琼纲》,于天宝七载(748)诏崇玄阁缮写分送诸道采访使,可当第二期的中心。且玄宗尝求炼内丹的方法,有绵州昌明令刘知古据《参同契》作《日月玄枢论》以上于朝。又玄宗幸蜀,迎者有李鼎祚,李于代宗登极(762)献《周易集解》。由是汉代固有的《周易》象数及道教古文献《参同契》,已散入民间保存数百年的古籍能重显于世。刘知古与李鼎祚在文化史上的贡献,不可忽视。然唐室已渐衰,此二种主要文献在当时未起作用,仅影响于宋后道教教义的改革。唐德宗时李渤著《真系传》曰:"今道门以经箓授受,所自来远矣。其昭彰尤著之使摺绅先生不惑者,自晋兴宁乙丑岁(365)众真降授于杨君。"此仅以《三十九章经》为道经始,李渤视道教可信的历史不足五百年,此以受佛教刺激而发展之道教为道教,完全忽略了吾国汉族本有的道教。苏轼于《石钟山记》笑渤之陋,今知渤乃无所不陋,由渤之陋庶见刘、李之可贵。后经唐末五代之乱,《道藏》散佚,宋初非张君房,已不易恢复《三洞琼纲》的体系而成《大宋天宫宝藏》,时当天禧三年(1019)。而宋藏之成,宜当道教史第二期的结束。

至于道教教义于唐末已开始改革,炼金丹的概念与方法,亦在发展变化中。张伯端悟道于熙宁二年(1069)以作《悟真篇》,可视为道教史上第三期的开始。此后的道教教义分二方面,其一仍继承三洞四辅的体例,为宋室所提倡的道教,然于民间已渐失主导地位;其二为南北宗的兴起,南宗即张伯端,北宗为王重阳。南北宗教义的主要改革,在创立儒释道三教合一的道教。由此概念以炼"金丹",殊有特点。当魏晋时早有主张或善谈三教同异者,如孙绰、谢安、王羲之等等,然具体内容已完全不同。所谓儒,晋梅赜的《尚书》出,及唐加注疏,方有明显的儒家道统。韩愈自任之,法孟子拒杨墨而排佛老,不得不与宗教并列而论是非,自然儒家亦有成为宗教的可能,宋代的理学即由是而起。所谓佛,由达摩禅宗而及天台宗,唐有玄奘唯识、实叉难陀八十《华严》的发展,归诸唐五代时唯禅宗独盛,则和魏晋时的佛教亦有差异。而道教魏晋后的发展,基本由佛教的刺激,佛教本身既起变化,道教的内容自然须变化。乃三洞四辅的形式,已不足适应当时的需要,由是汉代"金丹"的概念,有复兴的趋势。初由养生炼气而重视外丹,实即具宗教色彩的中药,且由植物药品而及矿物药品。由外丹而及内丹,经南五祖而北七真及七真之传,已成为宋元道教的主流,且与理学密切相关。元由北而南,南宗自然合于北宗全真,而南宗至泥丸、玉蟾已合于西山而渐归正一。乃明后的道教教派虽仍多,主要仅存北全真而南正一。

以文献论,道士孙明道于明昌间(1190—1196)所刊的全藏,仍同宋藏的体例。宋披云于乃马真后三年(1244)所刻的元藏,当有北宗全真教的教义,惜元藏被焚于至元十八年(1281)。及明藏成于正统十年(1445),明由南而北,仍以正一派主编。然张宇初等既未详究三洞四辅之原及南北宗发展教义之史迹,故编次混乱。及明中叶后,清代虽仍有《道藏辑要》等书,然未对全藏加以整理研究,故道教即入衰落期。最主要的是,《道藏》中必须收入《周易》、《内经》、诸子之书方能完成汉族道教的教义,而明后的学者以为与道教无关。若由是而创三洞四辅的体例,已属第二期的产物。迨宋起的金丹学说,为炼内外丹的基本概念,宜属第三期的改革。奈何明藏的丛杂,由清迄今已五百余年,尚未见有道者加以全面研习,此道教在吾国自然日趋衰落。要而言之,未明第一期的教义。其本既失,三洞四辅徒成空架,则自然不敌佛教,亦不能正确理解第三期的重要性。

试以上述的分期法,似可能略窥道教的全貌,且与秦汉以来吾国的哲学思想史,亦基本平行。

总而言之,道教是汉民族的宗教,其发展史自然与汉民族的思想文化纠缠在一起。古经夏商周三代的发展,思想文化早有相当高的水平。由文物的不断出土,可略见自新石器时代起的演变史迹。迨春秋战国时,已有能力对客观世界及人生起源等问题,加以整体性的研究,而其结论当然有宗教的、哲学的,亦有科学的。秦始皇统一六国,亦须统一六国的思想文化。既已成功,乃生由始皇传至万世的奢望。此虽已成为后人讽刺的题材,然始皇本人仍未满足,其唯一遗憾就是本身不能长生。此生死问题,不可不视为各种宗教的共同命题,而道教尤其突出。在先秦早有黄帝飞升的传说,始皇对此可云坚信入迷,足为有志而未得者的代表。陶弘景著《真灵位业图》,惜迷此道者,特授以"第七中位酆都北阴大帝"之左位,职称为"北帝上相秦始皇",此绝妙的评价,惜尚未引起历代学者的注意。今以客观存在的道教史言,秦始皇地位的重要,略如佛教有阿育王。凡汉代形成的道教来自六国宗教的混合,故研究道教教义,必须兼及先秦诸子百家的理论。至于先秦已有的各种宗教、哲学、科学的思想,不得不逐步纳入道教教义中,且其发展完全受佛教教义的刺激。故以时代言,有第一期的教义基础,方能有第二期与佛教的渗透。及北宋初四川产生南宗,南宋初北方产生北宗,乃于道教教义有划时代的改革,是当第三期。改革的要点,就是使儒释道并列的三教,另立能包括三教的道教。故南北宗的道教教义与传统的道教教义有基本的不同,此与哲学史上产生理学的情况相同。

考道教教义由曹魏至五代(220—960)七百余年间的发展,已能全部融化印度佛教思想。此三教合一的南北宗,所以有划时代的地位,亦即成为能综合中国道教与印度佛教的统一宗教。此统一宗教的历史任务,由张伯端、王重阳创立,且已受理学的影响。

以儒释道并称三教,陶弘景《茅山长沙馆碑》已云"百法纷凑,无越三教之境"。等同而论,晋孙绰《喻道论》早已齐其旨趣。然三教的本身皆在发展,以佛教论,教义多端。一、龙树学说传入,为般若第一高峰。二、达摩由海路入以开禅宗,初用《楞伽》而后师以《金刚》,禅机已变。三、天台宗之确立,颇受吾国哲理的影响。四、玄奘取经回国后,印度那烂陀寺的佛法,亦变为密宗。故及唐五代,佛教除密宗外基本全在吾国,且颇多已变化。主要如天台宗的判教,《六祖坛经》的参禅,继之有石头的《参同契》,洞下的《宝镜三昧》,李通玄的《华严合论》等等,可见在佛教本身范围内亦渐生三教合一的理论。以儒教论,晋梅赜的《尚书》出,以恢复儒家的道统为一变。韩愈执儒家道统,且用孟子以排佛老为二变。及宋取陈抟的易图又尊《孟子》为经,出入佛老以排佛老,乃三变而理学成。以道教论,炼内外丹以求长生之志虽同,然求长生的目的与方法亦随时而变。对本体的认识必须三教互用,且炼外丹屡屡失败,故唐末起渐渐重视内丹。际此三教的客观事实,始能在张君房编成宋藏后,有张伯端起于民间。既悟“金丹”的修炼法而作《悟真篇》,其理已开三教合一的道教,内容与魏晋南北朝各家所论的三教异同,已完全不同。伯端为天台山人而悟道于四川,其上承汉《参同契》之说,正为早已传入四川的南方之道。然南宗初创,其传未盛。又南宋初北方咸阳人王重阳在金人统治下创立北宗全真教于宁海,正秦始皇时道教出生地及齐燕方士丛集处的结合。其在南宗基本单传,及五传至白玉蟾始盛,约当朱熹之时。是时北宗传七真而大盛,且七真中丘长春西游见蒙古太祖成吉思汗,乃北宗全真教勃兴而三教合一的道教确立。故南北宗在道教史上,有其划时代的地位。著名学者陈垣已著有《南宋初河北新道教考》,全书记述全真教等的史迹已详,然未及南宗且未详教义及文献。以下准《正统道藏》所收录的文献,以考察南北宗教义的具体内容。

吾国道教史上产生南北宗,与哲学史上产生理学,是在基本相同的历史条件下完成的。近千年来(宋开国于公元960年)理学对吾国人民的哲学思想,南北宗对吾国人民的宗教思想,在历史上已起过主导作用,且其间有不可分割的联系,迄今仍有不可估计的影响。然理学的发展史迹,如《宋儒学案》等等书籍,已有详细的记载。而南北宗的具体事实与其主要文献及内容,始终未受到学者应有的注意,且受道教徒的任意篡改,乃以误传误,颇多失真。今据《正统道藏》(刊板于正统十年,1445)所收录的南北宗文献加以整理,尽可能还其本来面目,庶见"金丹"的发展过程及其在道教史上的地位,然后评论它在认识论上与修养身心上的价值。

由南北宗起,方有全面认识三教而加以统一的学说。故不仅在道教史上,就是在哲学史上,亦有其价值,足可与理学并存。然其文献,始终未加整理。宋披云主编的元藏,或已有适当的分类法,惜遭焚毁而散失。明《正统道藏》虽兼收南北宗的文献,奈何丛脞杂糅,分类混乱。清康熙间进士彭定求编《道藏辑要》,似已整理,且亦重视南北宗,然未能兼收并蓄,况取舍标准未合历史事实。《道藏》三洞四辅的宏伟结构,因南北宗而荡然,何能见其重要。

故此文论南北宗,必从道教史的分期说起。既知南北宗在道教史上的地位,则宜考虑如何以第三期的思想,结合第一期的原理,然后纳入第二期的体例。此为研究道教、编写道教史、整理《道藏》的基本方法。今推得南北宗的哲理,不外穷理尽性以至于命之说。南宗先命,北宗先性,亦本《悟真篇》、《全真集》的原文。以之合于"三洞四辅"的体例,洞真犹理,洞玄犹性,洞神犹命。伯端与重阳皆以弘扬辅翼道教为己任,以时代言宜入四辅。辅洞玄为太平,北宗文献属之。金元起而全真教大兴,实与汉代的《太平经》同一作用。辅洞神为太清,本收炼丹法之文献,今以南宗文献属之。如此方可有内外丹合一的大还丹形象,因"金丹"本通三洞,其法宜由太清入。若南北宗相合的文献,可入辅洞真的太玄。道教的禅机实出老庄,必经曹溪洗礼,与魏晋清谈已截然不同,方能得三教合一之理。

《悟真篇》和南宗历代的文献

一、《悟 真 篇》

道教自张伯端出,对金丹修炼法有明显的不同,于思维形象已起根本变化,乃当南宗初祖。师师相传,以五代为主,后人以南五祖称之。南宗者,乃对王重阳所创立的全真教为北宗而言。

张伯端留下的唯一文献就是《悟真篇》,《正统道藏》收录七种,书目如下:

一、《紫阳真人悟真篇注疏》八卷。象川无名子翁葆光注,武夷陈达灵传,集庆空玄子戴起宗疏。

二、《紫阳真人悟真篇三注》五卷。紫贤薛道光、子野陆墅、上阳子陈致虚注。

三、《紫阳真人悟真直指详说三乘秘要》一卷。象川无名子翁葆光述。

四、《紫阳真人悟真篇拾遗》一卷。

五、《悟真篇注释》三卷。象川无名子翁渊明注。

六、《紫阳真人悟真篇讲义》七卷。云峰散人永嘉夏宗禹著。

七、《修真十书》中所收之《悟真篇》五卷。叶士表、袁公
辅注。

南宋初曾慥所编的《道枢》中,亦已部分摘录《悟真篇》,可见当时
的风行。传抄注解本必不止此,今则已分合而仅存此七种,能流传于
明初而收入《道藏》,若今存的其他注本皆在刻于正统十年(1445)的道
藏本后。

今对上述各种《悟真篇》宜加以整理研究。为了解张伯端的基本
思想,必须详读《悟真篇》自序。全文录于下:

嗟夫,人身难得,光景易迁,罔测短修,安逃业报。不自及早
省悟,惟只甘分待终,若临歧一念有差,堕三涂恶趣,则动经尘劫,
无有出期,当此之时,虽悔何及。故老释以性命学开方便门,教人
修种以逃生死。释氏以空寂为宗,若顿悟圆通,则直超彼岸,如有
习漏未尽,则尚徇于有生。老氏以炼养为真,若得其要枢,则立跻
圣位,如其未明本性,则犹滞于幻形。其次《周易》有穷理尽性至
命之辞,《鲁语》有毋意必固我之说,此又仲尼极臻乎性命之奥也。
然其言之常略而不至于详者,何也?盖欲序正人伦,施仁义礼乐
之教,故于无为之道未尝显言,但以命术寓诸易象,性法混诸微言
耳。至于庄子推穷物累逍遥之性,孟子善养浩然之气,皆切几之。
迨夫汉魏伯阳引易道阴阳交媾之体,作《参同契》以明大丹之作
用。唐忠国师于语录首叙老庄言,以显至道之本末。如此岂非教
虽分三,道乃归一。奈何后世黄缁之流,各自专门,互相非是,致
使三家宗要,迷没邪歧,不能混一而同归矣。且今人以道门尚于
修命,而不知修命之法理出两端,有易遇而难成者,有难遇而易成
者。如炼五芽之气,服七耀之光,注想按摩,纳清吐浊,念经持咒,

喷水叱符，叩齿集神，休妻绝粒，存神闭息，运眉间之思，补脑还精，习房中之术，以致服炼金石草木之类，皆易遇而难成者。以上诸法，于修身之道率皆灭裂，故施力虽多而求效莫验，若勤心苦志，日夕修持，可以辟病，免其非横，一旦不行，则前功渐弃。此乃迁延岁月，事必难成，欲望一得永得，还婴返老，变化飞升，不亦难乎，深可痛伤。盖近世修行之徒妄有执著，不悟妙法之真，却怨神仙谩语，殊不知成道者皆因炼金丹而得，恐泄天机，遂托数事为名。其中惟闭息一法，如能忘机绝虑，即与二乘坐禅颇同，若勤而行之，可以入定出神。奈何精神属阴，宅舍难固，不免长用迁徙之法。既未得金汞还返之道，又岂能回阳换骨，白日而升天哉。夫炼金液还丹者，则难遇而易成。要须洞晓阴阳，深达造化，方能超二气于黄道，会三性于元宫，攒簇五行，和合四象，龙吟虎啸，夫倡妇随，玉鼎汤煎，金炉火炽，始得玄珠有象，太乙归真，都来片饷工夫，永保无穷逸乐。至若防危虑险，慎于运用抽添，养正持盈，要在守雌抱一，自然复阳生之气，剥阴杀之形。节气既周，脱胎神化，名题仙籍，位号真人，此乃大丈夫功成名遂之时也。今之学者，有取铅汞为二气，指脏腑为五行，分心肾为坎离，以肝肺为龙虎，用神气为子母，执津液为铅汞，不识浮沉，宁分主客，何异认他财为己物，呼别姓为亲儿，又岂知金木相克之幽微，阴阳互用之奥妙。是皆日月失道，铅汞异炉，欲望结成还丹，不亦远乎。

仆幼亲善道，涉猎三教经书，以至刑法，书算，医卜，战阵，天文，地理，吉凶，死生之术，靡不留心详究。惟金丹一法，阅尽群经及诸家歌诗论契，皆云日魂月魄，庚虎甲龙，水银朱砂，白金黑锡，坎男离女，能成金液还丹，终不言真铅真汞，是何物色，不说火候法度，温养指归。加以后世迷徒，恣其臆说，将先圣典教妄行笺注，乖讹万状，不惟紊乱仙经，抑亦惑误后学。仆以至人未遇，口诀难逢，遂至寝食不安，精神疲悴，虽询求遍于海岳，请益尽于贤

愚,皆莫能通晓真宗,开照心腑。后至熙宁二年己酉岁(1069),因
随龙图陆公入成都,以夙志不回,初诚愈恪,遂感真人授金丹药物
火候之诀。其言甚简,其要不繁,可谓指流知源,语一悟百,雾开
日莹,尘尽鉴明,校之丹经,若合符契。因念世之学仙者十有八
九,而达其真要者未闻一二。仆既遇真筌,安敢隐默,罄所得成律
诗九九八十一首,号曰《悟真篇》。内七言四韵一十六首,以表二
八之数;绝句六十四首,按诸周卦;五言一首,以象太乙;续添《西
江月》一十二首,以周岁律;其如鼎器尊卑,药物斤两,火候进退,
主客后先,存亡有无,吉凶悔吝,悉备其中矣。于本源真觉之性有
所未尽,又作为《歌颂乐府》及《杂言》等附之卷末,庶几达本明性
之道尽于此矣。所期同志者览之,则见末而悟本,舍妄以从真。
时熙宁乙卯岁旦,天台张伯端平叔叙。

此序虽长,分段而读,实极简要。第一段首至"不能混一而同归
矣",所以说明三教合一的道教,不啻为南宗的纲领。于三教的实质,
已同理学所谈的性命,惟理学以排佛老为己任,伯端则以改革道教为
己任。继之第二段至"不亦远乎"。间分二节,明道教修命之法有"易
遇而难成"与"难遇而易成"二方面,而伯端所改革炼金丹的修命法,就
是否定"易遇而难成"以归于"难遇而易成"。以下第三段直至篇末为
自述悟道的始末及著此《悟真篇》的原委。最重要的问题,乃在《悟真
篇》与卷末附篇的性命关系。而序文于"悉备其中矣"以下,竟由不同
的版本而有不同的文句。读《道藏》收录的《悟真篇》自序凡三见。上
录序文准最早的叶袁注本(见《道藏》一二六、一二七两册),其后有"三
注本"(见《道藏》六十三册)及"注疏本"(见《道藏》六十一、六十二两
册),此二本的序文已不同。若有数处一二字的脱讹与颠倒,显系传抄
者笔误,无关宏旨,惟此节实大不相同。

上引"悉备其中矣",以下为"于本源真觉之性有所未尽,又作为

《歌颂乐府》及《杂言》等",下接"附之卷末"。

而其他二本的序言,于"悉备其中矣"以下为"及乎篇集既成之后,又觉其中惟谈养命固形之术,而于本源真觉之性有所未完,遂玩佛书及《传灯录》,至于祖师有击竹而悟者,乃形于《歌颂诗曲杂言》三十二首,今",下接"附之卷末"。

此节的不同,亦不排斥伯端自改。首先应考虑版本的来源,最初流行的《悟真篇》白文,今见《道枢》中摘录,惜未全,亦未及自序。而注本则以叶袁本最早,叶注在绍兴三十一年(1161)(见戴起宗所引及),距《悟真篇》成书已八十余年,伯端早已不在人世。其后翁注本出,翁自序于乾道癸巳(1173),则序文已不同。然翁对此三十二首并不欣赏,著有《悟真直指详说》曰:"……是仙翁毕其卷末而以禅宗性道者,实明神仙抱一之道也,故余分为下卷。……今则仙翁歌咏性道,亦不获已而言之,固已赘矣。此余所以不复加之解释者,不欲为画蛇添足也。……盖天盖地随处运动而莫非真,随所施为而无不可,则知这里本来天性具足,无欠无余。拟议俱弛矣,能所俱忘矣,无问无应,无思无虑,虽性之一字,抑亦用不着也。"可见《悟真篇》的卷末,本有歌咏禅宗性道之作。然是否惟此三十二篇似未可必,各本《悟真篇》的内容,有多于自序中所说明的诗篇数,应皆属卷末。今歌咏禅宗性道者恰三十二首,如序文说明三十二首,则其他诸诗歌如何理解,况尚有"杂言"之名,如《读周易参同契》一文恰当之,然不在三十二首之内。可见序文的改变,决非伯端本人。考此三十二首的内容,可视为伯端所作。以下更宜全录《悟真篇》后序,方能全面了解伯端的认识过程。

窃以人之生也,皆缘妄情而有其身,有其身则有其患,若无其身,患从何有。夫欲免乎患者,莫若体夫至道,欲体至道,莫若明乎本心,故心者道之体也,道者心之用也。人能察心观性,则圆明之体自见,无为之用自成,不假施功,顿超彼岸。此非心镜朗然,神珠廓明,则何以使诸相顿离,纤尘不杂,心源自在,决定无生者哉。然其明心体道之士,身不能累其性,境不能乱其真,则刀兵乌能伤,虎兕乌能害,巨焚大浸乌足为虞。达人心若明镜,鉴而不纳,随机应物,和而不倡,故能胜物而无伤也,此所谓无上至真妙觉之道也。原其道本无名,圣人强名,道本无言,圣人强言耳,然则名言若寂,则时流无以识其体而归其真。是以圣人设教立言,以显其道,故道因言而后显,言因道而反忘。奈何此道至妙至微,世人根性迷钝,执有其身而恶死悦生,故卒难了悟。黄老悲其贪着,乃以修身之术顺其所欲,渐次导之。以修生之要在乎金丹,金丹之要在乎神水华池,故《道德》《阴符》之教得以盛行于世者,盖人悦其生也。然其言隐而理奥,学者虽讽诵其文,皆莫晓其义,若不遇至人授之口诀,纵揣量百种,终莫能著其功而成其事,岂非学者纷如牛毛,而达者乃如麟角也。伯端向己酉岁于成都遇师授丹法,当年且主公倾背,自后三传于非人,三遭祸患,皆不逾两旬。近方忆师之所戒云,异日有与汝解缰脱锁者,当宜授之,余皆不许。尔后欲解名籍,而患此道人不之信,遂撰此《悟真篇》,叙丹药之本末,既成而求学者辏集而来,观其意勤,心不忍拒,乃择而授之。然而所授者,皆非有巨势强力,能持危拯溺,慷慨特达,能仁明道之士,初再罹祸患,心犹未知,竟至于三,乃省前过。故知大丹之法至简至易,虽愚昧小人得而行之,则立超圣地,是以天意秘惜,不许轻传于非其人也。而伯端不遵师语,屡泄天机,以其有身,故每膺谴患,此天之深诫如此之神且速,敢不恐惧克责。自今以往,当钳口结舌,虽鼎镬居前,刀剑加项,亦无复敢言矣。此《悟真篇》中所咏大丹药物火候细微之旨,无不备悉,好事者夙有仙骨,观之则智虑自明,可以寻文解义,岂须伯端区区之口授。如此乃天之所赐,非伯端之辄传也。其若篇末歌颂谈见性之事,即上之所谓妙觉之道也,然无为之道以济物为先,虽显秘要,终无过咎。奈何凡夫缘业有厚薄，性根有利钝，纵闻一音，纷成异见。故释迦、文殊所演法宝，无非一乘，而听学者随量会解，自然成三乘之差。此后若有根性猛利之士，见闻此篇，则知伯端得达磨六祖最上一乘之妙旨，可因一言而悟万法也。如其习气尚余，则归中下之见，亦非伯端之咎矣。

此后序于《道藏》中亦三见，而最早的叶袁注本，后序在《禅宗歌颂》之后。而其他"三注本"、"注疏本"的后序，皆紧接《悟真篇》后，且删此《禅宗歌颂》而另立《悟真篇拾遗》之名。又于叶袁本的《禅宗歌颂》前，有引言百余字，此可解决《悟真篇》的卷末问题，当录于下：

> 夫学道之人，不通性理，独修金丹。如此既性命之道未备，则运心不普，物我难齐，又焉能究竟圆通，迥超三界。故《楞严经》云有十种仙，皆于人中炼心，坚固精粹，寿千万岁，若不修正觉三昧，则报尽还来，散入诸趣。是以弥勒菩萨《金刚经颂》云："饶君百万劫，终久落空亡。"故此《悟真篇》中，先以神仙命术诱其修炼，次以诸佛妙用广其神通，终以真如觉性遣其幻妄，而归于究竟空寂之本源矣。

读此引言，一览而知非伯端所作。作此者或伯端去世未久，因见卷末说禅之妙，乃割裂性命，小视金丹属命，非此禅机，不能达究竟之性。一言以蔽之，仍须以佛制道。故以伯端自序中首节的观点视之，此决非伯端所作。然支持此引言的观点者，即进一步改动伯端的自序，而信道者流又欲发此"禅宗歌颂"而成《拾遗》，且于引言的首字"夫"改成"此恐"二字，而《悟真篇》卷末的内容迄今未定。总上而言，当以叶袁注本为主。全书诗篇，除八十一首及《西江月》十二外，卷末尚有七篇及《禅宗歌颂》三十二首。《文献通考》于《通元秘要悟真篇》一卷，引晁以道曰："皇朝张用成撰，字平叔，天台人。熙宁中随陆师闵入蜀,授道于隐者,因受律诗八十一首。"又引陈振孙曰:"天台张伯端平叔撰,一名用成。熙宁遇异人于成都,所著五七言诗及《西江月》百篇。末卷为《禅宗歌颂》,以谓学道之人不通性理独修金丹,则性命之道未全。有叶士表、袁公辅者各为注,凡五卷。"今以《道藏》本核之,夏宗禹的《讲义》,当本晁氏所见的一卷本加注,奈何未录伯端的前后序,书亦未及卷末,故非完璧。陈氏所见的五卷本,原书尚存,惜陈氏已不辨增加末卷的情况,视引言为伯端之言乃大误。至于改动伯端的序文,或视《禅宗歌颂》为拾遗,皆未达伯端同一三教之旨。故《悟真篇》的内容当以叶袁本为准,且宜以前后序所说明的原则,《悟真篇》外当有卷末,共一百三十二篇。下为整理《悟真篇》的目录:

自序

七言四韵一十六首

绝句六十四首

五言一首

西江月一十二首

卷末 绝句五首

西江月一首

读《周易参同契》

禅宗歌颂三十二首

后序

按伯端悟道于熙宁二年(1069),由是而作《悟真篇》,经六年而成,即自序于熙宁八年(1075)。后陆续成附篇三十九首,既成《禅宗歌颂》,又作后序。"三注本"、"注疏本"的后序有元丰改元戊午岁(1078)的日期,则悟道已十年。据翁葆光《悟真直指详说》谓尸解于元丰五年(1082)三月初五日,寿九十六。或据《山西通志》、《陕西通志》,皆谓年九十九。考伯端随陆诜入蜀,诜卒于熙宁三年,年五十九,伯端以九十六岁计,是年已八十四岁。以八十余岁的老叟,尚随诜入蜀,且悟道迟至八十三岁,由是而始著《悟真篇》,皆与常情未合,故阅世之年似可减少十岁以上。惜无实证,暂从翁说,即伯端生于雍熙四年(987)。三十三岁时张君房成《大宋天宫宝藏》,而伯端于道教能从具体实践出发,经数十年的专志访道始能有悟。且自谓馨所得以成《悟真篇》,故除此书外有题伯端之名者,如《金丹四百字》等等,皆后人所托名。至于三传非人而三遭祸患,与诜之卒有关。由是更重禅机,而有大量禅宗歌颂之作。间有《读雪窦禅师祖英集》,考雪窦禅师之生卒年为980—1052年,时略早于伯端。末数句为:"昨宵被我唤将来,把鼻孔穿于杖上,问他第一义如何,却道有言皆是谤。"此非伯端不能言,"有言皆是谤"而仍作《悟真篇》,此道教之禅机所以不同于佛教的禅。知此始可喻《悟真篇后序》的重要,而引言决非伯端所作。

凡由难遇而遇,已可由命而达性。识浮沉,分主客,超二气,会三性,斯之谓金丹,实即由人身小天地以同一于宇宙大天地的道教形象。然难遇而遇者的根性仍不可不辨,此伯端所以不得不钳口结舌,然传《悟真篇》者,虽非慷慨特达能仁明道之士,实已不乏其人。所谓"得最上一乘之妙旨",所以同三教,即南北宗的基本教义,此《悟真篇》为最早最完备的文献。后人视伯端为南宗初祖,确非偶然。惜成都所遇异人未言其名,后人以刘海蟾当之,以时考之实不可信。因刘为燕相,燕为后唐灭于癸酉(913),早于伯端悟道一百五十余年,海蟾如何能在。若北宗初祖王重阳自言遇刘海蟾,则为另一问题。伯端既未自言,何可以不合常情之事妄加于伯端。且以理推之,授道者似与华山陈抟有关。《悟真篇》有诗曰:"梦谒西华到九天,真人授我指玄篇,其中简易无多语,只是教人炼汞铅。"可作一证。若陈抟经何人以传伯端,可从张无梦说起。宋哲宗朝(1086—1100)贾善翔作《高道传》有曰:"张无梦好清虚,穷老、《易》,入华山与刘海蟾、种放结方外友,事陈希夷先生,无梦多得微旨。"又有陈景元师事天台山鸿蒙子张无梦,《道藏》中景元的著作甚多,亦往来于天台、四川,然属茅山派而未能改革道教,晚年仍未悟内丹,仅能穷理而实未尽性,故不足与伯端比。若张无梦是否悟内丹之诀,亦未可知。其于华山与刘海蟾、种放结方外友,而种放的卒年尚知,则刘海蟾的年龄当亦相近,似皆为陈抟的弟子,故伯端当为陈抟的再传。或视刘海蟾为燕相则大误,然或与燕相有关,即其一二传的弟子。故知南宗之金丹实出陈抟,始可对《悟真篇》的内容能进一步了解。

下附有关诸人的生卒年,以见其道的渊源。

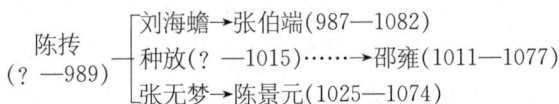

$$
陈抟（？—989）
\begin{cases}
刘海蟾 \to 张伯端(987—1082) \\
种放(？—1015)\cdots\cdots \to 邵雍(1011—1077) \\
张无梦 \to 陈景元(1025—1074)
\end{cases}
$$

二、南宗历代的文献

记伯端授道的最早文献,今有政和乙未(1115)中秋日商丘老圃今是翁元王贞一记(见《道藏》64 册)。是年距伯端之卒仅三十四年,当有所据。记中谓道源曾注《悟真篇》,元戴起宗于至元丙子(1336)辨其非。又曰:"元王真一,安有元王之姓,是自讹其记述之名以惑世也。"考此元王真一四字,可作姓王名元字真一解,或传写有误,未可即此而非其言。若道源是否注《悟真篇》为一问题,由杏林承伯端以授道源为另一问题,故所记的授道事实似可信。其记曰:"宁崇丙戌岁(1106)冬,道源寓郡县青镇听讲佛事,适遇凤翔府扶风县杏林驿人石泰字得之,年八十五矣。绿发朱颜,神宇不凡,夜事缝纫。道源密察焉,心因异之,偶举张平叔诗曲,石矍然。曰:识斯人乎?曰:吾师也。遂将语着于平叔者。平叔先生旧名伯端,始于成都宿天回寺遇异人,改名用成。凤州太守怒,按以事坐黥窜,经由邻境,会天大雪,与护送者俱饮酒村肆。吾适肆口，既揖而坐，见邀同席。吾笑顾此众客方欢，彼客未成饮，盍来相就。于是会饮，酒酣问其故，且以告。吾念之曰：邠守，故人也，乐善忘势，不远百里，能遇玉趾，有因缘可免此行。平叔恳诸护送者，许之诺。遂复丁邠，吾为之先，一见获免。平叔德之曰：此恩不报，岂人也哉。子平生学道无所得闻，今将丹法用传于子之成道。吾再拜谢，仰受付属。道源闻石泰说是语已，稽首皈依，请因受业，卒学大丹及复受得口诀真要，且戒往通邑大都，依有德有力者可即图之。道源遂来京师，弃僧伽梨幅巾缝掖，和光同尘，混于常俗，觊了此事。"

观此记与伯端后序相应。以年代计之，杏林小伯端三十六岁，伯端悟道时杏林四十八岁，卒时杏林六十二岁，其后二十三年始遇道源。

然伯端之道虽传于杏林，而《悟真篇》已行于世，故道源能吟其诗。世传杏林著有《还源篇》，《道藏》中二见，一见第七四二册，一见第一二二册。全篇凡诗八十一章，大义与《悟真篇》有相似处，然是否杏林所著，殊有可疑。其后道源著《还丹复命篇》，自序于靖康丙午(1126)。其序自言宣和庚子岁(1120)得至人口诀，则已在遇杏林后十五年，此至人是否仍指杏林已不可知。由是复经六年始成此篇，实为私淑《悟真篇》而第一部发展南宗的文献。至于《还源篇》非石泰所著，元俞琰已有论及，于《席上腐谈》卷下曰："白玉蟾有《武夷集》、《玉隆集》、《海琼集》、《金关玉钥集》，又有《留子元问道集》、《彭鹤林问道篇》，皆门弟子所编。《群仙珠玉集》载张紫阳《金丹四百字》、石杏林《还源篇》，其文辞格调与玉蟾所作无异，盖玉蟾托张、石之名为之耳。陈泥丸《翠虚篇》亦是玉蟾所作，其首篇数首诗皆元阳子诗。其后《紫庭经》、《罗浮吟》、《归一论》与《武夷》等集，如出一手。"今进而考之，石泰自序中谓"昔年于驿中遇先师紫阳张真人"，此紫阳之号始见于《悟真篇注释》无名子自序，其言曰："夫子尝谓余曰：天台仙象道成，授命紫阳真人之号于上帝，默相皇家，时尝隐显于世，人莫之识也。"盖此一神话南宋后始起,石泰不应用此。然《还源篇》虽后人托名,未可否定其曾传张伯端之道。由杏林而道源,为南宗发展的第一阶段。

南宋后叶袁注出,始未能自吟其象,仅对原书加注。此对原书已生隔膜,未能直入其理,不得不求道于文句中,南宗至此为一变。有翁注用另一《悟真篇》的抄本,此本由陆诜的后代传出,翁为之分卷而作《直指详说》,为南宗发展的第二阶段。

是时钟吕西山派已大兴,王重阳的北宗亦在兴起,以南宗言,正当四祖陈泥丸之时。陈受道源之传,又博取各派之说,由伯端的不可传而变为可传,犹从"难遇而易成"复归于"易遇而难成"。然从之者虽众,仅于嘉定壬申(1212)传道于白玉蟾。白的著作有《上清集》、《玉隆集》、《武夷集》等,且为南宗润色,代伯端作《金丹四百字》,实由马自然传出,代杏林作《还源篇》,其中已提及钟吕传道。白又代其师作《翠虚篇》,而自作《金液大还丹诀》(见《道藏》一三三册),其言曰:"要做神仙,炼丹工夫,亦有何难。向雷声震起,一阳来复,玉炉火炽,金鼎烟寒。姹女乘龙,金公跨虎,片饷之间结大还。丹田里,有白鸦一只,飞入泥丸。河车运入昆山,全不动纤毫过玉关。把龟蛇乌兔,生擒活捉,霎时云雨,一点成丹。白云漫空,黄芽满院,服此刀圭永驻颜。常温养,使脱胎神仙,身在云端。"可谓南宗五祖已合西山派后的总结,当南宗发展的第三阶段。

由上述三阶段,似可概见南宗的变化(各种文献的内容另详《道藏提要》)。玉蟾于《上清集》中曾为朱熹作像疏曰:"嗟文公七十一禩,玉洁冰清,空武夷三十六峰,猿啼鹤泪。管弦之声犹在耳,藻火之像赖何人。"又赞遗像曰:"皇极坠地,公归于天,武夷松竹,落日鸣蝉。"可见南宗与理学的关系密切,玉蟾于伯端,一如朱子于二程。若朱子后的理学已无发展,南宗则继玉蟾尚有逐步与北宗相合的发展,三教合一的道教,尤非理学所能及。五祖后的传授为:

```
白玉蟾 ──→ 彭鹤林 ──→ 萧了真
       └──→ 王金蟾 ──→ 李清庵 ──→ 苗太素 ──→ 王诚庵
```

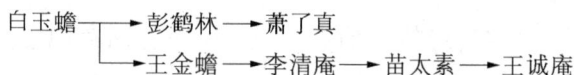

　　苗太素著《玄教大公案》,有弟子王诚庵编成而序于泰定甲子(1324),距伯端的悟道已二百五十余年。经世事辗转的变化,能不忘修命而得达磨最上一层,犹此《玄教大公案》之旨。南宗的历史任务,以《正统道藏》所收的文献论,似可以此书作结。

　　元张士弘集《悟真篇三注》本,始于紫贤注,盖贵于传道的实质,而不贵于文字之义。元人戴起宗成《悟真篇注疏》本,盖主翁注而疏之,纠正薛注之误题,未可为非,然对原书改不一改而面目全非。于白玉蟾所润色的五祖外,另以陈达灵、翁葆光为二、三两传,实觉多事。清陈梦雷编《古今图书集成》尚用三注本,《道藏辑要》同,《四库》所收的《悟真篇》已用注疏本,则距离伯端原意更远。且明后的《悟真篇》注,皆纠缠于文句与编次,乃徘徊于第二阶段而不能出。而此《玄教大公案》早已直探"金丹",然除《道藏》本外尚无刻本,且未闻学者之重视此书,故特取之与《悟真篇》始终相应,南宗之道或可"象在其中矣"。

南宋初全真道的创教过程

　　全真道创立人王嘉,道号重阳子,陕西咸阳大魏村人。生于宋徽宗政和二年(1112)十二月二十二日,这一天已成为全真道的重要纪念日。当其十六岁时(1127),徽钦二帝被掳,北宋亡。咸阳属北宋的永兴军路,亦为金人所占,而王氏是咸阳望族,多资产,仍能生活在异族统治下。重阳子始名中孚,字允卿。伟志倜傥,不拘小节,兼习文武,皆有成就。初修进士业,善属文,才思敏捷。于二十七岁(1138)易名世雄,字德威,以应金熙宗天眷元年的武举。年未三十的有为青年,目睹两宋之际的混乱,在心理上自然有极大的震动。更以客观形势论,岳飞于绍兴十二年(1142)被害,南宋与金的战争暂告段落,此可进一步造成重阳子的心理苦闷,对北方大片土地上的汉民族,何能不起同情心。而孑然一身如何行动? 此所以从二十八岁至四十七岁之二十年间,外形似觉消沉,日在酣醉之中,而其思想深处,正在借狂饮之刺激,以激发其如何解决自身及生民之疾苦,以成其自度度人的大愿。且金天眷年间(1138—1140)已有道士萧抱珍在河南汲县创立太一教;金皇统二年(1142)即岳飞被害之年,又有刘德仁在山东盐山创立真大道教;此皆足以启发重阳子创教之志。然及四十六岁(1157)始决定一心求道,于四十八岁六月望日在终南甘河镇会见二位仙人,四十九岁中秋日于醴泉县又遇真仙。乃于五十岁在终南南时村凿圹丈余,封高数尺,坐于墓中,时以活死人目之。又于四隅各植海棠一株,人问其故,答曰:吾将来使四海教风为一家耳。及五十二岁秋,始填活死人墓,迁居刘蒋村。当填墓后基本已自度。曾作有《悟真歌》一首,全不及世事变化,仅以本身及家庭言,可喻自度之象。宜全文录于此。

悟 真 歌

余当九岁方省事,祖父享年八十二。二十三上荣华日,伯父享年七十七。三十三上觉娑耽,慈父享年七十三。古今百岁七旬少,观此递减怎当甘。三十六上痳中痳,便要分他兄活计。豪气冲天恣意情,朝朝日日长波醉。压幼欺人度岁时,诬兄骂嫂慢天地。不修家业不修身,只恁望他空富贵。浮云之财随手过,妻男怨恨天来大。产业卖得三分钱,二分吃着一酒课。他每衣饮全不知,余还酒钱说灾祸。四十八上尚争强,争奈浑身做察详。忽尔一朝便心破,变成风害任风狂。不惧人人长耻笑,一心恐昧三光照。静虑澄思省己身,悟来便把妻儿掉。好洗面兮好理头,从人尚道聘风流。家财荡尽愈无愁,怕与儿孙作马牛。五十二上光阴急,活到七十有几日。前头路险是轮回,旧业难消等闲失。一失人身万劫休,如何能得此中修。须知未老闻强健,弃穴填坟云水游。云水游兮别有乐,无虑无思无做作。一枕清风宿世因,一轮明月前生约。(录自《全真集》)

此篇《悟真歌》主旨鲜明,文字亦浅显,要在一片真诚有以"悟真",反复阅读后定可有得。继之即与和玉蟾、李灵阳二位高道结茅于刘蒋村,翌年五十三岁又遇真仙刘海蟾,且三友间之道力日增,计结茅四年。当五十六岁四月二十六日,始毅然自焚其茅庵,别二友而自行其

度人之愿,辞众曰:"余东海捉马去。"到东海后,曾著《了了歌》,更有细读价值,再录原文如下:

了 了 歌

汉正阳兮为的祖,唐纯阳兮做师父。燕国海蟾兮是叔主,终南重阳兮弟子聚。为弟子,便归依,侍奉三师合圣机。动则四灵神彩结,静来万道玉光辉。得逍遥,真自在,清虚消息常交泰。元初此处有因缘,无始劫来无挂碍。将这个,唤神仙,窈窈冥冥默默前。不把此般为妙妙,却凭甚么做玄玄。禀精通,成了彻,非修非炼非谈说。惺惺何用论幽科,达达宁须搜秘诀。也无减,也无增,不生不灭没升腾。长作风邻并月伴,永随霞友与云朋。(录自《全真集》)

究此《了了歌》,可得重阳子创立全真道的思想结构。其祖师汉正阳,著有《灵宝毕法》。师父唐纯阳确与正阳有关,更传有《钟吕传道集》。嘉取道号重阳者,有重合正阳、纯阳之象。叔主刘海蟾亦为正阳所度,实为唐末卢龙(今当北京)留后刘仁恭的相辅。仁恭父子建立北燕,险如垒卵,被灭于梁凤历元年(913),海蟾先此而去相从道,其时代略可核实。《宋志》著录有《海蟾子还金篇》一卷等。故重阳必至东海捉马者,近有海蟾之缘,远即战国时方仙道的旧处。定此创道的原则,庶有实践其度人的方法。计自四月二十六日焚庵离刘蒋村,至闰七月十八日抵宁海州,今当陕西终南山至山东牟平县。一人独行,毅力大可敬佩。及抵宁海州恰遇马丹阳,马为当地有名的弘道者,富于财,即为筑"全真庵"居之,始有全真之名。由是度得马丹阳夫妇及丘长春、郝大通、谭长真三位真人。此见重阳子之创道及基本成就,全在五十六岁一年中(1167)。于五十七岁又度王处一玉阳真人,立七宝会。于五十八岁立金莲会、三光会、玉华会、平等会,又度刘处玄长生真人。旋即携丹阳、长真、长春、长生四弟子西返,至汴梁过年,于正月初四召丹阳、长真、长春于榻前曰:"丹阳已得道,长真已知道,吾无虑矣! 处机所学,一听丹阳,处玄、长真当管领之。吾今赴师真之约耳。"丹阳请留颂,师曰:"吾已书于长安滦村吕仙庵矣,今口授汝。"言讫而逝。是年闰五月,于正月十一始立春,逝时尚未立春,当时视之为五十八岁。以今法计之,当公元1112—1170年,生卒日为旧历十二月二十二日与正月初四,故在世尚未足五十七周岁。且其一生有意自度约十年,度人约二年,竟对后世道教产生如此重要的影响,令人惊异。

全真道的承启关系,凡上承汉正阳、唐纯阳与北燕刘海蟾及同时代的和玉蟾、李灵阳二友,下启七位弟子,后世即以北七真称之。赖弟子的大力弘道,尤其是丘长春能会见成吉思汗,方成为全真道发展的基础。由金而元,北方的全真道自然可南传而遍及全国。至于王重阳创道的思想结构本诸儒释道三教合一,这一思想肇始于梁武帝时的陶弘景(456—536),发展于唐末五代。王重阳生当北宋沦亡之际,回思兴盛的汉唐时代主要思想体系不出此三种,故全真道的教义,宜分三方面认识之。

其一于儒。重视日常生活的道德品质,此能继承北宋时兴起的关洛理学。

其二于释。要在吸取其律宗,除必须出家外,当舍去一切,严守乞食制。此对不太重视戒律的道教为一大改革。

其三于道。不用符箓,不炼外丹,要在反身的修养。此炼内丹本属道教的基本教义,然不贵肉身的长生不死,专重心灵能起超时空的相互感通,深信得道成仙后有永生的事实。此对道教言殊有时代精神。且所谓心灵犹微观世界的情况,对研究人体及医学原理等,虽至今日的科学水平,仍有深入体验并了解其客观事实的必要。八百余年来,全真道尚有其活力,且潜能丰富,亟待信奉全真道者有以发扬之。

然必当尊信其为道教教派之一,或误信朱元璋的思想,则宗门已在,犹视王重阳前无道教。清彭定求所编的《道藏辑要》其失在此。唯其仅以全真道的教义为选辑标准,故视之为全真一派的"道书辑要"则可,视之为自古迄今的"道藏辑要"则不可也。

论北宗之传及上阳子之道

　　宋代道教之主流,宜以南北宗当之。然于南五祖北七真以后的情况,每多忽视。于南宗第五祖白玉蟾后,更未见深入研究其道统者。故仅知南五祖更不论其后,这种观点实出于全真道之传。此文叙述并研讨上阳子之道,就是遵此传授的北宗观点。考王重阳创立全真教有七真传之,七真各有作用,而丘长春的影响最大。随同丘真人西游者凡十八人,今从此十八学士以后论之。

　　有宋德芳(1183—1247)者,曾随马丹阳学道,继随丘长春而为西游十八人之一。晚年奉长春命任整理《道藏》之责,完成于乃马真后三年(1244),数年后即仙逝。今据上阳子《金丹大要》论其仙派实出于宋,以下摘录其数传之史迹:

　　黄房公——姓宋,名有道,字德芳,号黄房公,沔阳府(今湖北沔阳县)人氏。行诸阶(阶,或当为道)法,无云则能以符而兴云,有云则能披云而见斗,故时号披云真人。一日遇丹阳授以金丹火候秘诀,行之两年能贰其身弗死。因游东海,适皇元太祖成吉思汗皇帝召长春丘师叔,时公为十八人辅行之首。世祖皇帝(1260—1294 在位)封通玄弘教披云真人,武宗皇帝(1308—1311 在位)加封玄通至道崇文明化大真人。后以至道授太虚李真人而黄房公莫知所终,或云在燕之长春(似脱"宫"字)仙逝。

按:上阳子记录黄房公之事迹,什九与全真道之记录相同,然是否曾用符披云,则方法论有不同。基本全真道之求晴雨不用符箓,或披云起已用符,则已受白玉蟾后之南宗影响。至于喜作"莫知所终"之结论,亦与全真道之传统思想不同。凡北七真等生卒年全部有记录可考,而上阳子之记录则有意不记生卒年,则亦受传统道教的影响。以下传道于太虚李真人。

太虚真人——姓李名珏,字双玉,蜀之崇庆府(今属四川崇庆县)人。既得黄房公金丹之道,改名栖真,号太虚,即往邵武之武夷,潜修金丹七阅月而道将成,乃回途道经龙虎山。先夕雩坛有梦真人至者,时久旱祈祷弗应,次日真人果至,众皆弗知,唯梦者见一贫道人来,曰:"是此人也。"众请祈雨,应时沾霈而去。至真州(今江苏仪征县)玉虚庵结圜而坐,后出圜以道授张紫琼。既属曰:"金丹宜潜修,大道当人授。"后云入青城,莫知所终。

按:由此记载,尤见全真与正一之可合。由四川北上得黄房公之道而南下至武夷,又经龙虎山而成道于真州,可喻悟道与得道确非同时。以下录紫琼真人之情况:

紫琼真人——姓张名模,字君范,饶州德兴(今属江西德兴县)人也。后闻道,改名道心。初太虚真人偶寓安仁(当时属江西饶州府,今当江西安仁县)熙春宫,紫琼求授金丹,太虚弗与。继而适市,因见施丐钱三十文,乃曰可授已,遂以金丹之道付之。次年复会真州,始全火候。紫琼既闻真要,后以至道授予缘督赵公,乃即隐去。

按:太虚在仁安熙春宫,或即当至龙虎山求雨时,见布施丐者而授之,贵有仁心。又全真道之原则,亦法佛教身外物全布施,以乞食为生,故尤能同情丐者。明年张君范亦至真州,乃得全部火候。紫琼得道后,授予三十余岁之缘督真人。

缘督真人——姓赵讳友钦,字缘督,饶郡人也(今属江西),为赵宗子。幼遭劫火,早有山林之趣。极聪敏,天文、经纬、地理、术数莫不精通。及得紫琼师授以金丹大要,乃搜群书经传作三教一家之文,名之曰"仙佛同源"。又作《金丹难问》等书行于世。己巳(1329)之秋,寓衡阳以金丹妙道悉付上阳子。

按:赵友钦为宗室子,幼遭劫火,恰当南宋灭亡之时。于己巳之秋授上阳子,是年陈致虚为四十岁。南宋亡已五十年许,赵友钦略六十岁左右。能得其传三教一家之理,尚不愧为宗室子。此由宋德芳而陈致虚,实皆南方人,全真之理略有所变,而北宗在北方尚有其主流。此及上阳子之道,内具有南宗之象,且有取法《中和集》之理,尤其是对老子之认识。上阳子作《道德经转语》,实有继承《道德会元》之象。于金丹之体验及认识,以文字言因上阳子成书于乙亥(1335)年仅四十六岁,故亦未及晚年成《中和集》之李道纯。

论李道纯及其著作

（附：杜道坚、王玠）

清庵莹蟾子李道纯元素，生当宋末元初，都梁（在今江苏盱眙县东南五十里）人，一生好道，著作甚富，要以传《易》、老。于《易》著有《三天易髓》，其后于老著有《道德会元》，此书自序于至元庚寅（1290），基本私淑白玉蟾之注老，有禅机。其师王金蟾为白玉蟾之弟子，故实当南宗七祖。翌年辛卯（1291），元诛相歌而全真厄解。有全真道者来访李（未言姓名），交谈殊洽。其后三次通信，及大德三年（1299）李与全真道者再次见面，有神交之象，此于南北宗结合有决定性的意义。数年后李即仙逝，其著作由弟子损庵蔡志颐编成《中和集》，蔡请年已七十之杜道坚（1237—1318）作序，时当大德十年（1306），凡六卷。此外尚著有《全真集玄秘要》，然仅解张伯端之《读周易参同契》及周濂溪之《太极图说》，可见李虽用"全真"之名，尚以南宗为主。年龄或略长于杜道坚（以长十岁论，约为1227—1305，年近八十云）。《道藏》中尚收有其他著作，以下依次总述其各种著作之内容。

一、《三天易髓》——大纲为"儒曰太极，道曰金丹，释曰圆觉"，即以儒道释为三天而归诸易髓，犹于南宋末继北宋初陈抟之三教合一于先天易。进而核诸具体之内容,则"儒曰太极"者,本论乾坤十二爻而首加"乾坤鼎器",末加"温养灵胎"与"玄珠成象",故得三五之数。每步各书口诀数语,殊可参考。最后一节曰:"掀倒鼎,踢翻炉,功备也。产玄珠,归根复命,抱本还虚。"大义可取,凡未产玄珠时,其何可倒翻鼎炉,不知抱本有之实,念念还不得究竟之处,学者大忌。于《参同契》归诸"如循连环",确为认识"两孔穴法"的万古名言。

于"道曰金丹"者,凡分九层:一下手,二安炉,三采药,四行功,五持盈,六温养,七调神,八脱胎,九了当。每步亦系以十数语。于了当中有曰:"踢倒烧天鼎,掀翻煮海炉,虚空擘捽碎,独露一真如。"以见三教可合。结句曰:"了时真了了,无后实无无,了了无无了,身多混太虚。"此见李有得于"还虚"、"太虚"之象。

于"释曰圆觉"者,非取《圆觉经》,乃为济庵居士讲《心经》,其解有道味,并不全同于佛教之本义。最后取《阴符经》解之,亦兼及三教之理。由上之义,可喻南宗自有其禅机,与北宗结合后更有所变化。此书当属李中年之著作。(见《道藏》4—524)

二、《道德会元》——李道纯先成《三天易髓》,于《易》之理解,基本在《中和集》《太极图解》中说明。故《三天易髓》一书,当以反身为主,对《易》的认识殊未谈及。继之著《道德会元》则对老子的认识曾下功夫,自序写得亦有内容,确能承白玉蟾而有创见。每章著一颂,共八十一颂。二千余年来在注老的文献中,迄今仍有特色。(见《道藏》12—642)

三、《全真集玄秘要》——内容仅有二文,不足以当"集玄"之名,或已有所阙佚。今存之二文,其一以张伯端之《读周易参同契》为"推明火候之大本",故加"注",尚未得张之原意。其一重视理学家周子《太极图说》而为之解。此解《太极图》归诸神,能结合三教之理,第一节解"无极而太极",末节解"大哉易也,斯其至矣",皆有神妙之思。(见《道藏》4—528)

162

四、《中和集》——按当时之当涂南谷杜道坚,确属悟道者之一,与李道纯之关系未详,或已能互为知己而相忘于江湖。序言有曰:"余未启帙,先已知群妄扫空,一真是露,谓如天付之而为命,人受之而为性。至于先天太极,自然金丹,光照太虚,不假修炼者,漏泄无余矣。可以穷神知变而深根宁极,可以脱胎神化而复归无极也。抑以见道之有物混成,儒之中和育物,释之指心见性,此皆同工异曲,咸自太极来,是故老圣常善救人,佛不轻于汝等,周公岂欺我哉。"此序言可云已得《中和集》之要。

道纯之"自题相"曰:"面黄肌瘦子,看来有甚奇,分明乔眼孔,刚道绝闻知。勘破三千法,参同十七师,低头叉手处,泄尽那些儿。"不妨由此形以见其象,三教同源非可贸然而言。要在李道纯全本南宗而得其理,且能感及北宗全真,于卷四"炼虚歌并引"中提及与全真之关系:"辛卯岁,有全真羽流,之金陵中和精舍,尝谈盛德,予深重之。自后三领云翰,观其言辞有致虚安静之志,于是乎横空飞剑而仿先生,是乃己亥重阳日也。观其行,察其言,是足见其深造玄理者也。"凡南北宗相合,此当为重要之关系。由是李道纯亦能谈"全真活法"以"授诸门人",是当在己亥后。其语曰:"全真道人,当行全真之道。所谓全真者,全其本真也。全精、全气、全神,方谓之全真。才有欠缺,便不全也,才有点污,便不真也。"确能得全真之精气神。又以精气神为三元药物,身心意为三元至要。又曰:"身者历劫以来修静身,无中之妙有也。心者系帝之先灵妙本,有中之真无也。无中有象坎,有中无象离。"且结曰:"予谓身心两字是全真致极处,复何疑哉。"此方为南北宗合一之关键处,有志于内修者,当详为体验。(见《道藏》4—482)

五、《清静经注》(17—141)——道纯之注基本继承白玉蟾之理,凡《清静经》原文有二:其一本有"仙人葛玄曰吾得真道,曾诵此经万遍"等语(见杜光庭等注本),此必为后人所加无疑。造此《清静经》者或即蜀地某道士所为,似晚于唐末五代时,杜注有托名之可能。此经之内容可取,文亦浅显明了,今不妨以白玉蟾本为标准。李道纯注即用白本,而注亦简要(原文附后)。

六、《太上升玄消灾护命妙经注》(2—592)——此经基本法诸佛教《心经》而以道教系统加以说明,约成于宋代。李道纯为之注,殊能说明其要。然于《道藏》中尚有题为"唐贞一先生司马子徽撰"的《消灾护命妙经颂》(5—775),此颂似亦宋人所作而托名承祯,事待详考。又有混然子注,则确在李道纯后。

七、《太上大通经注》(2—711)——此经谈先后天,起于宋代无疑。内容可取,以无象无体为归,有见其真,以心性为连环尤其有得,且能合诸"对境忘境,居尘出尘"。综合有无之颂凡二十字,极妙。若李道纯辈庶能作此,又不愿自言云。

八、《无上赤文洞古真经注》(2—714)——此经由动不动、为无为而及神气,能自殖于无间而参天地,乃与"天地为一"。又两忘耳目,则天地间之万物,莫不为我所待,则又与"万物并生"。由是无象之象常存,无体之体全真,故可长久,是全本《庄子·齐物论》之义。此经虽山长荃子亦有注,然有误取李道纯之注为经,故一见而知其在李之后。

九、《清庵莹蟾子语录六卷》(23—733)——此《语录》可与《中和集》并读,此书六卷有门弟子六编。卷一嘿庵柴元皋编,嘿庵为茅山道士,号广蟾子,又另为此书作序于至元戊子(1288),谓李曾上茅山而嘿庵师之。卷二为定庵赵道可编,受道纯之《道德会元》,此卷亦记录此书之大义,可详读。卷三为知堂实庵苗善时编,苗即有《玄教大公案》者,此卷基本记录公案。卷四为宁庵邓德成编,于混然子之后序中提及荆南羽士邓坦然抄录已久,此或即宁庵。卷五杂述,蒙庵张应坦编。卷六即为编《中和集》之损庵蔡志颐编。

总上九种著作而言,当以(一)《中和集》与(二)《语录》最重要,而概见三教合一之旨,且本诸南宗,尤为今人所忽视者。而其用力勤者实在(三)《道德会元》一书,即三教中以道为主,而其归则在(四)《三天易髓》中之《易》,所谓太极金丹圆觉是其义,于(五)《全真集玄秘要》似未为全书。此外注道经四各有所见,尤妙者如《太上大通经》等,很可能是自作经文而自为之注。总之此四经各有精义,有读诵之价值,下附所抄录之原文,文极短。今唯《常清静经》已成为羽士必诵之书。

凡此四经,以《常清静经》为三教合一后之道经。此外,《太上升玄消灾护命妙经》犹以道视佛教中之《心经》;《太上大通经》则以道视儒教中之易理;《太上赤文洞古真经》则以《庄子·齐物论》之理视为道教中之理,因战国时尚未有三教合一之道。

常 清 静 经

老君曰:大道无形生育天地,大道无情运行日月,大道无名长养万物,吾不知其名,强名曰道。夫道者,有清有浊,有动有静,天清地浊,天动地静,男清女浊,男动女静,降本流末而生万物。清者浊之源,动者静之基,人能常清静,天地悉皆归。夫人神好清而心扰之,人心好静而欲牵之。常能遣其欲而心自静,澄其心而神自清,自然六欲不生,三毒消灭。所以不能者,为心未澄、欲未遣也。能遣之者,内观其心,心无其心;外观其形,形无其形;远观其物,物无其物。三者既无,惟见于空。观空亦空,空无所空,所空既无,无无亦无。无无既无,湛然常寂,寂无所寂,欲岂能生。欲既不生,即是真静,真静应物,真常得性,常应常静,常清静矣。如此清静,渐入真道,既入真道,名为得道。虽名得道,实无所得,为化众生,名为得道,能悟之者,可传圣道。老君曰:上士无争,下士好争,上德不德,下德执德,执著之者,不名道德。众生所以不得真道者,为有妄心,既有妄心,即惊其神。既惊其神,即著万物,既著万物,即生贪求。既生贪求,即是烦恼,烦恼妄想,忧苦身心。便遭浊辱,流浪生死,常沉苦海,永失真道。真常之道,悟者自得,得悟道者,常清静矣。

太上升玄消灾护命妙经

尔时元始天尊在七宝林中五明宫内,与无极圣众俱放无极光明照无极世界,观无极众生受无极苦恼。宛转世间,轮回生死,漂浪爱河,流吹欲海,沉滞声色,迷惑有无。无空有空,无色有色,无无有有,有有无有,终始暗昧,不能自明,毕竟迷惑。

天尊告曰:尔等众生,从不有中有,不无中无,不空中空。非有为有,非无为无,非色为色,非空为空。空即是空,空无定空,色即是色,色无定色,即色是空,即空是色。若能知空不空,知色不色,名为照了。始达妙音,识无空法,洞观无碍,入众妙门。自然解悟,离诸疑纲,不著空见,清净六根,断除邪障。

我故为汝说是妙经,名曰护命,济度众生,随身供养,传教世间。流通读诵,即有飞天神王、破邪金刚、护法灵童、救苦真人、金精猛兽,各百亿万众,俱侍卫是经,随所拥护,捍厄扶衰,度一切众生离诸染著。尔时天尊即说偈曰:视不见我,听不得闻,离种种边,名为妙道。

太 上 大 通 经

先天而生,生而无形,后天而存,存而无体。然而无体未尝存也,故曰不可思议。

静为之性,心在其中矣;动为之心,性在其中矣。心生性灭,心灭性现,如空无相,湛然圆满。

大道无相,故内摄于有,真性无为,故外不生其心。如如自然,广无边际。对境忘境,不沉于六贼之魔。居尘出尘,不落万缘之化。动静不动,致和不遇,慧照十方,虚变无为。

颂曰:有法悟无法,无修解有修,包含万象体,不挂一丝头。

附：杜道坚

由杜道坚序《中和集》，可见杜道坚之深通教义，实为当时有地位之羽士。杜为浙江武康县计筹山升元观道士，生于宋理宗嘉熙元年，卒于元仁宗延祐五年(1237—1318)，寿八十一岁，正当宋元之际，于道教教义属南北宗合一时的思潮。杜能理解李道纯，即因同属南宗之思维。

杜著有：(一)《道德玄经原旨》(12—725)。(二)《玄经原旨发挥》(12—758)，要在以三教合一之理解老。于《发挥》一书，能以《皇极经世》较长之时间数量级说明孔老的不同，此义极可贵。(三)《文子缵义》(16—754)，此注晚年成，考得文子之史迹，可备一说，实即老子之道南传至楚及越人之著作。此《缵义》有玄教嗣师吴全节为之序，时当至大三年(1310)，是年杜已七十四岁。全书发挥老子之旨，有南宗之情况。与李道纯为知己，决非偶然。元后论南北宗之同异，每从炼内丹之方法上加以区分，且亦似是而非，其实对老子之旨的认识及对孔老与三教的认识，各有所不同。元代之李道纯、杜道坚确属南宗之佼佼者。从白玉蟾后南宗的授传，概以下表示之：

```
五祖      六祖      七祖      八祖                      九祖
白玉蟾    彭耜——萧廷芝——邓倚
王金蟾——李道纯——嘿庵柴元皋(茅山)
                定庵赵道可(传《道德会元》)
                实庵苗善时(著《玄教大公案》)——王志道
                宁庵邓德成，字坦然，荆南羽士
                蒙庵张应坦
                损庵蔡志颐(编《中和集》)
```

彭耜著有《道德真经集注》及《释文》《杂说》(自序于 1229 年)，似道家。

萧廷芝著有《老子大传·大道正统》(自序于 1260 年),似道家。

邓锜著有《道德真经三解》,大义谓 $\begin{cases} 道 —— 极简 \\ 德 —— 内丹(自序于 1298 年) \\ 经 —— 易 \end{cases}$

李道纯著有《道德会元》《清静经注》,私淑白玉蟾,自序于 1290 年,另有《三天易髓》《中和集》《全真集玄秘要》等。

杜道坚(1237—1318)著有《道德玄经原旨》及《发挥》《文子缵义》等。

王 玠

王玠字道渊,号混然子,南昌修化人(实指修水,由修水县流经武宁、永修入赣江,近南昌及鄱阳湖)。生当元末明初,以修内丹为主,时已结合南北宗,仍以南宗为主。有意私淑李道纯,为李之(一)《三天易髓》校正,(二)《语录》作后序。李注(三)《消灾护命妙经》,王亦注之(2—588),内容相似。李注(四)《清静经》,王亦注之,大义亦相似,可见其道有所继承道纯。然生前相距数十年,未必能亲见道纯。除以上四处外,另有注(五)《阴符经》,一名《夹颂解注》,凡三卷。自序中已及全真言,取精气神三全及"收视则神真,返听则精真,缄言则气真"。此三全真自然混融于中,真火锻炼,结成金胎,十月已足,阴尽阳纯。当此时脱胎神化,变现无方,超出生死之外,永为金刚不坏之身,此所以为还丹者也。既可理解王所认识的《阴符经》,亦可理解王对内丹及全真的认识,大义仍似李道纯,惜此注尚未及究竟。(六)《崔公入药镜注解》,末附"挂金学"五首,凡一更至五更修炼时之具体情况,殊可参考(2—881),犹五步深入。(七)《青天歌注释》(2—891),时南北宗已合,故又取丘真人之《青天歌》注之。此歌李道纯即未注,然大义亦可通。(八)《还真集》(24—97)为道渊之主要作品,前有张宇初序于洪武壬申(1392),谓其徒袁文逸自吴来携此书问序,则道渊当仍健在(吴指苏州,当江南茅山一带,当时道教盛行),基本可代表明初时以南宗为主之内丹。(九)《道玄篇》全书五十五章,每章约五十余字,章目如大道章、人物章、龙虎章、寄禅章、感应章等等。

《林屋山人沁园春丹词注解》阐释

　　《沁园春》丹词,传说为唐代的吕纯阳真人所作。宋后注解者极多,虽或有附会,而于丹法各有所见,不必加以是非。宋末林屋山人俞琰(1258—1324?)有注解,时代尚早,内容更有所据,贵在确能反身自悟。俞氏字玉吾,吴人,善读《易》,著有《周易集说》、《读易举要》等,泰定甲子(1324)仍在抄录李心传《丙子学易编》,此书赖之以传,其后来未可考。于二十四岁时宋亡,元征授温州学录不赴,旋转儒入道,隐居于洞庭西山的林屋洞,故晚号林屋山人。其成《参同契注》,当至元甲申(1284),继之注此丹词,有总结丹法之义。弟子三山王都中题:"大药无过精气神,要枢总在《沁园春》,先生深合纯阳意,尽把玄机说与人。"时值元贞乙未(1295),俞氏正当精力充沛之年。然原词既难理解,俞注亦非今人能读,特为阐释。

　　《沁园春》丹词,仅一百十四字,先录原文:

　　　　七返还丹,在人先须炼己待时。正一阳初动,中宵漏永,温温铅鼎,光透帘帷。造化争驰,虎龙交媾,进火功夫牛斗危。曲江上见,月华莹净,有个乌飞。当时自饮刀圭,又谁信无中养就儿。辨水源清浊,木金间隔,不因师指,此事争知。道要玄微,天机深远,下手速修犹太迟。蓬莱路,伙三千行满,独步云归。

至于林屋山人的注解,可参阅《道藏》"成"字下六(见涵芬楼本第六十册)。本文用今人语言重加组织以阐释《沁园春》丹词,则可明白锻炼气功必须遵循的步骤。

中国传统说明丹法,早已利用数字。每一数字各有所代表的各种固定含义。汉末《参同契》已言"九还七返,八归六居",故此词首句"七返还丹",就是继承《参同契》丹法而来。欲得此七返九还之丹,"在人先须炼己待时"。阅读这一句,对"炼己"的"己","待时"的"时",应当有明确的概念。"己"者,指炼气功者本人,最重要的关键应自己了解自己的"生物钟"。"在人"自有其"生物钟",与其他生物有同有异。"生物钟"于人类中大体相似,然每人亦各有小异,此宜以中医所重视的脉象当之。当了解自己的"生物钟"后,方能待客观的时间,此客观的时间,就是当"中宵漏永"。"中宵"指夜半子时。自汉代起,早已利用《周易》中的十二消息卦以当十二时,凡亥时(今时钟为 21 时至 23 时)为纯阴坤卦,子时(23 时至翌朝 1 时)为"一阳初动"的复卦。

当年计时用铜壶滴漏,夜半仅滴水及半,滴尽尚早,故曰"漏永"。而"炼己"者当其时,因已及半,自然有成,可待得客观的时间。外内结合,方可感觉到体内有"温温铅鼎,光透帘帷"的现象。如每日必于子时得此现象,则传统术语叫"死子时";于任何时炼气功,"炼己"及半莫不有此现象,则叫"活子时"。暂不论死活的作用,更当说明子时的感觉。"温温"有热感,"铅鼎"用炼外丹的术语以譬喻内丹。鼎为烹饪器,"铅鼎"者,鼎中置铅以烹之。且须烹汞,故外丹又名铅汞之术,今合于体内,犹以身体为实验室。"铅鼎"者,犹炼精化气,指藏于下丹田中的精,经"温温铅鼎"的自然加热,其精亦自然化气而冉冉上升。且上升之极，气可化光而"光透帘帷"。"帘帷"指垂帘之目，就是"炼己"时当眼皮下垂，然须留一缝而不可紧闭，乃当炼精化气后，就有"光透帘帷"的现象。以上为"炼己"的第一步成就。

林屋山人注曰："或者乍见此景而惊讶，以为奇异，则心动而神散矣。欲望成丹，不亦远乎。"是注极好，非过来人，何能知此。料想俞氏第一次乍见此景，或亦不能不惊讶。然能神散而又聚之，当屡见后，自然可不以为奇异，乃日近成丹。

或能有此初步成就，又当掌握"死活子时"的变化。此唯王船山能彻底了解，他在《后愚鼓乐·译梦十六阕》第四阕注曰："谓有活子时者，将有死子时乎。大挠以前，主活字不得。"义谓大挠造甲子后，始有客观时间的坐标，则死子时自然存在而亦无所谓死子时。然既有客观的坐标，炼己者何能全同，故必有取活子时而亦无所谓活子时。能通贯死活之执而归诸大挠前后，则知必有不变的坐标，始可论相对于坐标的变化。炼己者达此"光透帘帷"的成就，庶能谓之已有坐标于身，乃可更上一层楼。

至于"光透帘帷"的现象，实与炼己者丝毫无关，所以由不自觉变成自觉而已，亦就是能进一步了解自己。然当既交"人在气中"与"气在人中"的气，又可体味到"造化争驰，虎龙交媾"的现象。《庄子·人间世》有言："瞻彼阕者，虚室生白，吉祥止止。夫且不止，是之谓坐驰。"合诸此丹词论，第一步"光透帘帷"的成就，犹"瞻彼阕者，虚室生白"，于理当可"吉祥止止"。然事实上，此"光透帘帷"的光，并不是静止的，故有"坐驰"的专门名词。"坐驰"的实质，仍宜以"炼己"的"己"与"待时"的"时"加以分辨。其于时，虽漏永而仍在漏；其于己，己温温而仍在加热。上引俞氏注所谓心动神散，就是为光所惊异而忘却了在己本身应有的"温温铅鼎"，亦就是《参同契》所谓"五金之主，北方河车"。如能不为"光透帘帷"所惑，则"漏永"与"温温"相结合，自然体味到"造化争驰"的不止。由不止以止之，又可体味到"虎龙交媾"的结合。龙于时为"角亢氐房心尾箕"东方七宿，虎于时为"奎娄胃昴毕觜参"西方七宿。一九七八年在湖北襄阳地区发掘的战国曾侯乙墓中出土编钟，钟上刻有纪年为楚惠王五十六年（前 433），故下葬时间可能即在此年或稍晚。同处出土一只漆箱，箱面上已画了龙虎的形象及二十八宿与北斗的星象。证明了中国取"角"等七个星座象龙，"奎"等七个星座象虎，其来甚古，作用为以恒星的星象计时。当春夏傍晚见到了龙象，就见不到虎象；秋冬傍晚见到了虎象，就见不到龙象。《诗经·七月》"七月流火，九月授衣"，"火"指东方七宿中的"心"宿，就是说明龙象将流去而天将寒冷，宜准备授衣过冬。故虽不能同时见到二十八宿，必须了解其整体的运行。以龙虎反诸身，于己亦有所主。春当肝木主血为龙，秋当肺金主气为虎。故"虎龙交媾"既指天时春秋的变化，于炼己者则指气血的交流。且既合外内而见光，又将交媾春秋以合气血。气以动血，血以动气，交媾不已，是谓"进火功夫"。练习气功时，实以进火为最困难的阶段，故丹词曰"牛斗危"。

牛、斗亦为两个星座之名，是继"角亢氐房心尾箕"而渐见"斗牛女虚危室壁"。《参同契》"始于东北箕斗之乡"，就是依次而言。谓由东方龙象，将渐及北方玄武之象。然此丹词依牛斗为次，故与《参同契》有顺逆之异。亦就是已取"恒星东移"之象，将由北方牛斗而及东方箕尾。故危字作危险解，并不指"危"星座。或能逆知岁差之理以反诸身，如无其德而进火太甚，的确很危险，病源全在"进火功夫"。欲免此危，当据炼己者的客观事实。这就要求善于掌握顺逆之次。或箕斗以减火，或牛斗以增火，增减适度，使温温的温度，有升降而必保持在某一限度之中，则其危可免。既免此危后，为第二步的成就。故第一步的成就，贵在全任自然；第二步的成就，贵在自己能掌握进火的火候。这一步功夫，为炼气化神的阶段，即《周易·系辞》所谓"神而明之，存乎其人"。其人的神明，应当正确研究并体验气功的作用。《参同契》有言："昼夜不卧寐，晦朔未尝休，身体日疲倦，恍惚状若痴，百脉鼎沸驰,不得清澄居。累土立坛宇,朝暮敬祭祀,鬼物见形象,梦寐感慨之。心欢而意悦,自谓必延期,遽以夭命死,腐露其形骸,举措辄有违,悖逆失枢机。诸术甚众多,千条有万余,前却违黄老,曲折戾九都,明者省厥旨,旷然知所由。"说得非常明白,何可进火太甚。能悟其象,则知其危;得其理,则知火候。其人善用其顺逆,庶可谓之神明。

得以上两步的成就,可使河车运行在曲江之上。曲江的意义,指水温有变而江为之曲。且江水不可不曲,然决不可百脉沸驰而洪水泛滥。能济此水火,则运行自如而清澄可居,终能见莹净的月华,及有个日中的三足乌在飞。此于体内已由变动的东西成为有极的南北,即肺气肝血的辗转,成为心火肾水的心息相依。"当时自饮刀圭"指阴阳两极相交于中央脾土。《参同契·鼎器歌》曰:"若达此,会乾坤,刀圭沾,静魄魂。"刀圭者,量取药物的用具,数量极微,引申指一些子而已。圭取阴阳两土相合的中央一点,故刀圭亦可谓无,此步功夫,名之曰炼神还虚。然自饮一些子近于无的刀圭,自然能在虚中凝聚精气神而于"无中养就儿"。儿指人参天地而生的生气。因精气神可由实化虚,更可由虚成实,而生气兼及虚实之中,故能"无中养就儿"方为炼气功的究竟。气功确可开发人的智能,由心息相依而增长大量脑细胞的活力,使人的精神面貌永葆青春,此为第三步的成就。

合上三步功夫,就是"七返还丹",终于"无中养就儿"。历代认为这是最不可思议的事,更有与世俗的养儿育女同论。"性教育"与修"炼己待时"的"七返还丹"决不是一回事,俞氏注已明此义。老子所谓"修之身,其德乃真",当成就第一步功夫,就不同于世俗,既待得客观的时间,如《庄子·逍遥游》所论述的大小知与大小年的知识,相当现在讲的宏观与微观,即有种种不同的时空数量级。故"山中方七日,世上已千年"的概念,在道教中本以为神秘所在,今已可用科学知识加以认识。尤其是炼气功而达到"光透帘帷",即有自觉仅一刹那,其实已过了两小时;亦有自觉极舒服,已休息了很久,其实仅一二分钟,这就是时间间隔的变化。继而达到第二步成就而免其危,则已能运用死活子时的变化而深入对微观空间的认识,认识过程全部由人的神经细胞在司其事。俞氏注"道要玄微"仅以"交媾"、"进火"二者当之,体验得极深刻,惜当时尚无"微观空间"的名词。老子曰"视之不见曰夷,听之不闻曰希,抟之不得曰微",就是指超感觉的微观空间。当炼己的己,己及神经细胞的时空数量级,相应于客观的时间,亦可由活子时而进入微观世界。故"交媾"与"进火"所用的时空,与世人所应用的时空,于数量级的差距非常明显。凡"进火"宜用本人所能达到的时空数量级,方能免其危。又"天机深远",俞氏注仅以"死子时"当之,而王船山用大挠之前的情况比之。唯俞氏注此丹词,能引及《离骚·远游篇》以明"炼己待时",而王船山所体验的气功亦由此入门,且由之而得死活子时之蕴,又为王氏气功的特点。今合二家的丹法,又可利用微观空间的概念,方能说明第三步"无中养就儿"的功夫,是具体的微观空间中的形象,故"养就儿"并不奇异。"养就"的"儿",有种种不同的能量。宜丹词继之曰:"辨水源清浊,木金间隔,不因师指,此事争知。"读此可见师之所指,其要有二:一、"辨水源清浊",当进行第一步功夫时,以"透帘帷"的"光"辨之,凡水源清浊与光色纯杂一一相应,直至第三步心息相依的功夫,故当时时辨之,此见"天机深远";二、"木金间隔",当进行第二步功夫时,以春木秋金的"虎龙交媾",可见炼己者的气血运行,且应兼及进火,亦直接有与于"无中养就儿"的能量。

　　凡能视此三步功夫的虚实生生,当自知"下手速修犹太迟"的客观事实。因"在人"修此三步"七返还丹"的功夫,必"仗三千行满"。三千云者,指三千次炼习气功,且有客观的时间坐标,当以一日一次计,则一年仅三百六十五次,故三千次须八年余,整数为九年方能行满。《庄子·寓言》:"颜成子游谓东郭子綦曰:自吾闻子之言,一年而野,二年而从,三年而通,四年而物,五年而来,六年而鬼入,七年而天成,八年而不知死不知生,九年而大妙。"此丹词所谓"蓬莱路"、"独步云归"的形象,正合此"大妙"之境。俞氏注:"始而易气,次而易血,次而易脉,次而易肉,次而易髓,次而易筋,次而易骨,次而易发,次而易形。"则以外形言。虽外形与内心的变化皆未可必,然有其变化的事实,似可无疑。

论《玄教大公案》

　　《玄教大公案》二卷,元实庵先生苗太素举,门人诚庵王志道集。前有诚庵序,时当泰定甲子(1324)。此书属南宗要典,苗太素为李清庵道纯之弟子,道统有所同,亦能有所发展。而南宗之理,自王志道后似将归于正一,部分亦归于全真。李道纯著《道德会元》,自序于至元庚寅(1290),正相差一代。李已用禅机解老,此书正其继续,其后更无其他文献。

　　考中国学者之睿思,自汉魏以后兼在三教之中。梁武帝(502—548 在位)时有达磨来,语佛法不合而渡江北游。今知少林寺建成于公元 495 年,达磨曾于公元 516 年(天监十五年)参观洛阳永宁大寺(见《洛阳伽蓝记》),则片苇渡江如属实,当在梁天监十五年前。然据《传法正宗记五》记载,达磨于普通元年(520)至广州建业,不合而北游,则时间有矛盾,某一记载当有误。亦有疑及是否有达磨其人,此皆暂可勿论。至嵩山之少室山,即面壁数年而成,有传道者,约当公元 528 年西去。由是起禅思初兴,虽然,未必全起于佛教,中国传统之思维早已融入其中。百余年后及六祖(638—713)继之而南,情况更有不同,犹老庄玄学之进一步转机,唐代上清之道固亦内含其机,如《五厨经》等。其后由一花而五叶,实当禅学之黄金时代,乃兼取易理之变。唐末五代的禅师,确属不可多得,乃特定时空条件下的重要人物。然可一而不可再,可遇而不可求,再识种种禅机,莫不失效,空增后学之遐思。而有悟之禅师禅机,于宋后未能再出,实使学佛者感叹无已。且其思潮之变化,迄今未闻为之说明。依史实而求其故,当兼及三教而言,仅于佛教内部,决不能得见禅宗衰落之原因。今合诸儒道言,凡六祖之禅机,莫非须达无体而更见当下之用,是正黄老易理之蕴。惜固执《周易》文字而未知易象者,决不能知之。唯其时有陈抟(?—989)出,其画出先天图全本禅机,凡五叶之始创者皆在其前,如沩(771—853)、仰(807—958)、曹(840—901)、洞(807—869)、临济义玄(?—867)、云门(864—949)、文益(885—958)。故以先天图之象以观禅机,莫不可纳入其中(另详)。陈抟仙逝八十年后,有张伯端悟道于成都,实即以先天图结合于《参同契》而归诸雪窦禅师(980—1051)之机。而雪窦继汾阳善昭(947—1024)同作"颂古",实见禅机已终极而未能再有所发展。杨歧派圆悟克勤(1069—1135)进一步完成《碧岩录》,而禅宗已无活力。唯大慧宗杲(1089—1163)知之而特毁《碧岩录》之板,奈何早已流传。且继之者尚有其人,则何能再得有悟之禅师禅机。惜近千年来道教乏人重视,尤其对南宗所习者更少,且不知以禅机研习《悟真篇》。因自张伯端后羽士中必多知禅机者,有内丹基础而悟禅机,始可不同于口头禅与文字禅。今于白玉蟾后得王金蟾为六祖,李道纯为七祖,作此《玄教大公案》之苗太素为八祖。凡李之《道德会元》、苗之此书,全部在谈禅机,且能一反佛教"颂古敲唱"之风,直探玄教之机,此于人类之思维又进一层,要在能合诸人体之生理现象。观中峰明本(1263—1323)著有《广录》,不可谓不知禅机,然仍在思虑"沩仰之谨严、曹洞之细密、临济之痛快、云门之高古、法眼之简明",则何能更见当下。今此书之妙即能脱颖而出,惜元后北宗盛行,南宗亦乏继之者。而有识之羽士,于结合南北宗后,仍有其所长。此书凡升堂明古六十四则,总结于三极则,三犹以显三才之整体。皆以"珍重、珍重"作结,愿有缘读此者自勉之。

论《性命圭旨》及其口诀

　　《明史·艺文志》有"尹真人《性命圭旨》四卷"，其为明代作品无疑。然尹真人的情况了无所知，且据原书，全文系其弟子笔录，弟子的姓名事迹等更无记述。凡道教文献每有此作风，大半不愿以确切的时空示人。后人读其书者反欣赏其神秘感，非但听之任之，或进一步神化之，乃造成道教作品时代背景的混乱。若此《性命圭旨》，对作者尹真人及其弟子早有无稽之说，认为是极早的得道者，此绝不可取。幸距今的时间尚近，且留有刻书的缘起，故作者的具体情况虽不知，而确切的时代背景犹可考见。今日读其书者，必先了解其成书的原委，方可究其可贵的内容。

　　此书的早期刻本有二，一当明万历时，一当清康熙时。于康熙后则翻刻甚多，已不必详考。于万历刻本前，留有《刻性命圭旨缘起》一文。作者佘永宁，字常吉，号震初子，新安人。此文作于万历乙卯（1615），说明此书的来源："里有吴思鸣氏，得《性命圭旨》于新安唐太史家，盖尹真人高第弟子所述也。藏之有年，一日出示丰于居士，居士见而悦之，谓其节次功夫咸臻玄妙，而绘图立说尤见精工，诚玄门之秘典也。因相与公诸同志，欲予一言为引。……予不负其流通善念，并

180

思鸣氏宝藏初心,遂述缘起,质之有道。"则此书的出处未尝神秘,来源于明代新安唐太史家中,后为同里吴思鸣氏所收藏,若干年后示于丰于居士而善之,因为之刻印。且由吴思鸣氏本人收藏及本人示诸丰于居士,虽曰藏之有年,亦至多数十年。极可能当时有深通三教理论并能体诸身者,作此《性命圭旨》乃隐名而归诸其师,其师可能确姓尹,亦不一定姓尹。又隐其一切,仅以尹真人称之,尹似有尹喜之象。故称尹真人者,示其为老子的嫡传。书成未久,即有某种关系为新安唐太史所得,继之又为吴思鸣氏所收藏,实当时的新作。这一情况,可于原书中得到证明。详读书中所引述的诸真口诀,因兼及儒释道三教而年代可确定者,有三位明代深通修养的儒士,其口诀亦为此书引及。先录三位儒士的生卒年:

一、陈献章(白沙)——宣德三年生,弘治十三年卒(1428—1500)。

二、胡居仁(敬斋)——宣德九年生,成化二十年卒(1434—1484)。

三、罗洪先(念庵)——弘治十七年生,嘉靖四十三年卒(1504—1564)。

由此可确知作此《性命圭旨》之时,不早于嘉靖(1522—1566),约当隆庆(1567—1572),迟则在万历(1573—1620)初,否则何能引及念庵之言。迨万历十年左右,或已在唐太史家,亦可能已为吴思鸣氏所收藏。于万历四十三年(1615),将刊行而佘常吉为作《缘起》,时间殊能吻合。刻本于《缘起》后,尚载有常吉的友人邹元标(1551—1624)题词。元标的一生,《明史》有传,考中万历五年(1577)进士,与张居正不合,旋家食垂三十年。此题词本《缘起》而作,时间相近,正居家之时。元标江西吉水人,与念庵同里。准上述事实,可推知作此《性命圭旨》者,年龄在念庵与元标之间,生前徘徊于贵溪龙虎山的外围。因此书不属于天师道,当属于南昌西山派的支流,唯其重视入世的道德品质,宜书成而能归于新安唐太史家。新安指浙江上游的新安江,以明代的新安卫论,即今安徽歙县。这一地区道教本盛行,今于休宁齐云山尚多遗迹可考。在万历初,世人必多了解此书作者的情况,经收藏若干年后,作者或已羽化,此书始可有神秘感。考于北宋初在南昌西山,早已兴起不取符箓而重视内修的道教教派。元代结合南北宗,这一教派进一步发展三教合一之理,及嘉靖前后时空条件更为成熟。以儒论,王阳明(1472—1528)本诸内修的学说已风行。以佛论,禅机渐衰,僧人多注意老庄及易理,如有名的莲池(1535—1615)、紫柏(1543—1603)、憨山(1546—1623)、蕅益(1599—1655)四大师,莫不在时代风尚兼及三教理论的原则下,更发展净土与天台的教义。宜憨山著有《道德经解》、《庄子内篇论》,蕅益著有《周易禅解》等。以道论,特色在象数、符箓与炼丹等,专以内修为主。自陶弘景起已取三教合一的理论视为道教的理论,及南北宗兴,更成为基本的概念。合诸明中叶后的时代思潮,道教中成此《性命圭旨》实为时代所须。然道教有取于佛教之理,亦因时代而有变化。陶弘景有取于佛教之理,实以"般若"为主;南宗张伯端,则以"禅机"为主;北宗王重阳,于"禅机"外,又以"律宗"为主;及此明代的尹真人,则更有"密宗"之象。凡能深入体验道教之最高神境,尤不可不知由三教合一之名,以得三教合一之实。且自此书刊行以来将近四百年,经过神化尹真人后,此书竟成为道教内修的主要文献。今必当合诸时代背景,则尹真人弟子此书与莲池大师之发展净土,既属同时代的作品,确有其极相似的归宿处。

有此认识基础,自然能深入体验此书的可贵处及其得失。佘常吉及邹元标的二文,对此书已有深刻的评价。先录原文于下:

常吉曰:"予既从事圣修,雅尚圆极一乘,不谈此道久矣。以其所操说者,无非为色身计也。色身有限,法性无边,夫安得大修行人,以法界为身者,而与之谈性命哉! 舍法界无性命,亦无身心。如法圆修,直绍人天师种,彼以七尺为躯,一腔论心者,纵有修持,皆结业耳,于一超直入无当焉。闻之师云,修行法门有二种:一从法界归摄色身,一从色身透出法界。从法界摄色身,《华严》尚矣。从色身出法界,《楞严》诸经有焉。《圭旨》所陈,大都从色身而出者。夫果出法界矣,方且粉碎虚空,有甚身心可论。因指见月,得道忘筌,是在善修者自契。居士流通之意,无亦见及此欤!"

元标曰:"友人佘常吉为明德宗孙,而于玄教不无少抑。谓其所重者我身,即长生久视,终不离寿者相也,其见确已。乃独于是书而引之,谆谆然指人一超直入,以绍人天师种,岂其无故而漫云然,夫有所受之也。则由长生而达生生,以生生而证无生,奚不可者。殊途同归,百虑一致,道岂有二乎哉。"

按常吉、元标之言,可云深通佛道之理,亦见明代儒士之兴趣所在。能认识一超直入,未可谓非禅机。常吉视《华严》为从法界摄色身,视《楞严》为色身出法界,实有所得。此书所陈,列入从色身出,且勉以粉碎虚空。唯于此点,元标序中认为常吉"于玄教不无少抑",乃未变常吉之义而改其言曰:"由长生而达生生,以生生而证无生,奚不可者。"则确已见及道教之三教合一,对此书又有进一步认识,所谓"殊途同归,百虑一致,道岂有二乎哉"。凡道贵有生于无,然虚无的虚空岂顽空可比,有无之间有出有入,"是在善修者自契"。常吉提出"自契"二字,仍足为今日读《性命圭旨》者所应深思。

总上所述,可概见成书及初刻时的情况,当时对此书的认识已极精深。刻后数十年,知此书者日众,奈何流传仍未广。况经明清之变,更令人幻想此书而难得。幸殷君藏有明刻本,乃出示诸君重为剞劂,且问序于清初有名的学者尤侗(1618—1704),侗为之序于康熙己酉(1669)。虽与初刻本仅相隔五十余年,而世事已有大变,尤侗的观点,亦不同于常吉、元标之旨。侗曰:"自三教鼎立,异说聱牙,隐若敌国,日相撞也。是书独揭大道,而儒释妙义,发挥旁通。要之以中,合之以一,而尽性至命之理,殊途同归。微独柱下五千,隐括靡遗,并六十四卦、四十二章,无不累若贯珠矣。"读此可喻明代儒士能深入三教之蕴以论其所达到的境界,及清已不复存此思潮。宜取三教合一之神作为道教内修之鹄的者,自此书后在清代殊无更高之发展。这一问题,对自然的认识,要在对人体本身之深入体验。清代的思想文化,远不及明代的思想文化,康熙时尚能保存一部分,由康熙而雍正、乾隆,更一落千丈。宜数百年来,于道教内修的文献,亦仅能止于《性命圭旨》而未见境界更高者,斯为可悲的现象,道教衰于清,似非偶然。

若尤侗能点出此书的精要,其言曰:"至其精要,尤在真意一说。盖人身真意,是为真土。动极而静,此意属阴,是为己土;静极而动,此意属阳,是为戊土。炼己土者,得离日之汞;炼戊土者,得坎月之铅。铅汞既归,金丹自结。戊己者,重土之象也,斯其有取于圭旨乎。"此论重土之旨,殊有所得,亦为一般的修炼基础,《参同契·鼎器歌》曰"饮刀圭"是其象。奈何知圭旨而未知性命,此清儒之所以逊于明儒也。

有此具体的认识基础,方能讨论《性命圭旨》之得失及今日应如何读其书,以取其长。

此书共分四卷,以元亨利贞名之。元集为总纲,宜反复参考。如"性命说"等,尤当常读,可有益于反身体验所得之象。且略读细读所得,全不相同,重要之说,以细读为是。至于此书的图与文,所以论象,象则变化多端,何可妄信之,亦何可妄疑之,不妨成其象,究其理,以体验证实之。至于具体的锻炼法,在以下三集。凡亨利贞各分三节,计有口诀九,每一口诀用八个字。此七十二字,字字有所指,可云道教内修的精华。全部录之:

亨集第一节口诀　　涵养本原，救护命宝。

　　第二节口诀　　安神祖窍，翕聚先天。

　　第三节口诀　　蛰藏气穴，众妙归根。

利集第四节口诀　　天人合发，采药归壶。

　　第五节口诀　　乾坤交媾，去矿留金。

　　第六节口诀　　灵丹入鼎，长养圣胎。

贞集第七节口诀　　婴儿现形，出离苦海。

　　第八节口诀　　移神内院，端拱冥心。

　　第九节口诀　　本体虚空，超出三界。

　　能对此九个口诀深入认识其实质，庶见"性命"双修的"圭旨"。以下略为初读者解之，凡第一口诀之上句明性，下句明命。第二口诀在论性，第三口诀在论命。以上三个口诀，属内向阶段。第四口诀指命，第五口诀指性，第六口诀兼修性命。以上三个口诀，属外向阶段。第七口诀已完成"性命双修"，第八口诀主性，第九口诀主命。以上三个口诀，内外早已结合。其间最神妙处，此九个口诀不必顺其次，或能由九而八，是犹粉碎虚空，则利集的三个口诀，亦可放在亨集的三个口诀之前。何况九个口诀的种种变化不一而足，贵在修炼者"自契"。"自契"的方法应该反复细读第一集的总纲，由是以渐悟活用九个口诀之次，殊可作为此书的读法。特为慎重指出，愿与今日有志于依据道教理论研习气功者共勉之。

论张三丰

民间传说之道教人物,愈传愈盛。究其根基大凡平淡无奇,幸则尚有根可稽,亦多无根可考。此研究民俗学者常遇之事,毫不奇怪。今论张三丰,基本是此类人物。产生在明初,明以前之记载绝不能考。所以盛传者,起于明朝开国皇帝朱元璋,由朱元璋之宣传,民间安得不流行。故论张三丰当从明初说起。先录《明史·方伎传》:

张三丰,辽东懿州人。名全一,一名君宝,三丰其号也。以其不饰边幅,又号张邋遢。颀而伟,龟形鹤背,大耳圆目,须髯如戟。寒暑惟一衲一蓑,所啖升斗辄尽,或数日一食,或数月不食。书经目不忘,游处无恒,或云能一日千里。善嬉谐,旁若无人。尝游武当诸岩壑,语人曰:此山异日必大兴。时五龙、南岩、紫霄俱毁于兵,三丰与其徒去荆榛,辟瓦砾,创草庐居之,已而舍去。

太祖故闻其名,洪武二十四年遣使觅之不得。后居宝鸡之金台观,一日自言当死,留颂而逝。县人共棺殓之。及葬,闻棺内有声,启视则复活。乃游四川,见蜀献王。复入武当,历襄、汉,踪迹益奇幻。

永乐中,成祖遣给事中胡濙偕内侍朱祥赍赏玺书香币往访。遍历荒徼,积数年不遇。乃命工部侍郎郭琎、隆平侯张信等,督丁夫三十余万人,大营武当宫观,费以百万计。既成,赐名太和太岳山,设官铸印以守,竟符三丰言。

或言三丰金时人,元初与刘秉忠(1216—1274)同师,后学道于鹿邑之太清宫,然皆不可考。天顺三年,英宗赐诰,赠为通微显化真人,终莫测其存亡也。

凡传说之张三丰,其根已尽于此。今宜据此而详为说明民间盛传张三丰之种种形象。

其一,须说明是否有张三丰其人。可认为其人或可有,且其人之名已闻于朱元璋。唯必须了解朱元璋实未见其人,于"洪武二十四年(1391)遣使觅之不得"。只有一重要之比喻,即民间于陈抟之传说,亦奇而又奇。然陈抟曾亲见宋太宗确为事实,年百岁左右卒于端拱二年(989),亦信而有征。故陈抟虽比张三丰早四百年,反可据实而考察民间传说之来源。而张三丰其人,无真实之事迹。闻于朱元璋者已属传说,而其传说未见有证实者,亦未闻确与张三丰相见者及其真实之弟子等。此所以未能确信其人,当未得洪武二十四年前之真实资料,只能以传说人物视之,其人或可有。

其二,张三丰之年龄。当洪武二十四年已遣使觅之,且未闻其为英俊少年之形象,则定为老者。使之合乎人情而已属多见者,以百岁论,乃生于元初(1292—1391)。然当时之传说,认为是金时人,与刘秉忠同师。秉忠为真实人物,生卒年当金宣宗贞祐四年至元世祖至元十一年(1216—1274),则张三丰如与刘秉忠同师,作同年论,其年纪为一百七十五岁。然有关刘秉忠之文献中,如确已提及张三丰,尚可进一步研究,奈何未尝有其事。《明史》中亦仅记其传说,并未信之,故曰"然皆不可考"。更以人类之寿命论,百岁已鲜,百岁以上未尝无,然比例极少。以仙道言,记录中不乏有长达数百岁者,此皆宗教传说人物。庄子以大年小年观之,若彭祖数百岁之寿,"众人匹之,不亦悲乎",况未及二百岁,当然极平常。惟以宗教人物观之,如以真实人物观之,不可不严为分辨,故《明史》尚不信其为一百七十五岁。及清康熙时人汪梦九总结数百年的传说为编张三丰年谱,否定金时人、元末人、明初人而定为元初人,生于元定宗丁未(1249)四月初九子时,则是时为一百四十三岁。此纯属无稽之谈,殊难相信。以常情断之,或实有其人,当不满百岁。

其三,具体史迹。疑无宝鸡金台观死而复活事。所以有此传说,欲以免朱元璋之深究其实。至于"游四川,见蜀献王。复入武当,历襄、汉,踪迹益奇幻",为仅有可征实之踪迹。所谓"踪迹益奇幻"乃指死而复活,则或在蜀、或在襄汉为奇幻。其实,唯此尚略有不可深信之事迹。今于《张三丰全集》中,仅蜀献王椿有二诗为张三丰作,则亦仅朱椿一人曾亲见张三丰。其诗录于下:

赠张三丰先生

忆昔蓬莱阆苑春,欢声未尽海扬尘。

恢宏事业无多子,零落亲朋有几人。

失马塞翁知是福,牧牛仙子慕全真。

吾师深得留侯术,善养丹田保谷神。

送张三丰先生遨游

昔观太极图,阴阳有反复。

元气止于坤,天心又来复。

我皇振戎衣,群真佐命出。

画桶周颠仙,吹笙冷协律。

张氏尤多才,各负英灵骨。

临山有铁冠,平阳产金箔。

先生与之三,高风更卓卓。

众人皆有为,老翁竟无欲。

唐虞今在兹,巢由独快乐。

何我治心方,得公延命药。

海天万里游,因缘容后续。

有关张三丰事迹的记载,现在能看到的最早的是明代祝允明《野记》、都穆《都公谈纂》、徐祯《异林》和陆深《玉堂漫笔》,他们都是弘治朝人。著作中提到张三丰事迹,也已是传闻。只有祝允明提到冷谦所作《仙弈图》上有张三丰题词"张题及谦终事,第云:天朝维新,君有画鹤之诬,隐壁仙逝。予方将访君于十洲三岛。恐后人不识奇仙异笔,混之凡流,故识此",并说亲眼见过此图。其他事迹都有闻而无征。明初太祖、成祖都下诏寻访过张三丰,成祖更大兴武当山,这一切会给人们留下深刻印象。到了天顺三年(1459),明英宗又赐诰,赠张三丰为"通微显化真人",对张三丰的信仰再一次热起来。弘治年间离天顺只二三十年,时人对张三丰的传说一定十分热衷,故文人笔记中纷纷记载。

张三丰其人其事大都为传说,则现在我们见到的署名为张三丰的著作,便颇有问题。明显的证据是明《正统道藏》中一篇也没收。按张三丰在明初的声望,在编纂《道藏》的正统年间的威名,先是张宇初,后是邵以正都"失收"他的著作入《道藏》,那是说不过去的。只有一种解释,就是现在托名张三丰的著作,大都为扶乩所得或后人伪托。《张三丰全集》的出现,则是清代雍正初年的事,到了道光年间西派创始人李涵虚又重新整理编纂,后收入二仙庵的《道藏辑要》,才广泛流传。这样张三丰的著作可说是真伪莫辨。然而道教史上多的是这样的事例,只能权且以此作为张三丰的著作来研究。要指出的是《大道论》、《无根树道情》等篇,明人已见引用,当离张三丰思想实际更近些,更有价值。

张三丰主张三教一家,在《大道论》上篇中明确说:"予也不才,窃尝学览百家,理综三教,并知三教之同此一道也。儒离此道不成儒,佛离此道不成佛,仙离此道不成仙。"三教都统一在"道"的旗号之下。至于三教之间的相互关系,有更进一层的说明:"儒也者,行道济时者也。佛也者,悟道觉世者也。仙也者,藏道度人者也。各讲各的妙处,各讲各的好处,何必口舌是非哉? 夫道者,无非穷理尽性以至于命而已矣。孔子隐诸罕言,仙家畅言之,喻言之,字样多而道义微,故人不知耳。"三教的区别,只在功能的相异和表现形式的不一,实质都是"穷理尽性至于命"。对于历史上儒家的辟佛老,张三丰认为孔子只是鄙隐怪,排杨墨,并没攘斥佛老。至于韩愈、朱熹明确地排斥佛道,张三丰也辩解说,韩愈反对的是伪学佛老者,否则,他怎会与僧人道士交往、诗酒唱和呢? 朱熹少时出入佛道,老年时又对《参同契》特别感兴趣,"津津然以仙道为有味也"。由此证明,韩愈、朱熹所排斥的只是伪学佛老之流,否则其宣言和行事就自相矛盾了。

张三丰的内丹功法分为清修和双修两大部分。清修是对出家的道教徒说的,双修是对世俗的成年和老年人说的。他的清修功法主要体现在《玄机直讲》中,以修身养性、涵养道德立基,具体过程包括正念、胎息、河车、周天、结胎等步骤,继承了道教传统的修炼功法。从其师承渊源上说,来源于陈抟和陈致虚。《张三丰全集》卷一《道派》:"大道渊源始于老子,一传尹文始,五传而至三丰先生。……文始传麻衣,麻衣传希夷(即宋初陈抟),希夷传火龙,火龙传三丰。或以为隐仙派者,文始隐关令、隐太白,麻衣隐石堂、隐黄山,希夷隐太华,火龙隐终南,先生隐武当,此隐派之说也。"既是隐居修炼,当然是清修。《道统源流》说:"陈上阳(即元代陈致虚)先生传张三丰,名君宝,字玄玄。"陈致虚为全真道人，其丹法已结合南宗和北宗。故张三丰一派以后也被归入全真道，其丹法当然是清修。然而张三丰丹法中更有"阴阳双修"。传说内丹术兴起后，张伯端除了传授石泰一系的清修丹功外，还传了"阴阳双修"之术给刘永年、翁葆光，形成另一系。然此系由于种种原因，不显于史籍与道经，只在历史的地层下流传。至张三丰，才在《无根树道情》等著作中对"阴阳双修"作了肯定，为后来的"东派"、"西派"开了先河。

介绍《道藏》中收录的易著

易著的内容,可谓丰富多彩。于先秦时,各国有各国的易学,基本用于卜筮以显其哲理。能了解整体的易理,无碍于与卜筮有关,且不可不知易理实起源于卜筮。当战国时,各国各自发展的象数理论已极精深,方能适应当时的生产力。迨秦始皇统一天下,于三十四年(前213)有烧书令,"所不去者,医药卜筮种树之书",而儒家典籍莫不被焚。此毫无可疑的史迹,明确说明《易》非属儒家的文献,故能相传不绝。

秦有齐人杜田生及汉传《易》于关中而盛,此系齐鲁地区的易,大而言之,属黄河流域的易学。一九七三年得长沙马王堆三号汉墓中的帛书《周易》,此墓下葬于汉文帝前元十二年(前168)。《二篇》以卦为单位,基本与世传本相同,可证战国时《二篇》早有定本,而《十翼》大异者,庶见各国的易学不同。帛书本不用《序卦》为次,无《彖》、《象》、《杂卦》,《系辞》亦不全同,又合部分《说卦》,尚多一篇似《文言》的《二三子问》等。此当汉初长沙地区的传本,系楚文化,大而言之,属长江流域的易学。汉马司谈学《易》于杨何,何于元光元年(前134)被征,官大中大夫,然谈主黄老,可证易学本身未可为道或儒所限,亦不应为地域所限。凡读儒书者,未尝不可读《易》,故自武帝(前140—前87在位)尊儒术斥百家后,易学非但未被排斥,反而更受重视。而其内容渐为儒家的经学所囿,亦即《十翼》逐步固定。宣帝于甘露二年(前52)举行石渠阁集会,施、孟、梁丘三家易已名于时,继之京氏易同立学官。然孟、京易被视为异端者,实有取于《二篇》、《十翼》外之易理。今以长沙、阜阳等处出土的易学观之,如孟氏易的卦气、爻辰,京氏易的八宫、纳甲等等,与长江流域的易学有相通处。而后世以经学家观点视《易》,反取汉代未立学官的费氏易为主,必以《十翼》解《二篇》。于《十翼》中未言者,一概认为左道旁门;对卦象本身的次序、方位、取象等,既有《说卦》、《序卦》,不可作深入的研究。清代的汉易家,更有此失,且持此以否定宋易,完全忽视时代发展的事实。进一步核诸汉代史迹,亦非如是。今观《道藏》中收录的古籍,每有为儒家所忽视的各种易著。自汉迄明,略有保存,以见明代羽士对易学的认识。下以时代先后逐部介绍之:

一、《易林》十卷——见《续道藏》千上—兵下(千字文编目,下同)——〇———一〇四册(涵芬楼影印本册数,下同)。汉焦赣著。赣字延寿,或名字互易,梁人。赣为孟氏弟子,京氏之师,昭帝(前84—前74在位)时由郡吏举小黄令。然《汉书·艺文志》未载其书,或疑为王莽时人所著。全书取阴阳动静而回,经六爻组合之变,总数有四千有九十六种不同的形象。此形象的变化,全部合于大衍筮法,亦为以《周易》卜筮的最高阶段。分辨四千零九十六种不同情况,殊可探赜索隐,钩深致远。西汉时已具此规模,可喻社会结构的复杂,远胜于《二篇》之象。自汉迄今的易著,于筮占的变化并未超过此书,亦见二千年来的社会形势在我国无大变化。明万历时张国祥编《续道藏》而选入此书,正可反映当时的道教徒能重视变化的易象,亦可见明中叶后的社会已渐起动荡的情状。

二、《集注太玄经》六卷——见《道藏》心上—心下,八六〇—八六

193

二册。汉扬雄(前53—18)著。雄字子云,蜀人。草《太玄》于建平四年(前3)。宋司马光(1019—1086)重视其书,为著《集注太玄经》。温公可当后世之扬子云,视雄之学识胜过孟子。雄法《易》而著《太玄》,所以化阴阳二进位制成天地人三进位制;"参摹而四分之",即三之四次方,四当方州部家。以八十一首各分九,成七百二十九赞。合诸易义,首即卦,赞即爻。又以七百二十九赞分阴阳当昼夜为三百六十四点五日,另加踦赞、嬴赞各半日许以调整岁实,恰当周天日数,准之可记录时间。温公著《资治通鉴》,必须有明确的时间概念。《太玄》发展孟氏卦气图,对奇零的六日七分,化成昼夜的阴阳,且顺三才之自然变化,的确简而有当,宜为所重。凡玄首之次,准卦气而不准《序卦》,亦可证《太玄》属长江流域的易学而非黄河流域的易学。由二而三,对道教的三分法有直接影响,凡三清、三洞、九天等等皆是。

三、《太平经》——见《道藏》外上一入下,七四八—七五五册。此书为道教第一部经典,非一人一时的作品。内容丛杂,惜亡佚已多,原为一百七十卷,佚一百一十三卷,今仅存五十三卷,尚有后人所增入者。总述其旨,属佛教教义尚未传入前我国本有的各种信仰。最初的作品当在张道陵前,且三张所创立的五斗米道,属长江流域的巴蜀地区。此《太平经》的作者遍及全国,主要为黄老道所信奉,后为黄巾所取法。究其取法的理论,早在利用易学,如有关天文地势的易象合诸方位次序,用干支卦爻以记录时间等等,莫不引入。要而言之,盖本孟、京易而随意用之,可见《周易》在当时具体应用的情形。或忽略《太平经》中所依据的易义,仅知儒家所传的经义,实未了解《易》本属卜筮书。且阴阳五行之理殷周之际已结合,尚可能更早,必舍五行而求仅重阴阳的《周易》,未合当时的时代背景。以社会学、民俗学角度治《易》,于汉代当重此《太平经》。

四、《周易参同契分章通真义》三卷,卷首为《鼎器歌明镜图》——见《道藏》容上一容下,六二三—六二四册。原书为东汉魏伯阳著。魏与虞翻(170—239)同为会稽人。虞注《周易》引用其纳甲说,为虞易重要部分之一。汉魏后其学说同传至蜀。虞之易注,唐资州人李鼎祚于代宗元年(762)上《周易集解》而传出。魏之此书,后蜀孟昶时彭晓传出,彭自序《明镜图》于丁未(947)。《参同契》者,参犹三,所以契合《周易》、黄老、服食三者而同之,属长江流域的易学。凡纳甲爻辰、十二律吕、周流六虚等易象皆取之。且时在东汉,《序卦》早盛行,宜魏氏亦用"朝屯夜蒙"。全书准易象以象客观"日月运行"等自然现象,于外物取草茅八石可炼外丹,于反诸自身的气血可修内丹。当汉代尚未用内外丹的名词,而理已具备。合言炼丹必须有阴阳变化的步骤,以易象象之,正《周易》的一大应用处。《道藏》中有大量文献,每应用易象以象炼丹的情状,以今所存的文献考之,此书的时代最早。

以上四部汉代名著,尚继承先秦时不同地域的各种易义,义在发展《二篇》、《十翼》,亦即以象数为主,然每为经学家所轻视。明编《道藏》对易著不为经学所囿,以道为主而存此古籍,确可宝贵。以《四库总目》论,《易林》入子部术类二;《太玄》入子部术数类一;《周易参同契通真义》入子部道家类;《太平经》未收。更观其经部易类,竟始于伪中又伪的《子夏易传》,继之即东汉郑注辑本。可见欲推究易学之原,不可不涉经部以外的各种易著。如近代吴挚甫先生治《易》,得力于《太玄》;尚秉和先生治《易》,得力于《易林》;详考虞氏易否定马、郑之说,实据于《周易参同契》。故以易学论,应客观分析各种易著的得失,决不可以儒道是非之。

五、《皇极经世》十二卷——见《道藏》而上一贵上,七○五—七一八册。宋邵雍(1011—1077)著。雍字尧夫,河北范阳人,后定居于洛阳。于《易》发展陈抟(890?—989)先天图的象数。以卦次论,先天图全同二进位制,而《太玄》之次早已全同于三进位之次。且《太玄》法《易》而作,则阴阳二进位之次,在扬雄视之早已形成。惜先天图的卦象未传,以"无征不信"的观点论之,尚未可谓扬雄已见先天图。然自陈抟画出,迄今恰千年。完成卦象排列的科学化,正属宋易的特色。能使易理纳入科学范畴,陈抟实为关键人物。清代学者,每以道士轻视之,见识之陋令人浩叹。准陈抟易理,邵雍更发挥之而成此《皇极经世》,能进一步认识科学化的宏观时间,亦属划时代的名著。奈何近千年来,尚以小道视之,斤斤于某年当某卦以觇其吉凶,何其卑陋。拙于用大,何能见鲲鹏之化。明初《道藏》本的《皇极经世》尚能保存原书面目,列时间而未列卦象,弥觉可贵。迨牛无邪而张行成,始列入逐年的卦象;祝祕起,又有配卦象之例,以论张行成配卦象之未合,尤见其琐碎。幸有《道藏》本在,能显示邵雍之旨。特为指出,可见后世读此书之变化。

六、《易数钩隐图》三卷,附《遗论九事》——见《道藏》云上,七一册。宋刘牧撰,牧字长民,长安三衢人。范仲淹(989—1052)之弟子,后又入孙复(992—1057)之门。生卒年未详,以其师之年观之,当与邵雍之年相近。其《易》以数为主,亦间接出于陈抟。此书属宋易图书派之主要文献。全书叙述形成图书之过程,读之可了解卦象与九、十数之关系。

以上两部宋初名著,同属陈抟所传。此先天图书派的易学,所以产生于宋初者,因经唐末五代之乱,对儒释道三教的繁赜思想,当有概括的认识,宜于五代时禅师辈出。而对抽象的《周易》象数,亦有深入认识的必要。如此陈抟方能顺时代的需要而形成先天图书。至于九图十书、九书十图以当先后天之争,实非主要方面。后人不辨主次,因图书名实之变,反疑组合数学的基本原理及当时内含的精粹之思。迄今尚多轻视先天图书之学者,此完全为狭隘的经学思想所误。《道藏》能选此二书,殊合易学发展之理。

七、《太古集》四卷——见《道藏》友下,七九八册。金郝大通(1140—1212)著,成于大定十八年(1178)。郝为北七真之一,属华山派,以善《易》名,其全集尤其易著,殊有可观。然虽地处北方,实与华山陈抟的易学不同,尚取汉唐传统的易义。而淳熙四年(1177)南方朱熹成《本义》,反取陈抟之说,此见濂洛关闽道南之传。而王重阳所创立的全真教,由关中至宁海(今山东牟平)而返,宜太古的《易》,仅得北方固有的易理,尚未知陈抟所创立的易学新义。且陈抟的易理,可能已流传入蜀,与彭晓的易理可通。张伯端于四川,得隐者之传而著《悟真篇》,实已合彭、陈之说。故以易道言,北宋时的南方道教,后人名之曰南宗,已承易学新义。南宋时的北方全真教、华山派,后人总名之曰北宗,尚继承传统而不知已有先天图。此赖《太古集》的易义,可得易道流传概况的一证。

八、《周易参同契注》——见《道藏》容上,六二三册。此书即朱子所著的《周易参同契考异》,附有其门人黄瑞节辑朱子语录中语等以成《附录》。朱子(1130—1200)读《参同契》,由彭晓本以成此《考异》。以书名观之似文字考证,其实用反身的内丹工夫。其言曰:"先天图与纳甲相应,蔡季通(1135—1198)言与《参同契》合。以图观之,坤复之间为晦,震初初三一阳生,八日为兑月上弦,十五日为乾,十八日为巽一阴生,二十三日为艮月下弦,坎离为日月故不用。参同以坎离为药,余者以为火候。"又曰:"邵子发明先天图,图传自希夷,希夷又自有所传,盖方士技术用以修炼,《参同契》所言是也。"又得策数之理而曰:"欲与季通讲之,未及写寄而季通死矣。"则知朱子之有得于《参同契》,年已六十九岁。惜朱子未读虞氏易,汉虞翻早已用纳甲注《易》,正合易象的消息。若与先天图相似,尚有方位的不同,通此方位而列入坎离,即陈抟发明先天图之功。合诸人生内气的周流,固可相似。然同为周流又有不同,朱子取少阳老阴与老阳少阴的不同策数,合于反身的消息,以当阴阳出入呼吸的不同,凡人生之生长与衰老,理确有可通处。而此策数之变,即虞氏易中的"否泰反类"。外以示世事之治乱,反身而得出入无疾之复,此朱子所悟得。以易理喻此不平衡的循环,确可相应于《参同契》之理。然道者既轻视朱子之说,儒者又小视养生之道。

八百年来,徒有感叹季通之死,尚未见有阐明其策数之理者,特为郑重介绍。

以上朱子、太古二书,一南一北,时间相同。以易理辨之而通于道教,亦合于南北宗之象。

九、《天原发微》十八卷——见《道藏》情上—逸下,八五五—八五九册。宋鲍云龙(1220—1296)著。云龙字景翔,号鲁斋,歙县人。登宝祐戊午(1258)进士,入元不仕以终。此书成于元至元二十七年(1290),取天数二十五而作二十五篇,每篇十余条,合成三百八十四条以况爻数。以理为经,以气为纬,自序有曰:"明于天地之性而不惑于神怪,士君子之学孰有大于此哉。知此则识向上根源矣。"全书以易理说天原,其言甚正,收集历代象数之说能杂而不乱。今传《四库》本,已经其族人鲍宁辨正于明天顺五年(1461),且径删原文。而《道藏》本属鲁斋之原书,为不可多得的唯一版本。

十、《易筮通变》三卷。

十一、《易图通变》五卷——见《道藏》若下,六三〇册。此二书同为宋雷思齐(1230—1301)著。思齐字齐贤,临川人。宋亡为道士,以见其志。全书合图书筮数以明易道,属宋易所发展与数理有关的易学。雷氏于后天配洛书的象数,能有所心得也。

十二、《周易参同契发挥》九卷。

十三、《周易参同契释疑》一卷——见《道藏》止上—止下,六二五—六二七册。

十四、《易外别传》一卷——见《道藏》若中,六二九册。

十二至十四三书宋俞琰(1258—1324?)著,琰字玉吾,吴县人。宋亡为道士,隐居于林屋山著书,又号林屋山人。征授温州学录不赴。卒年未详,因于泰定元年(1324)尚抄录李心传《易传》而有记,以后无可考,故暂以此年论。琰注《参同契》其见甚达,似当为学习《参同契》所必读之书。注毕而悟及原书非一人之言,当分经传。然其注已成,不及重写。留此未完之业,唯明杨慎(1483—1559)重视之,由是而加以整理,仍据彭晓之记录,明辨《参同契》之经传,其功未可没。奈何有其功而不直言,且作伪而谓得石函之古本。自欺以欺人,明人有此学风。或未考其详,仅知杨慎作伪而并非古本,玉吾有知当为不平。

按:论炼丹而有与于易象之书,《道藏》中不一而足,此文仅取最古之《参同契》一种。注《参同契》之著作,《道藏》中亦收录有十余种,此文仅取彭、朱、俞三家以概其余。

《易外别传》一书,系综述《易》与道之纲领,书不长而有精深语,载先天六十四卦直图,能分辨阴阳多寡之消息,殊有新义。

以上鲍、雷、俞三家之书,其时代相近,其处世法相似,宜其说亦相类。一言以蔽之,各能有悟于易理而终身行之。或归诸天,或合于人,或反诸身。淡然有得于心,怡然著书以寄情,斯亦老庄之遗风,理当属道教之旨。依地域言,此三家并属南方,宜与全真教之见不全同。

十五、《周易图》三卷。

十六、《大易象数钩深图》三卷。

十七、《易象图说》内篇三卷,外篇三卷——见《道藏》阳上一云下,六九一七二册。

十五至十七三书同为元张理著,理字仲纯,清江人。延祐(1314—1320)中官福建儒学提举。明朱睦㮮《授经图》载张理易著有三:"《周易图》三卷,《大易象数钩深图》六卷,《易象图说》六卷。"焦竑《经籍志》同,惟《钩深图》作三卷,则与《道藏》本全同。朱彝尊《经义考》仅载《易象图说》六卷,未及其他二书。至于编《道藏》者,似有意作伪,于《周易图》、《钩深图》二书,不题作者姓名。其下又置刘牧《钩隐图》,再下之《易象图说》始著张理之名。由是张理的三书不连续,不题名的二书在刘牧前,容易误解为刘牧前的古籍,作者不知名。又白云霁《道藏书目》,于《钩深图》作者误成刘牧,更有不良后果。当编《四库》时,曾翻白云霁之书,故此误已为纠正,且考得《钩深图》为张理著。然仍未详阅《道藏》本文,故收入《四库》的张理易著仅二部。《钩深图》入经部易类四,《易象图说》入子部术数类一。而对《周易图》一书,又误从黄虞稷之说以当邓锜《大易图说》,然《道藏》中实无邓锜之书。此仍属张理之《周易图》,迄今尚未为人所注意。至于张理之《易》,殊能有得于先天图书之理,凡邵雍、刘牧的象数,经三百年之发展,及元而总结之,张理亦属主要之一家。于《周易图》中,博采各家易图,又有保存文献之功。

十八、《古易考原》三卷——见《续道藏》给下,一一〇〇册。此书未题作者姓名,以《明史·艺文志》考核之,知为旌德梅鸷著。鸷于正德癸酉(1513)中举,官南京国子监助教。全书论卦象图书自出新意,可见明人有幻想之风。《续道藏》收及当代的易学近著,庶能有得于时代思潮,亦见道教之盛行。而《四库》入此书于存目,可喻儒道之辨。

十九、《易因》六卷——见《续道藏》家上一给下,一〇九七——一〇〇册。此书亦未题作者姓名,以《明史·艺文志》考核之,知为李贽(1527—1602)著。贽字卓吾,晋江人。嘉靖壬子(1552)中举,官至姚安府知府。其思想放荡不羁,后坐事系狱而自杀,时当万历三十年,而《续道藏》成于三十五年,距卓吾之卒仅五年,能不避时讳而收之,可见张国祥之识见。不题著者之名,或有所不得已,与《道藏》不题张理之名不可并论。此书《四库》亦入存目。全书仅解二篇《彖》、《象》,未及《系辞》以下,取义尚平稳。

总上十九种易著的介绍,庶见明代羽士对《易》学的认识,基本保持《易》为卜筮书之原则,重在研究卦爻象的变化及其应用。凡天地人三才之道,莫不可以卦爻象象之,宜于辞不限于《二篇》,于理不拘于《十翼》,此正秦汉前对易学的理解。以汉后言,属《汉书·艺文志》所谓"世历三古,人更三圣"中的上古伏牺易。而儒者所重,偏于中下古的《二篇》、《十翼》。究乎宋易之理,贵能上达上古易;汉易之精,又能得《二篇》、《十翼》之蕴。故今日以中国文化观之,于《易》不当固执于汉宋易之一端。进而观儒道之争,亦何可不核其实而徒争其名。以宗教角度观之,尤其是宋后之儒,固执于理性而不疑,与宗教徒之信仰虽有辨亦微。吾国本有儒释道三教之名,决非偶然。而《易》之哲理不为儒道所限,更属史实。故《道藏》中选有各种易著乃其家珍,误认易著与道教无关而去之,此亦明后的道教所以渐趋衰落的原因之一。

论《道藏》中所用的十二辰次

周天三百六十度,中国用赤道坐标取二十八宿,东南西北四象又名陆,每陆各七宿。凡角亢氐房心尾箕七宿为东方,成青龙之象;斗牛女虚危室壁七宿为北方,成玄武之象;奎娄胃昴毕觜参七宿为西方,成白虎之象;井鬼柳星张翼轸七宿为南方,成朱雀之象。每象三分,合成十二辰次,又名十二宫。十二辰次的名字为寿星、大火、析木当青龙;星纪、玄枵、陬訾当玄武;降娄、大梁、实沈当白虎;鹑首、鹑火、鹑尾当朱雀。每一辰次各三十度,又以十二地支当之。依次由角至箕为寿星辰、大火卯、析木寅;由斗至壁为星纪丑、玄枵子、陬訾亥;由奎至参为降娄戌、大梁酉、实沈申;由井至轸为鹑首未、鹑火午、鹑尾巳。凡四象各镇一陆,如以星象为主,并非各当九十度。故周天坐标,必以十二地支以当十二辰次为准。今存最早的文献,《左传》襄公二十八年(前545),鲁国的大夫梓慎已言及星纪、玄枵等辰次名。于道教中,对此二十八宿及四象十二辰次极其重视,虽早已人格化,实有其科学价值。

凡分周天成三十度的十二辰次,西方天文学中亦迄今通用。所取的星象,因准黄道的不同而略有差异,然基本仍相似,唯取象赤道不同而题名各异,今可以星座合观之并示如下:

四陆	十二地支	十二辰次	西方星座名	今译
青龙	辰	寿星——	LIBRA	天秤
	卯	大火——	SCORPIUS	天烛
	寅	析木——	SAGITTARIUS	人马
玄武	丑	星纪——	CAPRICORNUS	摩羯
	子	玄枵——	AQUARUS	宝瓶
	亥	陬訾——	PISCES	双鱼
白虎	戌	降娄——	ARIES	白羊
	酉	大梁——	TAURUS	金牛
	申	实沈——	GEMINI	双子
朱雀	未	鹑首——	CANCER	巨蟹
	午	鹑火——	LEO	狮子
	巳	鹑尾——	VIRGO	室女

考西方用此十二官星座的名字,来源于希腊,希腊又来源于埃及与巴比伦。巴比伦的位置,约当现在的伊拉克,早期亦用十二周期与六十周期,与天干地支及组合成六十甲子的进位法相同。至于何处先应用,尚须以今日的科学考古进一步加以研究。而对周天同为十二分,决非偶然。或合诸十二星座的形象,则截然不同。今知西方所取的十二宫形象,在千余年前,已由丝绸之路传入中国,且保存在《道藏》中。于《正统道藏·洞玄部·威仪类》收有洞微高士开光救苦真人宁全真授的《灵宝领教济度金书》。书中于十二辰次已采用西方十二宫的形象。唯室女宫作双女宫,双子宫作阴阳宫,其他十宫全同今译。于原书中可考得宁全真卒于建中靖国,年八十一岁。故其生卒年当公元 1021—1101 年,是北宋人,与王安石、张载同年出生。当时宋室初定,理学正在产生中,而真宗、王钦若辈皆信道教,张君房已于天禧三年(1019)编辑成《大宋天宫宝藏》,故知宁全真所取西方十二宫的形象,极可能本诸当时的《宋道藏》。凡从传统的四陆十二辰次的形象,联想到西方的天秤、天蝎、人马等形象,可了解道法自然的可贵,亦即道教的思维方法,善于吸收一切尚象文化,当时的儒者未必注意及此。

至于西方十二宫的传入问题,初步可认定是唐末五代时由丝绸之路传入,而为辽代文化所吸收。合诸道教的史实,在五代时极活跃,既在总结又在变化,并吸收各种文化以充实其内容,乃能兼及西方十二宫的形象。这一情况,于一九一七年河北张家口市宣化区发掘出一座辽代古墓可为佐证。因于墓的后穹窿顶上,绘有彩色星图,图中二十八宿的外圈有三十度等分的十二辰次,此十二辰次即用西方十二宫的图案。于巳宫的图案有女人二,故当时名双女,今则译成室女;申宫的图案亦为二人,或以男女或以长幼分辨,故当时定名为阴阳,或即以二孩视之,乃译成双子。此可确证,北宋时道教已在应用西方十二宫的形象,由辽族传入,今之张家口当时属辽的西京道。北宋时辽族文化有大发展,据历年的考古发掘知其一二,惜未久而全部失传,道教保存其十二宫的形象可见一斑。观此星图以北斗七星绘在南斗星旁,则与道教的拜斗原理相合,结合南北斗为道教修炼的目的。又此星图的中心,嵌有铜镜一面,铜镜周围绘有重瓣莲花,皆有宗教意义,故可推测此墓主当为道教信徒,亦可见约千年前道教盛传于张家口等处的情况。此一情况,将成为全真教创立后所以能普遍传于北方的思想基础。

按:辽墓中的星图见崔振华、徐登里著《中国天文古迹》(北京科学普及出版社,一九七九年)。

论《五岳真形图》

汉武帝曾遇西王母,西王母授以《五岳真形图》。历代对此传说纷纭。宋张君房于真宗天禧三年(1019)辑成《大宋天宫宝藏》。后又采其要入《云笈七签》七十九、八十卷《符图》中。其叙述《五岳真形图》始末甚详,且有符图。略早的《太平御览》六百六十一卷亦载有:"……王母命上元夫人出《八会之书》、《五岳真图》、《五帝六甲灵飞之符》,凡十二事以授帝。……"所述与《云笈七签》相同。

至于《五岳真形图》究竟是何物?其形如何?其作用何在?有无价值?学术界没有认真加以考察。

李约瑟《中国科学技术史》卷五"地学"中引用了《汉武帝内传》所记载的资料,且谓日本学者小川琢治对此也已注意,尚保存有十七世纪版本的《五岳真形图》,故即采用之(见该书图二二四)。图下他作以下说明:

制作等高线图的早期尝试。右面是《泰山山脉图》,选自十七世纪版本的《五岳真形图》,它的时代很早,但不能确定是什么时候。左面是作为比较用的一幅现代等高线图。采自小川琢治。

李约瑟进一步推究,得葛洪《抱朴子·登涉》中所载的一种入山符(见该书图二四三),图下亦加说明:

> 葛洪于公元三百年前后所著《抱朴子》一书中的一张道教符咒,它是用以保护那些路过荒山的人们的,很可能是一张很粗糙的山脉位置图。

于文中又说:

> 图二四三所示的就是葛洪所绘各种入山符之一,图中似乎至少画出了对称的五岳中的四岳。在大英博物馆所藏的敦煌卷子中有一《授受五岳圆法》。(见大英博物馆斯坦因收藏品第三七五〇号)

今据《道藏》中所收录文献,对李约瑟之说加以证实、补充和纠正。所谓《五岳真形图》的实质,的确是山脉图,亦是制作等高线图,就是敦煌卷子中所谓"圆法",唐以前早在道教中授受,除《五岳真形图》外,在道教中还有《灵宝五符》等主要符图。《五岳真形图》与《入山符》、《灵宝五符》、《灵宝经》的关系究竟如何呢?

《真诰·翼真检第二》(卷二十)内载《真胄世谱》,有言曰:

> 杨君名羲,成帝咸和五年庚寅九月生。……杨先以永和五年己酉岁受《中黄制虎豹符》,六年庚戌,又就魏夫人长子刘璞受《灵宝五符》,时年二十一。

此所谓《中黄制虎豹符》,当属种种《入山符》之一,因入山须有制伏虎豹的方法。葛洪于《登涉篇》中曰:

山无大小,皆有神灵。山大则神大,山小即神小也。入山而无术,必有患害。或被疾病及伤刺及惊怖不安,或见光影,或闻异声,或令大木不风而自摧折,岩石无故而自堕落,打击煞人。或令人迷惑狂走,堕落坑谷,或令人遭虎狼毒虫犯人,不可轻入山也。

又引用其师郑隐之言:

上士入山,持《三皇内文》及《五岳真形图》。所在召山神及按鬼录,召州社及山卿宅尉问之,则木石之怪,山川之精,不敢来试人。其次即立七十二精镇符,以制百邪之章,及朱官印包元十二印,封所住之四方,亦百邪不敢近之也。其次执八威之节,佩老子玉策,则山神可使,岂敢为害乎。余闻郑君之言如此,实复不能具知其事也。

更引《灵宝经》云:

入山当以保日及义日,若专日者大吉,以制日、伐日必死。……所谓保者,谓支干上生下之日也,……又谓义日者,支干下生上之日也。……所谓制日者,支干上克下之日也。……所谓伐日者,支干下克上之日。

以上言入山的困难及符图的神秘性,因居山居市确有不同的条件。当入山前,须了解山中的情况,佩戴《入山符》所以壮志安神。凡《五岳真形图》可属《入山符》之一,而《入山符》不仅仅是《五岳真形图》。凡上士入山,当尚武术,方足以御虎豹盗贼之患,又知炼内外丹以养生,则足以御寒暑瘴疠疾病之患。且居山久者,既识山途之远近,则能积经验以得等高线制图法而成《五岳真形图》。将入山者,首当得前人已成的某山真形图，以了解其曲折的山径。如郑隐晚年于永宁二年(302)东投霍山，可能已得《霍山真形图》。考核杨羲得自刘璞的《灵宝五符》本璞之母魏夫人(252—334)，魏夫人为晋司徒剧阳文康公魏舒(209—290)之女，幼而好道，长为五斗米道的祭酒，符图必有所师承，《五岳真形图》可属其中。又《灵宝五符》的名称，初见于《越绝书》。故于葛洪时，《灵宝五符》与《灵宝经》早已流传，宜为《登涉篇》所采用。其后有葛洪的从孙葛巢甫造作成《灵宝度人经》，仍继承种种符图，并深化原有的《灵宝五符》与《灵宝经》，发展为道教的哲理。自东晋起，该经成为道教的主要经典。直至明《正统道藏》仍以它为首。此经历代有人注释，最早是北齐严东，唐是薛幽栖、李少微、成玄英。宋陈景元于治平四年(1067)将四家注选录成《集注》。但在成《集注》前，已有宋真宗(998—1022 在位)御制《灵宝度人经序》，序中有言：

> 《太上灵宝度人经》者，元始之妙言，玉辰之宝诰。浮黎真境，纪谈受之初；紫微上宫，显缄藏之迹；实诸天之隐韵，为大梵之仙章。……

此谓"浮黎真境"与"紫微上宫"指先天的阴阳二气，二气相合自然有"隐韵"、"仙章"，乃成三气。葛巢甫所造作的《灵宝度人经》原文为：

> 道言，昔于始青天中，碧落空歌，大浮黎土。

观"道言"之次为天地人，即取中国固有的哲理，以明人受天地之中以生的意义。真宗言"浮黎真境，纪谈受之初"，指"大浮黎土"的形象，属地为阴；言"紫微上宫，显缄藏之迹"，指"始青天中"的形象，属天为阳；言"实诸天之隐韵，为大梵之仙章"，指"碧落空歌"的形象，属人参天地而三。此三气三才的形象，本以种种符图表示。

故知《灵宝五符》的发展,到葛巢甫造作《灵宝度人经》之后,主要形成三类符图。更抽象后,乃取三符以当《灵宝度人经》的总符。考《灵宝五符》有五行的形象,上摘录葛洪所引的《灵宝经》,本与"遁甲"可通,当相应于《五帝六甲灵飞之符》,而其法与中医"五运六气"规律相似。由五而三,犹郑隐谓上士入山,宜同时持《三皇内文》及《五岳真形图》,故《灵宝度人经》的三符,就是天人地三气三才的形象。所谓三皇,指人格化的三气三才。凡三气三才各可有五行的变化,于五行中有天干地支的生克制化,其变化数极多。能知分知合,自然可产生三张总符以当三皇。此三张符图,见《灵宝无量度人上品妙经符图》,书前有宋徽宗(1101—1125 在位)序。三幅符图题名为《灵宝始青变化之图》、《碧落空歌之图》、《大浮黎土之图》。今直观图形可一目了然,所谓《五岳真形图》者,犹此《大浮黎土之图》。所以抽象《五岳真形图》的"圆法"而成此总图。此图的出现,当在分别绘成《五岳真形图》之后。义指由先天的阴气,凝结成地上的五岳。真宗所谓"浮黎真境,纪谈受之初",更究其哲学思想,实本《庄子·齐物论》中子綦、子游所谈的地籁,原文见下:

    ……子綦曰:夫大块噫气,其名为风,是唯无作,作则万窍怒号,而独不闻之翏翏乎?山林之畏佳,大木百围之窍穴,似鼻,似口,似耳,似枅,似圈,似臼,似洼者,似污者;激者,謞者,叱者,吸者,叫者,譹者,宎者,咬者。前者唱于而随者唱喁,泠风则小和,飘风则大和,厉风济则众窍为虚,而独不闻之调调之刁刁乎?子游曰:地籁则众窍是已,人籁则比竹是已,敢问天籁。……

能识此地籁的众窍,自然可喻《大浮黎土之图》的意义,而此图的圆法,形而上的思想,确有据于形而下等高线的实测,则始可说明符图的神秘性。又本文仅论《五岳真形图》以当此《大浮黎土之图》,于其他二总图以当人籁天籁者,另文详之。

总上所述,《五岳真形图》在道教符箓中可属诸《灵宝五符》,故绘出粗糙的山脉位置图,时间尚在葛洪前。有关《大浮黎土之图》所取则的《五岳真形图》,《道藏》中亦已收录,见于《灵宝度人上经大法》二十一卷,名《五岳真形品》,内载《五岳真形图》九帧。且各有两种形象。图名为:

一、东春　东岳真形图
二、南夏　南岳真形图
三、中央戊己土　中央岳真形图
四、西秋　西岳真形图
五、北冬　北岳真形图
六、青城丈人　青城山真形图
七、保运真君　庐山真形图
八、霍山南储君　霍山真形图
九、潜山南储君　潜山真形图

上引小川琢治所保存而为李约瑟所采用的,就是此九图之一——东岳真形图。然小川琢治或者不是采自《道藏》本,或者忽视《道藏》版本的年代。因《正统道藏》成于明正统十年(1445)版本已属十五世纪,故收藏十七世纪版本的《五岳真形图》毫无可贵。其他一种形象的九图,就是能起壮志安神作用的一般《入山符》。开封的龙庭,现有《五岳真形图》的石刻,同一形象的石刻亦见于四川灌县的二王庙内。此石刻的来源尚可进一步考证,然属一般《入山符》的形象,可视为五岳配合于五行的符号,并不属于《大浮黎土之图》的形象。而《云笈七签》所载的符图中,有一符图名曰《人鸟山形图》,则亦属抽象《五岳真形图》以绘成。图后有言曰:

太上曰:人鸟山之形质,是天地人之生根,元气之所因,妙化之所用,圣真求其域,仙灵仰其神。敬而事之,存而念之,受而带

210

之,精而行之,和而密之,无致懈怠。三气调均,生身赤子,为道种民。在世行化,入山研方,出处自在,魔不敢当。于是朝致五岳,使役八溟,从三天之君,佩日月之精。知之不死,习之永生,谛之合智,究之同神。其山之上元始天王所居,其山之下众圣真仙所处。其山之气,生五色之水名反魂流液,成脂名震檀之香。西王母初学道,诣元始天王,三千年道成德就,应还昆仑之山,临去辞元始天王,共刻铭人鸟山上虚空之中,制作文字,字方一丈,悬在空中,以接后学,于今存考。九老仙都君九炁丈人图画山形,佩之于肘,天帝写空中之书,以附人鸟之体,百年一出以传真人,道士有此山形及书文,备者便得仙度世,游宴昆仑。

由此可证《人鸟山形图》确与《灵宝度人经》有据于三气三才以成的三张总符有关,亦属于《大浮黎土之图》的类型。是时《灵宝经》已成《灵宝度人经》,故知产生西王母学道于元始天王的概念,当在南北朝之时。又谓"九老仙都君九炁丈人图画山形佩之于肘",则知茅山所传陶弘景(456—536)时的"九老仙都君印"当与此有关。能据此抽象的《人鸟山形图》及《大浮黎土之图》,可证用等高线制图法以绘成的《五岳真形图》的确很早。汉代已可具有初步形象,从西汉初长沙马王堆古墓(下葬于公元前168年)出土的地图观之,则汉武帝时画出《五岳真形图》亦有可能。唯方士之终身出入于山林,且可积若干代的经验,自然可了解所居处的高度。凡两处的高度相近,即可绕山而行,不必翻越山峰,是即所谓"圆法",亦就是发明等高线制图法的基本思想。故确可深信等高线制图法首先为久居山林的方士所理解而发明,时间约在战国至汉初。所以才有西王母授《五岳真形图》与汉武帝的传说。

《太平御览》卷四十四记青城山,引《五岳真形图》云:"洞天所在之处,其下别有日月分精以照青中。龙桥处二山相去百余步,其峰危竦相对,桥在峰首。其桥中半,渐渐促小,可六七寸,长一丈五尺,两边悬崖,俯临不测。山傍有誓石,天师张道陵与鬼兵为誓,朱笔划山,青崖中绝,今验其处,石并丹色,阔二十丈,深六七丈,望之赩然。"记此文字,亦当在南北朝。据此亦可喻绘《五岳真形图》有实测的事实,对山势的形象,决非羽士空想而作。以青城山为例,成其他八帧的情况,当亦相似。唯抽象而成《人鸟山形图》及《大浮黎土之图》等,则全凭地籁众窍,益以等高线的圆法以绘成。故此类属于地籁形象的符图,其符图本身的形象自有其价值。

论二十四治与二十八治

张道陵初创五斗米教于东汉顺帝时，即具二十四治的教义，其后道教盛传的洞天福地皆由二十四治所引申。当汉顺帝汉安元年(一四二)张道陵于蜀鹤鸣山中学道有成，太上乃下二十四治，凡上八治、中八治、下八治，应天二十四气又合二十八宿，付天师张道陵奉行布化。若以二十八宿合于二十四气，尚多四宿，故于上中下三位八治外，另有四治，传说为道陵所加。其后更加八品配治及八品游治，时皆在三张设教之期。下录二十八宿及诸治之名。

州		宿	治	地
兖州	郑	角	第一阳平治	蜀郡彭州九龙县
		亢	第二鹿堂山治	汉州绵竹县界
		氐	第三鹤鸣神山太上治	蜀郡临邛县界
豫州	宋	房	第四漓沅山治	彭州九龙县
				上品八治
		心	第五葛瑜山治	彭州九龙县
幽州	燕	尾	第六庚除治	广汉郡绵竹县
		箕	第七秦中治	广汉郡德阳县
扬州	吴越	斗	第八真多治	怀安军金堂县
		牛	第一昌利山治	广汉郡德阳县
		女	第二隶上治	广汉郡德阳县
青州	齐	虚	第三涌泉山神治	遂宁郡小汉县界
		危	第四稠粳治	键为郡新津县

			中品八治
并州	卫 室壁	第五北平治	眉州彭山县
		第六本竹治	蜀州新津县
徐州	鲁 奎娄	第七蒙秦治	越巂郡台登县
		第八平盖治	蜀州新津县
冀州	赵 昴毕	第一云台山治	巴西郡阆州苍溪县
		第二涊口治	汉中郡江阳县
		第三后城山治	汉州什邡县
益州	魏 觜	第四公慕治	汉州什邡县
			下品八治
	参	第五平冈治	蜀州新津县
雍州	秦 井鬼	第六主簿山治	邛州蒲江县
		第七玉局治	成都南门内

柳 第八北邙山治 —— 东都洛阳县

三辅 周 星 第一冈氏治 —— 兰武山

此四治是张天师所加

张 第二白石治 玄极山

充前二十四治合成二元东山

荆州 楚 翼 第三钟茂治 ┐ 此二治之次或本互易 十八治上应二十八宿

轸 第四具山治 ┘ 饭阳山

第一漓沉治 —— 玄昌山
第二利里治 —— 高堂山
第三平公治 —— 牛头山
第四八慕治 —— 身雄山

八品配治

第五天台治 —— 黄牛山
第六濑乡治 —— 小世山
第七樽领治 —— 单方山
第八代元治 —— 上堂山

第一峨嵋治 —— 蜀郡界
第二青城治 —— 蜀郡界
第三太华治 —— 京兆郡界
第四黄金治 —— 蜀郡界

八品游治

第五慈母治 —— 城布山界
第六河逢治 —— 上党郡界
第七平都治 —— 巴郡界
第八吉阳治 —— 蜀郡界

214

考诸治所指及诸山位置,后传所记,如《三洞珠囊》《蜀中广记》《张天师二十四治图》等,基本相同而略有小异。主要以蜀地为主,然已延伸至今属陕西的阳平汉中及河南的北邙山,范围已很广大。且经陵、衡、鲁三代,于二十四治外,共加二十治,又可见五斗米教发展的情况。其于太上所付之二十四治,或系道陵前早有所知,合成二十八治,始为道陵所增。此聚合二十四治或二十八治成一整体,于增加的配治、游治,必凑成八品,皆属吾国古有的象数,汉末为道教所吸取以成其基本的整体哲学思想。凡每治的位置,属地理的空间坐标,今以经纬度为准;集二十四治以合于二十四气,此属天象的时间坐标;道陵又集二十八治以合于二十八宿,此属另一天象的时间坐标。考吾国以二十四气为周期的黄道坐标,早有七衡六间图及卦气图等;以二十八宿为周期的赤道坐标,亦早有十二宫的爻辰;以之对应于地域,如《诗经》十五国风,早以分野当之。唯有此时空相合的概念,此吾国所以能有天地人三才合一的整体性哲理。

今由随县擂鼓墩一号墓(即曾侯乙墓)出土的漆匫盖上画有二十八宿,时当公元前 433 年,为迄今发现最早的记有二十八宿名称与方位的实物。比汉安元年尚早五百余年。况吾国用此赤道坐标,必更早数千年。故张道陵用此二十八宿,在汉末已属非常普通的时间周期。凡二十八宿一周当一昼夜,犹今所分的时区。然星光在白昼为日光所蔽而未能见,必晚上始见。由是于日落观星直至日出,仅能见十四五宿。其后每晚略移,如能看全二十八宿,当渐积一年,故又为一年的时间周期,子午二时的星象约差半年。《周易》丰卦有"日中见斗"及"日中见沫"的天象记录,是指日蚀时,在白昼亦能见到晚上的星象而加以验证。古人积百千年的观象实测,始能定此二十八宿的星座名称。唯其以赤道为主,然后以中星配合于黄道,此为吾国天文的特色。今以黄道言,即每年分中气十二与节气十二的二十四气以当七衡六间。西汉孟喜所传的先秦卦气图,又以卦象合于节气以及七十二候,皆有明确的配合方法。其间十二辟卦,就是乾坤十二爻的消息,早为《太平

经》所取,凡以息为德,以消为刑。下录《太平经》卷四十四原文:

> ……夫刑德者,天地阴阳神治之明效也,为万物人民之法度。故十一月大德在初九,居地下,德时在室中,故内有气,万物归之也。时刑在上六,在四野,故外无气而清也。外空万物,士众皆归,王德随之入黄泉之下。十二月德在九二之时,在丑,居土之中而未出达,时德在明堂,万物随德而上,未敢出见,上有刑也。正月寅,德在九三,万物莫不随盛德,乐窥于天地而生,时德居庭。二月德在九四,在卯,已去地,未及天,谪在界上,德在门,故万物悉乐出窥于门也。三月盛德在九五,辰上及天之中,盛德时在外道巷,故万物皆出居外也。九月巳,德在上九,到于六远八境,盛德八方,善气阳气莫不响应相生,扰扰之属去内室之野处,时刑在万物之根,居内室,故下空无物,而上茂盛也,莫不乐从德而为治也,是治以德之大明效也。……五月刑在初六,在午,地下,下内清无气,地下空,时刑在室中,内无物,皆居外。六月刑居六二,在未,居土之中,未出达也,时刑在堂,时刑气在内,德气在外,扰扰之属莫不乐露其身,归盛德者也。七月刑在六三,申之时,刑在庭,万物未敢入,固固乐居外。八月刑在六四,酉时,上未及天界,时德在门,万物俱乐窥于门,乐入,随德而还反也。九月刑在六五,在戌,上未天中,时刑在道巷,万物莫不且死困,随德入藏,故内日兴,外者空亡。十月刑在上六,亥时,刑及六远八境,四野万物,扰扰之属莫不入藏逃,随德行到于明堂,跂行自怀居内,野外空无士众,是非好用刑罚者见从去邪哉?但心意欲内怀以刑,治其士众,辄日为其衰少也。……

由上文可作图示之:见附图一,名之曰《刑德消息图》。凡此乾坤十二爻,即十二辟卦,每卦六爻,合之共七十二爻以当七十二候,三候一气为二十四气,本以四时卦当之,见附图二,名之曰《四时卦当二十四气图》。今更可以七衡六间的顺逆往来当之,见附图三,名之曰《乾

五月 午 初六 室　六月 未　七月 申　八月 酉　九月 戌　十月 亥
四月 巳　上九　　　　　　　　　　　　　　　　　　　　　　　明堂
三月 辰 九五　　　　　　　　　　　　　　　　　　　　　　　庭
六远之境　道著　　　　　　　　　　　　　　　　　　　　　门
　　　　　　　　　　　消　刑　　　　　　　　　　　　　境之近
二月 卯 九四　门　　　息　德　　　　　　　　　十一月 子
正月 寅 九三 庭　　　　　　　　　　　　　　　　　十二月 丑
　　　　　　　　　　　　　　　　　十　一　月

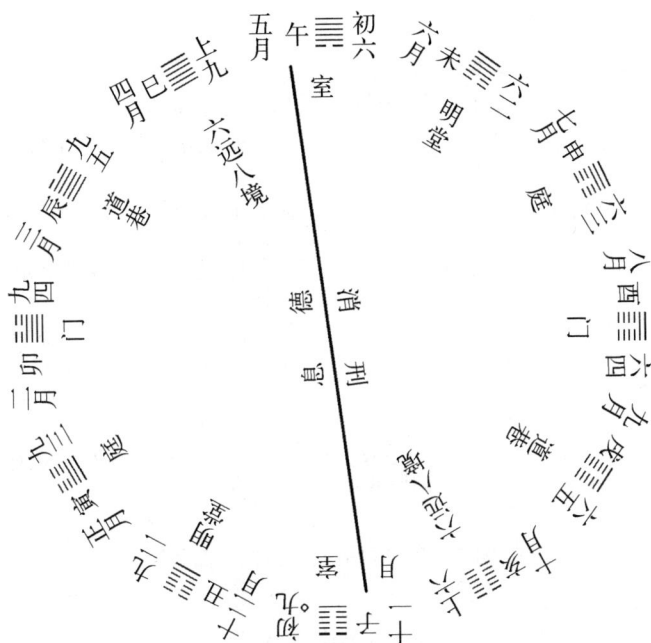

附图一　刑德消息图

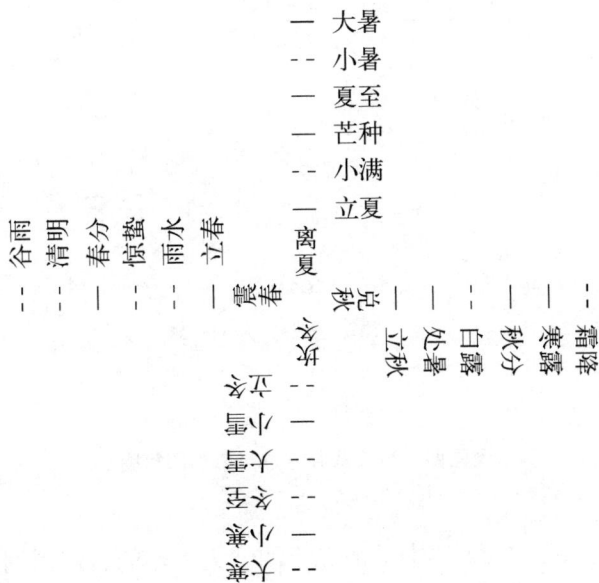

```
─      大暑
- -    小暑
─      夏至
─      芒种
- -    小满
─      立夏   离夏
```

谷雨　清明　春分　惊蛰　雨水　立春　震春

兑秋　立秋　处暑　白露　秋分　寒露　霜降

坎冬　大寒　小寒　冬至　大雪　小雪　立冬

附图二　四时卦当二十四气图

217

坤

		（内衡）	
夬遯六衡乾	坤二复	第一衡	
	小暑	第一间 芒种	
否剥二衡姤	大暑 立秋	第二衡 小满	——上九乾巳
否观三衡同人	处暑 白露	第二间 立夏	
		第三衡 谷雨	——九五夬辰
观剥四衡临	秋分 寒露	第三间 清明	
		第四衡 春分	——九四大壮卯
剥五衡观	霜降 立冬	第四间 惊蛰	
		第五衡 雨水	——九三泰寅
上六坤亥	小雪 大雪	第五间 立春	
		第六衡 大寒	——九二临丑
		第六间 小寒	
	（日在南 回归线）	第七衡 冬至	——初九复子
		（外衡）	

乾

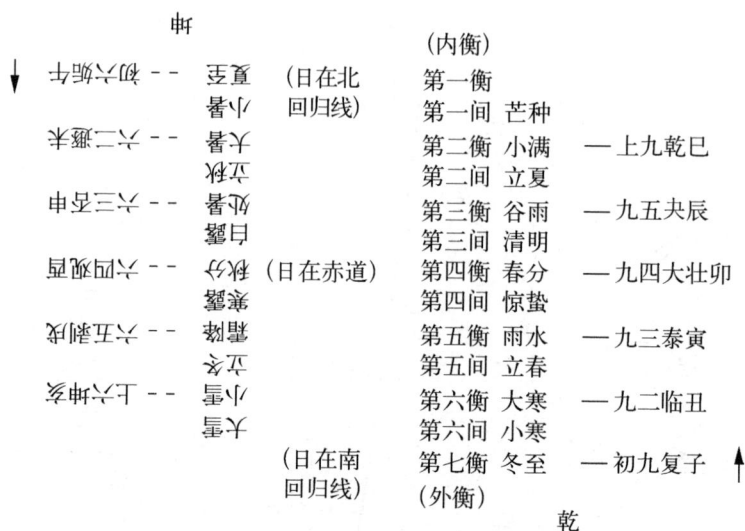

附图三 乾坤当七衡六间二十四气图

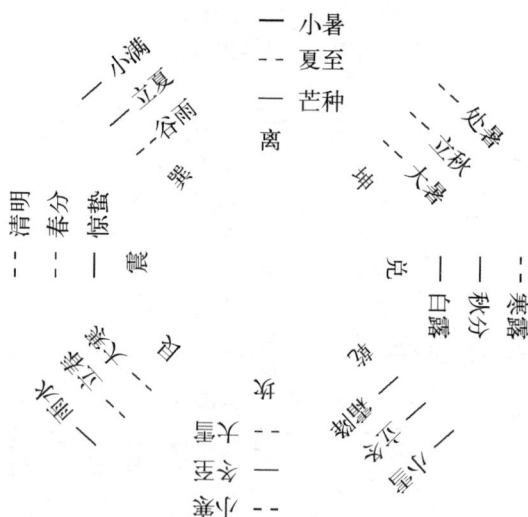

一 小暑
- - 夏至
一 芒种
离

小满
立夏
谷雨
巽

清明
春分
惊蛰
震

处暑
立秋
大暑
坤

寒露
秋分
白露
兑

坎

艮

乾

附图四 后天八卦方位当二十四气图

坤当七衡六间二十四气图》。故二十四气为一年的黄道周期,有天象
的客观事实。合于八卦方位,亦为《太平经》所应用。下录卷六十九之

218

问答原文：

> ……今南方为阳，《易》反得巽离坤；北方为阴，《易》反得乾坎
> 艮。善乎！子之难也。睹天微意，然《易》者，乃本天地阴阳微气，
> 以元气为初。故南方极阳生阴，故记其阴；北方极阴生阳，故记其
> 阳；微气者，未能王持事也。故《易》初九，为潜龙勿用，未可以王
> 持事也，故勿用也。此者，但以元气之端首耳。……为诸真人具
> 说天地八界。……日之界者，以日出于卯，入于酉，以南为阳，北
> 为阴。天门地户界者，以巽初生东南角，乾初生西北角，以东北为
> 阳，以西南为阴。子初九、午初六以东为阳，西为阴。立春于东北
> 角，立秋于西南角，以东南为阳，西北为阴，此名为天地八界，分别
> 阴阳位。……

上文盖准后天八卦方位之次，见附图四，名之曰《后天八卦方位当
二十四气图》。由上四图，可喻汉易合时空的卦象，或以十二辟卦，或
以四时卦，或以乾坤反复以当七衡六间，或以后天方位等，其理全同，
皆以示黄道的周期。此能明确空间东南西北的方位，合于时间春夏秋
冬的七衡往反，乃吾国时空结合的整体概念，亦为阴阳易道的太极思
想。汉末为道教所吸取，以成其取二十四治为整体的平天下思想，基
于八卦而三之，所以分上中下三位八治，及增加的配治、游治数皆
为八。

更以二十八宿的赤道坐标言，则既为一日之十二时，又为一年之
十二月，且同归于十二地支。吾国取其天左旋（顺时针）地右旋（逆时
针）而有左右旋，亦本诸实测。故以东方角亢氐房心尾箕七宿当春，为
青龙；南方斗牛女虚危室壁七宿当冬，为玄武；西方奎娄胃昴毕觜参七
宿当秋，为白虎；北方井鬼柳星张翼轸七宿当夏，为朱雀。此南北因左
右旋而易位，以喻阴阳互根之理。又《太平经》卷一一一有言："……于

星二十八宿展转相成。……故言四时五行日月星宿皆持命,善者增加,恶者自退去,计过大小,自有法常。案法如行,有何脱者,天上地下,相承如表里,复置诸神递相使。故言天君敕命曹,各各相移,更为直符,不得小私,从上占下,何得有失。"此明天地相承如表里,即左右旋之象。唯星宿的度数不一,故本天象以直符,时有久暂,相应的善恶及过之大小亦皆不同。然自有法常,有何脱者。宜合此二十八宿方成一天象的时间周期。或谓四陆当四斗,加北斗为五斗。此虽系后代讳言五斗米而巧为之说,然陵之重视二十八宿周期而增四治,似可信为确有的事实。

最后宜明分野之说。凡地域为空间坐标,二十八宿或二十四气为天象周期的时间坐标,今不但使东南西北合于春夏秋冬而观其左右旋,更使某地对应于某一天象是谓分野,分野者盖以人事言。当周室分封诸侯以地,于封土时其地之中星即为分野。故分野之说,已合天地人三才之理,乃吾国最具体的整体性思想的表现。汉末为道教所取,故有二十四治与二十八治的整体规划。此基本的天文知识一直为道教所利用,且以破佛教的宇宙观。

论洞天福地及其所在地

　　道教以得道成仙为目的,仙亦作僊,僊,迁也。仙人者,迁入仙居,字从人山,本作仚,象人在山上。当战国时称为方仙道。在产生方仙道前,早已崇尚享山封禅,可成为中国宗教的特色。《周易》有言"王用亨于西山"(随上六),"王用亨于岐山"(升六四)等,且封禅由王者主其事,下及各国诸侯,可用事于封域以内的名山大川。《左传·昭公四年》(前538)记述晋司马侯曰:"四岳、三涂、阳城、太室、荆山、中南,九州之险也。"以见四方的名山。至于享山封禅有其礼制,故《论语·八佾》记有:"季氏旅于泰山,子谓冉有曰:'女弗能救与?'对曰:'不能。'子曰:'呜呼! 曾谓泰山不如林放乎。'"按:此谓季氏旅于泰山以行封禅,未合于礼。泰山决不可能不如林放,林放为孔子的弟子,曾问礼之本。孔子谓泰山何能不知礼之本,会接受季氏的封禅。即此可见当时孔子的思想,亦已人格化泰山,此不足为怪。百余年后,齐已有王天下称帝之意,成于齐稷下派学者而托名周公所著的《周礼》,乃总视天下形势而定礼制。于《春官·大宗伯》曰:"以血祭祭社稷、五祀、五岳,以狸沈祭山林川泽,以疈辜祭四方百物。"此一总结性的礼制,有大影响于中国的社会结构。自秦汉以来有国者,基本行此仪式,取五岳以当四方与中央,本用五行之象。若方仙道的思想,当然重视享山封禅,而其特点更及东海中的蓬莱、瀛洲、方壶三神山。自武帝通西域后,于西北方又重视有昆仑、阆圃等山。其后尚发展邹衍之说以成十洲三岛的思想结构,然洞天福地更发展十洲三岛的形象而成另一系统,实总结于唐朝的司马承祯(647—735),且本诸五岳而成。

《旧唐书·隐逸传》:"开元十五年(727),又召(司马承祯)至都。玄宗令承祯于王屋山自选形胜,置坛室以居焉。承祯因上言:'今五岳神祠皆山林之神,非正真之神也。五岳皆有洞府,各有上清真人降任其职,山川风雨,阴阳气序,是所理焉。冠冕章服,佐从神仙,皆有名数,请别立斋祠之所。'玄宗从其言,因敕五岳各置真君祠一所,其形胜制度皆令承祯推按道经,创意为之。"据此史实,庶见自开元后,五岳皆进一步与上清派道教有关,且封禅礼制亦转儒入道而为儒道所兼用。况道教遗迹自方仙道以来结合长江流域,又以吴越文化为主而已遍及天下的名山大川,故由十洲三岛比较虚幻的仙山(另文详之)化而为基本属实的洞天福地;此为唐代上清派道教所反映的思想。司马承祯绘有《天地宫府图》。惜此图已佚,其序尚载于《云笈七签》之二十七卷。序中有言:

> 其天元重叠,气象参差,山洞崇幽,风烟迅远,以兹缣素,难具丹青,各书之于文。撰《图经》二卷,真经所载者,此之略备,仙官不言者,盖阙而未详。

幸二卷《图经》今尚在,就是载于《云笈七签》中的"洞天福地",然未知张君房是否已有删节。计有"十大洞天"、"三十六小洞天"及"七十二福地",合计为一百十八处。基本为司马承祯有据于历代传说而成,且身处的时代较平稳,大部分能亲临其境然后加以整理。况比《图经》已说明所在之处,全准唐代所划分的区域。考此地点,乃见盛唐道教分布全国情况。且此一百十八处，由来甚古，基本起源于东周。特据原文依次论述于下：

十大洞天——太上曰：十大洞天者，处大地名山之间，是上天遣群仙统治之所。

第一王屋山洞——周回万里，号曰小有清虚之天。在洛阳河阳两界，去王屋县六十里，属西城王君治之。

按：王屋山唐属都畿道河南府洛阳北，山阴属河东道濩泽之西北，今在河南省洛阳北，当河南与山西的交界，县城属河南，北当山西阳城之西北。《书·禹贡》："底柱析城，至于王屋。"《山海经》："王屋山上有金玉，下有阳石。"《通志》即据此《图经》而曰："王屋山四面如削玉，名为天下第一洞天。"天山顶有接天坛，东曰日精，西曰月华，坛即名清虚小有洞天。洞前有太乙池，即济水发源处，故南跨河南济源县。《抱朴子·地真》亦已提到黄帝"还陟王屋，得《神丹全诀记》"，本属黄老道所重视。玄宗令承祯于王屋山自选形胜，即因王屋山为第一大洞天。承祯居于王屋山之阳台观，玄宗为之题额，且承祯于八十九岁（735）羽化于此。

第二委羽山洞——周回万里，号曰大有空明之天。在台州黄岩县，去县三十里，青童君治之。

按：委羽山唐属江南东道台州黄岩县，今在浙江省黄岩县南五里，又名俱依山，山东北有洞。此山号曰"大有空明之天"，所以相对于王屋山的"小有清虚之天"。重视此山的原因，贵在面对东海。于沿海多海岛，既继承方仙道的思想，且吴越文化中亦有成仙的宗教思想，如认为伍子胥为潮神的传说其来甚古。俗传仙人刘奉桂控鹤坠翮处，宋司马光曾奇之。临海人徐中行当章、蔡用事时,尽毁所为文,幅巾藜杖,往来于此委羽山中。

第三西城山洞——周回三千里,号曰太玄总真之天。未详所在。《登真隐诀》云:疑终南山太一山是。属上宰王君治之。

按:终南山唐属京畿道京兆府南部,今在陕西长安南,属秦岭山峰之一,又称南山或中南山、太一山。《书·禹贡》:"终南惇物,正于乌鼠。"《诗·秦风》:"终南何有,有条有梅。"属历代有名之山,隐者所重视。而此山洞,承祯以为未详所在,特引陶弘景《登真隐诀》疑当终南太一,或因承祯有小视此山之意。因当时有卢藏用举进士,隐居此山,中宗以高士名得官,累举要职,人称为随驾隐士。卢尝自指终南曰此中大有佳处,承祯则讥为是仕官之捷径耳(见唐刘肃《大唐新语·隐逸》)。

第四西玄山洞——周回三千里,号三元极真洞天。恐非人迹所及,莫知其所在。

按:凡洞天福地,什九有其所在。唯此三元极真洞天,视为三才三元之本,已由地及天,故留一恐非人迹所及之处,实为增加汉武帝通西域以形成丝绸之路的神秘感。基本指陇右道天山山脉,今在新疆乌鲁木齐。

第五青城山洞——周回二千里,名曰宝仙九室之洞天。在蜀州青城县,属青城丈人治之。

按:青城山唐属剑南道蜀州青城县,今在四川灌县西南。唐杜光庭《青城山记》:"岷山连峰接岫,千里不绝,青城乃第一峰也。"汉有张道陵入此山修炼,宋起特重张道陵所创新并发展的五斗米道,故青城山名重于道教。且张道陵后,历代有范长生、孙思邈、杜光庭等高道居此。或在张道陵前,本属有民族特色的五斗米道的据点。

第六赤城山洞——周回三百里,名曰上清玉平之洞天。在台州唐兴县,属玄洲仙伯治之。

按:赤城山唐属江南东道台州唐兴县,台州之名即取于天台山。今在浙江省天台县北六里,登山者必经此,土色皆赤,状似云霞,望之如雉堞。孙绰《天台山赋》:"赤城霞起而建标。"指此景而言。名曰上清玉平之洞天,可喻上清派之道教与天台山密切相关。其源本诸越国的民族宗教与青城的五斗米道,自东汉起早已相通。主要如会稽人魏伯阳著《参同契》,后有虞翻易学从其说,此二部重要的作品,自魏晋后皆无人继承而失传。而居于青城山之范长生即有继承虞氏易的易注。且世人重见虞氏易,本诸资州人李鼎祚;重见《参同契》,本诸四川彭晓。南宋初陆游诗"看遍人间两赤城",自注:"青城山一名赤城,而天台之赤城,乃余旧游。"此见四川青城与浙江天台,在道教中有以赤城为联系的史迹。其实不必限于赤城的地形,当视为同在南方以相对于黄河流域的道教。北宋初张道陵为天台人而悟道于四川成都,更属关键的联系。

第七罗浮山洞——周回五百里,名曰朱明辉真之洞天。在循州博罗县,属青精先生治之。

按:罗浮山唐属岭南道循州博罗县,今在广东省惠州市博罗县。东晋初葛洪入此山炼丹,南汉刘𬬮尝建天华宫于山中,久属道教的重要据点之一。朱明辉真有南方之象。《元和志》："山之西有浮山,盖蓬莱之一阜,浮海与罗山并体,故曰罗浮。"

第八句曲山洞——周回一百五十里,名曰金坛华阳之洞天。在润州句容县,属紫阳真人治之。

按:句曲山唐属江南东道润州句容县。自陶弘景供奉三茅君起,又称三茅山,简称茅山。今属江苏省句容县,句容者,指句曲有所容之义。南连浙江省天目诸山,又当安徽省黟山北脉的突起处,今尚存华阳洞三字,传说为苏东坡所书。又紫阳真人名周义山,字季通,汝阴人,系汉周勃的七世孙。由此第八大洞天名金坛华阳之天,尚可证于《南史》,则知十大洞天基本有据而言,决非司马承祯一人之说。

第九林屋山洞——周回四百里,号曰尤神幽虚之洞天。在洞庭湖口,属北岳真人治之。

按:林屋山唐属江南东道苏州吴县,今江苏吴县的洞庭西山。此八、九二洞天古属吴国,尤可见道教重要发源地之一。宋末俞琰隐居于此,著有《参同契发挥》、《沁园春丹词注》等名作。

第十括苍山洞——周回三百里,号曰成德隐玄之洞天。在处州乐安县,属北海公涓子治之。

按:唐属江南东道括州,其名即取括苍山。又唐置乐安县已属台州,且处州隋置,唐仍沿用之,乐安县当属之。今在浙江仙居县,县之东南为括苍山的主峰。涓子事见《列仙传》。

总上十大洞天的地点观之,乃以王屋属北,非人迹所及的西玄属西北,西城属西,青城属西南,罗浮属南,而其他的五大洞天皆属东。且句曲、林屋两洞天今属江苏,赤城、括苍、委羽三洞天今属浙江,地皆相近。其中更以天台之赤城为主,此见道教上清派的重要据点,既本吴越的民族宗教结合方仙道,更发展于南朝。详以下表总示之:

十大洞天所在地总表

十 大 洞 天	所在地	唐　　　属	今　　在
一、王屋山洞	北	都畿道河南府洛阳北	河南洛阳北
二、委羽山洞	东	江南东道台州黄岩	浙江黄岩
三、西城山洞	西	京畿道京兆府	陕西长安
四、西玄山洞	西北	陇右道天山	新疆乌鲁木齐
五、青城山洞	西南	剑南道蜀州青城	四川灌县
六、赤城山洞	东	江南东道台州唐兴	浙江天台
七、罗浮山洞	南	岭南道循州博罗	广东博罗
八、句曲山洞	东	江南东道润州句容	江苏句容
九、林屋山洞	东	江南东道苏州吴县	江苏苏州
十、括苍山洞	东	江南东道处州乐安	浙江仙居

由上表可见上清派道教所取的洞天福地,有其整体观,主要在沿东海一带。合诸时代言,犹继承方仙道,逐步南移以汇合吴越的民族宗教,故有五大洞天在江南东道,此见南朝所发展的道教的情况。统计如下:

都畿道 一　㊀
陇右道 一　㊃
京畿道 一　㊂
剑南道 一　㊄
岭南道 一　㊆
江南东道 五　㊀㊅㊇㊈㊉
注:数字指道中所有的大洞天数,加圈的数字指十大洞天的序数

继之论述三十六小洞天:

三十六小洞天——太上曰：其次三十六小洞天，在诸名山之中，亦上仙所统治之处也。

第一霍桐山洞——周回三千里，名霍林洞天。在福州长溪县，属仙人王纬玄治之。

按：霍桐山唐属江南东道福州长溪县，今当霞浦县。沿海的位置更由浙江南移而及福州，面对东海，亦多海岛。道教之重视水官，仍遵方仙道之旨。

第二东岳太山洞——周回一千里，名曰蓬玄洞天。在兖州乾封县，属山图公子治之。

按：后属河南道兖州乾封县，今在山东省泰安县。

第三南岳衡山洞——周回七百里，名曰朱陵洞天。在衡州衡山县，仙人石长生治之。

按：唐属江南西道衡州衡山县，今在湖南衡山县。

第四西岳华山洞——周回三百里，名曰总仙洞天。在华州华阴县，真人惠车子主之。

按：唐属关内道华州华阴县，今在陕西华阴县。

第五北岳常山洞——周回三千里，号曰总玄洞天。在恒州常山曲阳县，真人郑子真治之。

按：北魏置恒州,唐属河东道代州。恒山避文帝讳,改称常山,自宣帝神爵元年(前61)起。祀北岳常山于曲阳,今在山西浑源县东南二十里。

第六中岳嵩山洞——周回三千里,名曰司马洞天。在东都登封县,仙人邓云山治之。

按：唐属都畿道登封县,今在河南省登封县。以上五岳,历代有国者莫不重视之。以上清派道教视之,仅属于三十六小洞天之中,且次于霍桐山洞之下,究承祯的思想仍以海岛中之仙山为贵。凡五岳皆山林之神,其地位未足与上清真人相比。因已有方仙道在前,又受陶弘景《真灵位业图》的影响。

第七峨嵋山洞——周回三百里,名曰虚陵洞天。在嘉州峨嵋县,真人唐览治之。

按：峨嵋山唐属剑南道嘉州峨嵋县,今在四川省峨嵋县。《抱朴子·地真》已提到黄帝"到峨嵋山见天真皇人于玉堂,请问正一之道"。故继五岳即以峨嵋当之。

第八庐山洞——周回一百八十里,名曰洞灵真天。在江州德安县,真人周正时治之。

按：庐山唐属江南西道江州浔阳县,德安县名五代置,故知洞天福地之注,已经五代人更改。今属江西省,在九江市南,星子县西北。传说殷周时有匡俗兄弟七人结庐于此,故名匡庐。南朝宋有陆修静于元嘉末(453)入庐山,创立以三洞分判道教,成为上清派道教的重要继承并发扬者。

第九四明山洞——周回一百八十里,名曰丹山赤水天。在越州上虞县,真人刁道林治之。

按:四明唐属江南东道越州上虞县,今在浙江省鄞县、余姚县间。山峰众多,有分水岭石窗四面玲珑,中通日月星辰之光,故名四明。

第十会稽山洞——周回三百五十里,名曰极玄大元天。在越州山阴县镜湖中,仙人郭华治之。

按:会稽山唐属江南东道越州山阴县,今在浙江绍兴。镜湖一名鉴湖,汉永和时太守马臻始环湖筑塘潴水,溉田至九千余顷。唐开元中贺知章以宅为千秋观,求周官湖数顷为放生池,诏赐镜湖剡川一曲,因亦名贺监湖,宋熙宁后湖渐废为田。考司马承祯与贺知章(659—744)约同时,可能曾到镜湖。

第十一太白山洞——周回五百里,名曰玄德洞天。在京兆府长安县,连终南山,仙人张季连治之。

按:太白山即太一山,古名终南山。唐属京畿道京兆府长安县南,今在陕西郿县。《汉书·地理志》:"武功太乙山,古文以为终南。"十大洞天中之第三西城山洞。《登真隐诀》云:"疑终南太一山是。"而承祯则以三十六小洞天中之第十一洞天当之。

第十二西山洞——周回三百里,名曰天柱宝极玄天。在洪州南昌县,真人唐公成治之。

按：西山唐属江南西道洪州南昌县，今在江西南昌市西南，属新建县。一名南昌山，古名散原山，王勃《滕王阁序》有"珠帘暮卷西山雨"句，西山即指此。宋后成为许真人的道场。

第十三小沩山洞——周回三百里，名曰好生玄上天。在潭州澧陵县，仙人花丘林治之。

按：小沩山唐属江南西道潭州醴陵县，在湖南省醴陵县，在萍乡市西。

第十四灊山洞——周回八十里，名曰天柱司玄天。在舒州怀宁县，仙人稷丘子治之。

按：潜山亦名皖山，唐属淮南道舒州怀宁县，今在安徽潜山。山南曰皖南，山北曰皖北，最高峰曰天柱。潜以形言，皖谓皖伯所封之国。更以山分，以南为皖山，北为潜山，东为天柱山，一名雪山，西为霍山。

第十五鬼谷山洞——周回七十里，名曰贵玄司真天。在信州贵溪县，真人崔文子治之。

按：鬼谷山唐属江南西道饶州贵溪县，又改饶州为信州，今在江西省贵溪县南一百里。一名洞源山，山背有岩名鬼岩，俗传鬼谷子隐此。宋后，福地第三十二龙虎山出名，此洞已不为道教所重视。

第十六武夷山洞——周回一百二十里，名曰真升化玄天。在建州建阳县，真人刘少公治之。

按：武夷山唐属江南东道建州建阳县，今在江西福建两省之交界处，归福建崇安县，在县南三十里。为仙霞山脉之起顶，传古有武夷君居此，故名。南宋白玉蟾居之。

第十七玉笥山洞——周回一百二十里，名曰太玄法乐天。在吉州永新县，真人梁伯鸾主之。

按：玉笥山唐属江南西道吉州永新县，今在江西永新县，当井岗山。相传汉武帝元封五年巡行南郡受上清箓于群玉之山，即此玉笥山。揭傒斯（1274—1344）《万寿承天宫碑》有言："天下称名山，在大江之西者有三，曰匡庐，曰阁皂、玉笥。而玉笥尤为天下绝境。"

第十八华盖山洞——周回四十里，名曰容成大玉天。在温州永嘉县，仙人羊公修治之。

按：华盖山唐属江南东道温州永嘉县，今在浙江省永嘉县东。谢灵运与弟子书云："地无告井，赖此山泉。"即指华盖山，山下有容成洞。

第十九盖竹山洞——周回八十里，名曰长耀宝光天。在台州黄岩县，属仙人商丘子治之。

按：盖竹山唐属江南东道台州黄岩县，今在浙江省临海县南三十里，本近黄岩，又名竹叶山。《抱朴子》有言："可合神丹，惟大小台、华山、少宝山、盖竹山，无山精水魅之扰。"可见历代重此山，以下第三福地亦指此盖竹山。

第二十都峤山洞——周回一百八十里，名曰宝玄洞天。在容州普宁县,仙人刘根治之。

按:都峤山唐属岭南道容州普宁县,今在广西容县二十里。上有八峰曰兜子、马鞍、八叠、云盖、香炉、仙人、中峰、丹灶。八峰中于中峰有崖曰中宫,于八叠最高秀。有南北两洞,南洞宽北洞隘而皆清虚。

第二十一白石山洞——周回七十里,名曰秀乐长真天。在郁林州南海之南也,又云和州含山县,属白真人治之。

按:白石山唐属岭南道郁林州,当容州之西,今在广西贵县。三国陆绩为郁林太守,即当其处。在郁江之南,又云在和州含山县,则属淮南道。今当安徽含山,注二及之,或司马承祯亦据传闻而并存之。以下连容州北流之峋嶁山观之,当指郁林州为是。

第二十二峋嶁山洞——周回四十里,名曰玉阙宝圭天。在容州北流县,属仙人钱真人治之。

按:峋嶁山唐属岭南道容州北流县,在郁林州白石山之东南,今在广西北流县。容州今当容县。

第二十三九疑山洞——周回三千里,名曰朝真太虚天。在道州延唐县,仙人严真青治之。

按:九疑山唐属江南西道道州唐兴县,县名曾改武盛,既复称唐兴,又改为延唐。今在湖南南部,宁远县九疑山当宁远县南六十里。《史记·五帝本纪》:"舜葬于江南九疑。"《水经注》:"九疑山,罗岩九峰各导一溪，岫壑负岭，异岭同势，游者疑焉，故曰九疑山。山南有舜庙。”

第二十四洞阳山洞——周回一百五十里，名曰洞阳隐观天。在潭州长沙县，刘真人治之。

按：洞阳山唐属江南西道潭州长沙县。今在湖南浏阳县西北六十里，洞口向南故名洞阳。传说孙思邈炼丹于此。

第二十五幕阜山洞——周回一百八十里，名曰玄真太元天。在鄂州唐年县，属陈真人治之。

按：幕阜山唐属江南西道鄂州唐年县，今在湖南与湖北江西的交界处。三国时刘表从子磐为寇于艾西，吴以太史慈为建昌都尉拒磐，于此置营幕，因名幕阜山。山上有系州峰，列仙坛，汇沙、芙蓉二地，海棠、仙人二洞。

第二十六大酉山洞——周回一百里，名曰大酉华妙天。去辰州七十里，尹真人治之。

按：大酉山唐属黔中道辰州，辰州以地名为州名。辰州之地，今属湖南沅陵县，约当县西北四十里。又当辰溪县西二十里，与龟山相连，中有大酉洞，深广二里。

第二十七金庭山洞——周回三百里，名曰金庭崇妙天。在越州剡县，属赵仙伯治之。

按：金庭山唐属江南东道越州剡县，今在浙江省嵊县东七十里，旧名桐柏山。上有金庭洞，唐裴通记云："剡中山水，金庭洞天为最。"天宝六载(747)改名丹池山。

第二十八麻姑山洞——周回一百五十里，名曰丹霞天。在抚州南城县，属王真人治之。

按：麻姑山唐属江南西道抚州南城县，今在江西南城县西南。山顶有古坛，相传麻姑得道于此。唐颜真卿有《麻姑仙坛记》。上有仙羊、五老、万寿、秦人、葛仙、逍遥等峰。

第二十九仙都山洞——周回三百里，名曰仙都祈仙天。在处州缙云县，属赵真人治之。

按：仙都山唐属江南东道括州缙云县。隋置处州，唐改括州，亦兼用处州。今在浙江省缙云县，县东二十二里有仙都山，一名缙云山，天宝七载(748)有彩云仙乐之异，相传黄帝炼丹于此。

第三十青田山洞——周回四十五里，名曰青田大鹤天。在处州青田县，属傅真人治之。

按：青田山唐属江南东道括州青田县，今在浙江省青田县。县西北一里有青田山，有泉石之胜，产石可镌印章，世称青田石。又田产青芝，有鹤，浮丘《相鹤经》云"青田鹤"，即指此处所产。

第三十一钟山洞——周回一百里，名曰朱日太生天。在润州上元县，属龚真人治之。

按：钟山唐属江南东道润州上元县，上元县今归江宁县。而钟山今在江苏省南京市朝阳门外，一名紫金山。诸葛亮曾使建业，谓孙权曰"钟山龙蟠"。是时有蒋子文发神异于此，因又名蒋山。

　　第三十二良常山洞——周回三十里，名良常放命洞天。在润州句容县，属李真人治之。

按：良常山唐属江南东道润州句容县。今在江苏省句容县句曲山小茅峰之北，接金坛县界。《建康志》："秦始皇登句曲山北垂，叹曰：'巡狩之乐，莫过于山海，自今以往良为常矣。'乃改句曲山北垂为良常之山。"

　　第三十三紫盖山洞——周回八十里，名紫玄洞照天。在荆州常阳县，属公羽真人治之。

按：紫盖山唐属山南东道荆州当阳县。此谓常阳县，或有字误，常疑作当。今在湖北省当阳县南五十里，葛洪尝于此穿井炼丹。《旧唐书·地理志》："当阳有南紫盖山，北紫盖山。"《荆州记》："紫盖山有名金，每云晦日辄见金牛出食，光照一山，即金之精耳。"

　　第三十四天目山洞——周回一百里，名曰天盖涤玄天。在杭州余杭县，属姜真人治之。

按：天目山唐属江南东道杭州临安县。此曰余杭县，地名已有变化。今在浙江临安与于潜两县接界处。在临安者名东天目，在于潜者名西天目。或谓《山海经》曰"浮玉之山，北望县区，东望诸毗，苕水出于其阴"，此浮玉之山即指天目山。此天目山洞亦指大涤山中峰曰白鹿山,上有许迈丹灶遗迹。

第三十五桃源山洞——周回七十里,名曰白马玄光天。在玄州武陵县,属谢真人治之。

按:唐置玄州,在河北道南部幽州范阳,有玄州等州。然无武陵县亦无桃源山。或以陶渊明之桃花源当之,则同福地第四十七虎溪山。或以刘晨、阮肇遇仙处当之,则传说在浙江天台县西北天台山中,则与第六大洞天等有关。更合诸福地第四十六与第五十三,则武陵县接桃源界在朗州,朗州即黔中道中之播州。今属贵州省遵义县。以原注,当指贵州遵义之桃源山洞为是。

第三十六金华山洞——周回五十里,名曰金华洞元天。在婺州金华县,属戴真人治之。

按:金华山唐属江南东道婺州金华县。今在浙江省金华县,洞在县北三十里金华山下。洞有三,曰朝真居山巅,曰冰壶居中,曰双龙最下。相传与四明、天台诸山相通。

详下三十六小洞天所在地总表:

三十六小洞天所在地点表

三十六小洞天	所在地方位	唐　　　属	今　　在
一、霍桐山洞		江南东道福州长溪县	福州霞浦
二、东岳泰山洞		江南道兖州乾封县	山东泰安
三、南岳衡山洞		江南西道衡州衡山县	湖南衡山
四、西岳华山洞		关内道华州华阴县	陕西华阴
五、北岳常山洞		河东道代州曲阳	山西浑源
六、中岳嵩山洞		都畿道登封县	河南登封

三十六小洞天	所在地方位	唐　　　属	今　　在
七、峨嵋山洞		剑南道嘉州峨嵋县	四川峨嵋
八、庐山洞		江南西道江州浔阳县	江西九江
九、四明山洞		江南东道越州上虞县	浙江鄞县
十、会稽山洞		江南东道越州山阴县	浙江会稽
十一、太白山洞		京畿道京兆府长安县	陕西鄠县
十二、西山洞		江南西道洪州南昌县	江西新建
十三、小沩山洞		江南西道潭州醴陵县	湖南醴陵
十四、潜山洞		淮南道舒州怀宁县	安徽潜山
十五、鬼谷山洞		江南西道饶州贵溪县	江西贵溪
十六、武夷山洞		江南东道建州建阳县	福建崇安
十七、玉笥山洞		江南西道吉州永新县	江西永新
十八、华盖山洞		江南东道温州永嘉县	浙江永嘉
十九、盖竹山洞		江南东道台州黄岩县	浙江临海
二十、都峤山洞		岭南道容州普宁县	广西容县
二十一、白石山洞		岭南道郁林州，又云淮南道和州含山县	广西贵县，又云安徽含山
二十二、岣嵝山洞		岭南道容州北流县	广西北流
二十三、九疑山洞		江南西道道州唐兴县	湖南宁远
二十四、洞阳山洞		江南西道潭州长沙县	湖南浏阳
二十五、幕阜山洞		江南西道鄂州唐年县	湖南幕阜山
二十六、大酉山洞		黔中道辰州	湖南沅陵
二十七、金庭山洞		江南东道越州剡县	浙江嵊县
二十八、麻姑山洞		江南西道抚州南城县	江西南城
二十九、仙都山洞		江南东道括州缙云县	浙江缙云
三十、青田山洞		江南东道括州青田县	浙江青田
三十一、钟山洞		江南东道润州上元县	江苏南京
三十二、良常山洞		江南东道润州句容县	江苏句容
三十三、紫盖山洞		山南东道荆州当阳县	湖北当阳
三十四、天目山洞		江南东道杭州临安县	浙江临安
三十五、桃源山洞		黔中道播州	贵州遵义
三十六、金华山洞		江南东道婺州金华县	浙江金华

总上三十六小洞天的地点观之，以唐代分道论，有二十四小洞天属江南东道与江南西道。可见唐代所发展的道教所在地，基本由五岳向东南方移动。各道统计数见下：

京畿道 一（十一）　　关内道 一（四）
都畿道 一（六）　　河南道 一（一）
河东道 一（五）　　淮南道 一（十四）　　山南东道 一（三十三）
剑南道 一（七）　　黔中道 二（二十六）（三十五）
岭南道 三（三十）（三十一）（二十二）　　江南西道 十三（八）（十二）（十三）（十五）（十七）（十八）（二十）（二十四）（二十五）（二十八）
江南东道 十四（一）（九）（十六）（十八）（十九）（二十）（二十七）（二十九）（三十一）（三十二）（三十四）（三十六）
注：数字指道中所有的小洞天数，加圈的数字指三十六小洞天的序数

以下更述七十二福地，基本皆与十大洞天、三十六小洞天有关。

　　七十二福地——太上曰：其次七十二福地，在大地名山之间，上帝命真人治之，其间多得道之所。

　　第一地肺山——在江宁府句容县界，昔陶隐居幽栖之处，真人谢允治之。

　　按：地肺山唐属江南东道江宁府句容县。今在江苏句容，即第八大洞天、第三十二小洞天所在处。

　　第二盖竹山——在衢州仙都县，真人施存治之。

　　按：盖竹山唐属江南东道衢州仙都县。今在浙江仙都，即第十九小洞天所在处。

　　第三仙磕山——在温州梁城县十五里。近白溪草市，真人张

重华治之。

按：仙磕山唐属江南东道温州梁城，或与第十八小洞天有关。永嘉县东为北雁荡山。今乐清县东北沿海尚有白溪，可北通黄岩县，疑即当时白溪草市。

第四东仙源——在台州黄岩县，属地仙刘奉林治之。

第五西仙源——亦在台州黄岩县，峤岭一百二十里。属地仙张兆期治之。

按：以上两福地唐属江南东道台州黄岩。今在浙江黄岩，与第二大洞天、第十九小洞天、第二福地皆相近。

第六南田山——在东海东，舟船往来可到，属刘真人治之。

第七玉溜山——在东海，近蓬莱。岛上多真仙居之，属地仙许迈治之。

第八清屿山——在东海之西，与扶桑相接，真人刘子光治之。

按：以上三福地唐属河南道海州东海外之岛屿。今在江苏连云港外，在海中之岛屿，然不可能确指为某岛。"近蓬莱"亦未必指河南道登州之蓬莱，"与扶桑相接"亦未必指日本为扶桑。唐代中日之交往已极密切，故海岛之情况尤当重视。

第九郁木洞——在玉笥山南，是萧子云侍郎隐处。至今阴雨犹闻丝竹之音，往往樵人遇之。属地仙赤鲁班主之。

按：此福地唐属江南西道吉州永新县。今在江西永新，与第十七小洞天有关。萧子云事迹,据《历世真仙通鉴》认为是"萧何之后,幼而好道,不乐士进,师事杜昙永,颇得其秘修之术,后隐萧山得道"。

第十丹霞洞——在麻姑山,是蔡经真人得道之处。至今雨夜多闻钟磬之声,属蔡真人治之。

按:此福地唐属江南西道抚州南城县。今在江西南城县,与第二十八小洞天有关。

第十一君山——在洞庭青草湖中,属地仙侯生所治。

按:此福地唐属江南西道岳州洞庭湖中。又洞庭湖亦名青草湖,今在湖南岳阳市。

第十二大若岩——在温州永嘉县东一百二十里,属地仙李方回治之。

按:此福地唐属江南东道温州永嘉县。今在浙江永嘉。亦邻近东海,与第十八小洞天等三福地当相近。

第十三焦源——在建州建阳县北,是尹真人隐处。

按:此福地唐属江南东道建州建阳县北。今在福建崇安,实近武夷山,与第十六洞天有关。

第十四灵墟——在台州唐兴县北,是白云先生隐处。

按：此福地唐属江南东道台州唐兴县。今在浙江天台，与第六大洞天有关。

第十五沃洲——在越州剡县南，属真人方明所治之。

第十六天姥岭——在剡县南，属真人魏显仁治之。

按：此两福地唐同属江南东道越州剡县。今天姥岭在浙江新昌县东五十里，东接天台华顶峰，西即连沃洲。故于唐当越州与台州之交界处。天姥之最高峰曰拨云尖，传曰可闻天姥歌谣之声，李白有诗吟之。

第十七若耶溪——在越州会稽县南，属真人山世远所治之。

按：此福地与以上十五、十六两福地，于唐同属越州，然彼西属剡县，此属会稽县。今在浙江绍兴县南若耶山下溪水北流入镜湖，相传为西施浣纱处。李白有诗曰："五月西施采，人看隘若耶。"又名五云溪。

第十八金庭山——在庐州巢县，别名紫微山，属马仙人治之。

按：此福地于唐属淮南道庐州巢县。今在安徽巢县，与第二十七小洞天之金庭山洞并不在一处。此金庭山有别名紫微山。

第十九清远山——在广州清远县，属阴真人治之。

按：唐属岭南道广州清远县。今在广东省清远县。

第二十安山——在交州北,安期先生隐处,属先生治之。

按:唐属岭南道交州,今已属越南。

第二十一马岭山——在郴州郭内水东,苏耽隐处,属真人力牧主之。

按:唐属江南西道郴州郴县东,今在湖南郴县。

第二十二鹅羊山——在潭州长沙县,娄驾先生所隐处。

第二十三洞真墟——在潭州长沙县,西岳真人韩终所治之处。

按:此两福地于唐同属江南西道潭州长沙县。今在湖南长沙市,或与岳麓山有关。

第二十四青玉坛——在南岳祝融峰西,青鸟公治之。

第二十五光天坛——在衡岳西源头,凤真人所治之处。

第二十六洞灵源——在南岳招仙观观西,邓先生所隐地也。

按:以上三福地,唐属江南西道衡州衡山县,今在湖南衡山。祝融峰为南岳最高峰,皆与第三小洞天有关。

第二十七洞宫山——在建州关隶镇五岭里,黄山公主之。

按:唐属江南东道建州。今在福建政和县东南一百五十里有洞宫山,九峰重叠,状如莲花,又名九莲峰。古传有魏、虞二真人,炼外丹成,飞升于此,当地名魏虞洞天,亦名无为洞天。魏、虞者极可能是辗转误传魏伯阳、虞翻之事。

第二十八陶山——在温州安国县,陶先生曾隐居此处。
第二十九三皇井——在温州横阳县,真人鲍察所治处。

按:此两福地于唐同属江南东道温州,又国字为固字之误。安固县与横阳县在安固江两侧,皆近海。今在浙江温州市南,山属南雁荡山。安固今当瑞安,仍名陶山,横阳今当平阳。

第三十烂柯山——在衢州信安县,王质先生隐处。

按:此福地唐属江南东道衢州信安县。今在浙江衢县南二十里,有烂柯山,道典谓之石桥山。烂柯有“山中方七日,世上已千年”的意义,出于《述异记》:“晋王质入山采樵,见二童子对弈,质置斧坐观。童子与质一物如枣核,食之不饥。局终,童子指示曰:汝柯烂矣。质归乡里,已及百年,无复旧时人。”又《水经注》:“信安县……晋中朝时,有王质伐木,见童子弹琴,俄顷斧柯烂尽。”信安即今衢县。

第三十一勒溪——在建州建阳县东,是孔子遗砚之所。

按:此福地唐属江南东道建州建阳县。今在福建建阳县。孔子周游列国曾至楚,然仅及陈蔡而返,不可能至建阳遗砚。

第三十二龙虎山——在信州贵溪县,仙人张巨君主之。

按:龙虎山唐属江南西道饶州贵溪县。今在江西贵溪,与第十五小洞天同在贵溪县。在唐司马承祯时,绝对不知此龙虎山福地于宋后竟会成为道教的发源地。这一情况今日必须澄清。然唐代早有张天师正一道的传说,实起于南朝梁,部分亦属汉末的事实,惟与龙虎山毫不相关。此曰仙人张巨君,亦与张道陵等无关。

第三十三灵山——在信州上饶县北,墨真人治之。

按:此福地唐属江南西道信州上饶县。今在江西上饶,而贵溪县在上饶县北,此灵山亦在上饶县北,则离贵溪县当近。

第三十四泉源——在罗浮山中,仙人毕子期治之。

按:此福地唐属岭南道循州博罗。今在广东博罗,即包含在第七大洞天之中。

第三十五金精山——在虔州虔化县,仇季子治之。

按:唐属江南西道虔州虔化县。今在江西省虔化县。

第三十六阁皂山——在吉州新淦县,郭真人所治处。

按:唐属江南西道吉州新淦县。今在江西新干县。宋后亦与茅山、龙虎山同时发展成三山符箓之一。传说为葛玄修炼处,与张盛在龙虎山,同属不可究诘之事。

第三十七始丰山——在洪州丰城县,尹真人所治之地。
第三十八逍遥山——在洪州南昌县,徐真人所治之地。

第三十九东白源——在洪州新吴县东，刘仙人所治之地。

按：以上三福地于唐同属于江南西道洪州。今同在江西。丰城、南昌名仍同，新吴县今名奉新县，此三福地在西山附近，似以第十二小洞天西山洞为中心。

第四十钵池山——在楚州，王乔得道之处。

按：唐属淮南道楚州。今在江苏淮安。

第四十一论山——在润州丹徒县，是终真人治之。

按：唐属江南东道润州丹徒县，山在县东。今在江苏丹阳县东南。

第四十二毛公坛——在苏州长洲县，属庄仙人修道之所。

按：唐属江南东道苏州长洲县。今在江苏苏州附近。

第四十三鸡笼山——在和州历阳县，属郭真人治之。

按：唐属淮南道和州历阳县。今在安徽和县西北三十五里。《寰宇记》："《淮南子》云：麻湖初陷之时，有一老妪提鸡笼以登此山，化为石，故名。"

第四十四桐柏山——在唐州桐柏县，属李仙君所治之处。

按：唐属山南东道唐州桐柏县。今在河南桐柏与湖北交界处。

第四十五平都山——在忠州，是阴真君上升之处。

按：唐属山南东道忠州府，不提县名，似当指忠州县，则今在四川忠县，或取唐忠州丰都县当之。平都山在丰都县东北。

第四十六绿萝山——在朗州武陵县，接桃源界。

按：此福地唐属黔中道，朗州又名播州武陵县。今在贵州遵义，与第三十五小洞天桃源山洞有关。

第四十七虎溪山——在江州南彭泽县，是五柳先生隐处。

按：唐属江南西道江州彭泽县。今在江西彭泽，是五柳先生陶渊明隐处。

第四十八彰龙山——在潭州澧陵县北，属臧先生治之。

按：唐属江南西道潭州澧陵县。今在湖南醴陵县，与第十三小洞天小沩山洞相近。或称彰观山在县东十五里，上有灵极观。

第四十九抱福山——在连州连山县，属范真人所治处。

按：唐属江南西道连州连山县。今在广东省连山壮族瑶族自治区。

道教史发微

第五十大面山——在益州成都县，属仙人柏成子治之。

按：唐属剑南道益州成都县。今在四川成都县。

第五十一元晨山——在江州都昌县。孙真人安期生治之。

按：唐属江南西道江州都昌县。今在江西都昌县西四十里，一作元辰山，相传晋苏耽居此得仙。

第五十二马蹄山——在饶州鄱阳县。真人子州所治之处。

按：唐属江南西道饶州鄱阳县。今在江西鄱阳。

第五十三德山——在朗州武陵县。仙人张巨君治之。

按：此福地唐属黔中道播州武陵县。今在贵州遵义，可与第三十五小洞天及第四十六福地并观。而张巨君主治龙虎山，又及此德山，未知是否尚有内在联系。

第五十四高溪蓝水山——在雍州蓝田县，并太上所游处。
第五十五蓝水——在西都蓝田县，属地仙张兆其所治之处。
第五十六玉峰——在西都京兆县，属仙人柏户治之。

按：以上三福地唐同属京畿道，前二属蓝田县，后一属京兆县，相距亦不甚远。今前二同在陕西蓝田，后一即在西安附近。

第五十七天柱山——在杭州于潜县，属地仙王伯元治之。

按：唐属江南东道杭州于潜县。今在浙江于潜天柱山中突一峰，与大涤山相峙。此福地与第三十四小洞天天目山洞有关。

第五十八商谷山——在商州，是四皓仙人隐处。

按：唐属山南东道商州县。今在陕西省商县。四皓事见《史记》。

第五十九张公洞——在常州宜兴县，真人庚桑治之。

按：唐属江南东道常州，又名义兴（义今作宜）。今在江苏宜兴，仍名张公洞，庚桑事见《庄子·庚桑楚》。

第六十司马悔山——在台州天台山北，是李明仙人所治之处。

按：唐属江南东道台州唐兴县。今在浙江天台县，与第六大洞天、第十四福地相近。

第六十一长在山——在齐州长山县，是毛真人治之。

按：唐属河南道齐州。齐州今在山东济南，长在山当在济南附近。

第六十二中条山——在吴中府虞乡县管。是赵仙人治处。

按：唐属河中府亦当河东道蒲州虞乡县。今在山西虞乡，其山狭而长，南跨虞乡，又西华岳、东太行，此山居中，故曰中条。

第六十三荟湖鱼澄洞——在西古姚州,始皇先生曾隐此处。

按:唐属剑南道姚州。称古姚州者,因于天宝末地没于南诏。今在云南姚安县。元王孚避处浙江余姚县南荟湖岭,即以此福地当之,或非唐代所指之处。

第六十四绵竹山——在汉州绵竹县,是琼华夫人治之。

按:唐属剑南道汉州绵竹县。今在四川绵竹。

第六十五泸水——在西梁州。是仙人安公治之。

按:唐属西梁州,无其地名,疑西字衍,或为山南西道梁州。今在陕西南城北,泸水或指较小之水。此地近汉中,本属道教盛行处。

第六十六甘山——在黔南,是宁真人治处。

按:唐属黔中道,其南为黔州所领。今在贵州贵阳,部分已及广西。甘山亦未详所在。

第六十七琨山——在汉州,是赤须先生治之。

按:唐属剑南道汉州。今在四川广汉。

第六十八金城山——在古限戍,又云石戍,是石真人所治之处。

按：唐属陇右道兰州。兰州又名金城，山在古限戌，今在甘肃兰州市附近。或以湖南新宁县南十五里金城山当之，然未合唐代之金城山在古限戌，义谓戌卒所居之处。

第六十九云山——在邵州武刚县，属仙人卢生治之。

按：唐属江南西道邵州武刚县。今在湖南武刚县南十五里。云山自麓至顶十余里，有峰七十一，以紫霞、日华、月华、芙蓉、香炉诸峰著名。

第七十北邙山——在东都洛阳县，属魏真人治之。

按：唐属都畿道东都洛阳北。今在河南洛阳北。

第七十一庐山——在福州连江县，属谢真人治之。

按：唐属江南东道福州连江县。今在福建连江县。

第七十二东海山——在海州东二十五里，属王真人治之。

按：唐属河南道海州东海。今在江苏连云港。
详下七十二福地所在地总表：

七十二福地所在地总表

七十二福地	所在地方位	唐　　　属	今　　在
一、地肺山 二、盖竹山		江南东道江宁府句容县 江南东道衢州仙都县	江苏句容 浙江仙都

续　表

七十二福地	所在地方位	唐　　　属	今　　在
三、仙磕山		江南东道温州梁城县	浙江乐清
四、东仙源		江南东道台州黄岩县	浙江黄岩
五、西仙源		江南东道台州黄岩县	浙江黄岩
六、南田山		河南道海州东海外之岛屿	江苏连云港外之岛屿
七、王溜山		河南道海州东海外之岛屿	江苏连云港外之岛屿
八、清屿山		河南道海州东海外之岛屿	江苏连云港外之岛屿
九、郁木洞		江南西道吉州永新县	江西永新
十、丹霞洞		江南西道抚州南城县	江西南城
十一、君山		江南西道岳州洞庭湖中	湖南岳阳
十二、大若岩		江南东道温州永嘉县	浙江永嘉
十三、焦源		江南东道建州建阳县	福建崇安
十四、灵墟		江南东道台州唐兴县	浙江天台
十五、沃洲		江南东道越州剡县	浙江天台
十六、天姥岭		江南东道越州剡县	浙江新昌
十七、若耶溪		江南东道越州会稽县	浙江绍兴
十八、金庭山		淮南道庐州巢县	安徽巢县
十九、清远山		岭南道广州清远县	广东清远
二十、安山		岭南道交州	已属越南
二十一、马岭山		江南西道郴州郴县	湖南郴县
二十二、鹅羊山		江南西道潭州长沙县	湖南长沙
二十三、洞真墟		江南西道潭州长沙县	湖南长沙
二十四、青玉坛		江南西道衡州衡山县	湖南衡山
二十五、光天坛		江南西道衡州衡山县	湖南衡山
二十六、洞灵源		江南西道衡州衡山县	湖南衡山
二十七、洞宫山		江南东道建州	福建政和
二十八、陶山		江南东道温州安固县	浙江瑞安

七十二福地	所在地方位	唐　　　属	今　　在
二十九、三皇井		江南东道温州横阳县	浙江平阳
三十、烂柯山		江南东道衢州信安县	浙江衢县
三十一、勒溪		江南东道建州建阳县	福建建阳
三十二、龙虎山		江南西道饶州贵溪县	江西贵溪
三十三、灵山		江南西道信州上饶县	江西上饶
三十四、泉源		岭南道循州博罗县	广东博罗
三十五、金精山		江南西道虔州虔化县	江西虔化
三十六、阁皂山		江南西道吉州新淦县	江西新干
三十七、始丰山		江南西道洪州丰城县	江西丰城
三十八、逍遥山		江南西道洪州南昌县	江西南昌
三十九、东白源		江南西道洪州新吴县	江西奉新
四十、钵池山		淮南道楚州	江西淮安
四十一、论山		江南东道润州丹徒县	江苏丹阳
四十二、毛公坛		江南东道苏州长州县	江苏苏州
四十三、鸡笼山		淮南道和州历阳县	安徽和县
四十四、桐柏山		山南东道唐州桐柏县	河南桐柏
四十五、平都山		山南东道忠州丰都县	四川忠县
四十六、绿萝山		黔中道朗州武陵县	贵州遵义
四十七、虎溪山		江南西道江州彭泽县	江西彭泽
四十八、彰龙山		江南西道潭州澧陵县	湖南醴陵
四十九、抱福山		江南西道连州连山县	广东连山
五十、大面山		剑南道益州成都县	四川成都
五十一、元晨山		江南西道江州都昌县	江西都昌
五十二、马蹄山		江南西道饶州鄱阳县	江西鄱阳
五十三、德山		黔中道朗州武陵县	贵州遵义
五十四、高溪蓝水山		京畿道蓝田县	陕西蓝田
五十五、蓝水		京畿道蓝田县	陕西蓝田
五十六、玉峰		京畿道京兆县	陕西西安
五十七、天柱山		江南东道杭州于潜	浙江于潜

七十二福地	所在地方位	唐　　　属	今　在
五十八、商谷山		山南东道商州县	陕西商县
五十九、张公洞		江南东道常州义兴县	江苏宜兴
六十、司马悔山		江南东道台州唐兴县	浙江天台
六十一、长在山		河南道齐州	山东济南
六十二、中条山		河东道蒲州虞乡县	山西虞乡
六十三、茭湖鱼澄洞		剑南道姚州	云南姚安
六十四、绵竹山		剑南道汉州绵竹县	四川绵竹
六十五、泸水		山南西道梁州	陕西南城
六十六、甘山		黔中道	贵州贵阳
六十七、瑰山		剑南道汉州	四川广汉
六十八、金城山		陇右道兰州	甘肃兰州
六十九、云山		江南西道邵州武刚县	湖南武刚
七十、北邙山		都畿道洛阳北	河南洛阳北
七十一、庐山		江南东道福州连江县	福建连江
七十二、东海山		河南道海州东海	江苏连云港

总上七十二福地的地点，合诸唐代的分道，统计如下：

都畿道 一 ⑦ 陇右道 一 ⑥⑧ 山南西道 一 ⑥⑤

河南道 二 ⑥① ⑦② 京畿道 三 ㊄④ ㊄⑤ ㊄⑥ 剑南道 三 ⑥③ ⑥④ ⑥⑦

黔中道 三 ④⑥ ㊄③ ⑥⑥ 山南东道 三 ④④ ④⑤ ㊄⑧ 淮南道 三 ⑱ ④① ④③

河东道 四 ⑥⑦⑧⑥② 岭南道 四 ⑲ ㉗ ㉞ ㊾ 江南西道 二十二 ⑨ ⑩ ⑪ ㉑ ㉒ ㉓ ㉔ ㉕ ㉖ ㉛ ㉜ ㉟ ㊱ ㊲ ㊳ ㊴ ㊵ ㊽ ㊿ ㊲ ⑥⑨

江南东道 二十二 ① ② ③ ④ ⑤ ⑫ ⑬ ⑭ ⑮ ⑯ ⑰ ⑳ ㉘ ㉙ ㉚ ㉝ ④② ㊄⑦ ㊄⑨ ⑥①⑦①

注：数字指道中所有的福地数，加圈的数字，指七十二福地的序数

254

　　依上统计所得,可证七十二福地,相应于三十六小洞天,仍以地处于江南东道与江南西道为主。亦相应于十大洞天,即大部分在东南方。更综合一百十八处,以今日的分省观之,尤可明确唐代上清派道教的所在地。凡以山东泰安的东岳泰山说起,于山东仅二处,且无东北方的洞天福地。主要在沿海南移,计江苏十三处,浙江二十六处,福建六处为主。又中岳嵩山在河南,全省仅四处。北岳恒山在山西,全省仅二处。西岳华山,在陕西则有八处。北方与甘肃、新疆各一处,以应于汉武帝通西域以开辟丝绸之路。西南四川有六处,为五斗米道的发源地。及贵州、云南各一处,亦应于汉武帝所开通的西南夷。又南方为广西三处,广东四处。此当全国的四周。南方更有一处,今已属越南。而中岳之中,以唐代的上清派道教观之,早已南移,故由湖北二处而及湖南有十四处,且由湖北而安徽有三处,湖南而江西有十七处。故知道教的中点本属长江流域。在十数以上者,浙江有二十六处属越文化,江苏有十三处属吴文化,湖南有十四处、江西有十七处皆属楚文化。详以下表示之:

省份	所在地方位	大洞天	小洞天	福地	总数	
山东	东		㊀(东岳)	㊀	二	
山西	北		㊄(北岳)	六十二	二	
甘肃	西北			六十八	一	丝绸之路
新疆	西北	㊃			一	
陕西	西	㊂	㊃十一(西岳)	五十四 五十五 五十六 五十八 六十五	八	
四川	西南	㊄	㊆	四十五 五十 六十四 六十七	六	巴蜀
贵州	西南		三十五	四十六 五十三 六十六	四	西南夷
云南	西南			六十三	一	
广西	南		二十 二十一 二十二		三	

省份	所在地方位	大洞天	小洞天	福　地	总数	
广　东	南	(七)		(十九) (三十四) (四十九)	四	
(今属越南)	南			(二十)	一	
河　南	中	(一)	(六)(中岳)	(四十四) (七十)	四	
湖　北	中(南移)	(三十三)			一	
安　徽	东南		(十四)(汉武帝取此为南岳)	(十八) (四十三)	三	
湖　南	南		(三) (十二) (二十三) (二十四) (二十五) (二十六)(南岳)	(十一) (二十一) (二十二) (二十三) (二十四) (二十五) (二十六) (四十八) (六十九)	十五	楚
江　西	东南		(八) (十二) (十五) (十七) (二十八)	(九) (三十一) (三十三) (三十五) (三十六) (三十七) (三十八) (三十九) (四十七) (五十一) (五十二)	十七	
江　苏	东南(沿海)	(八)(九)	(三十一) (三十二)	(一) (六) (七) (八) (四十) (四十一) (四十二) (五十九) (七十二)	十三	吴
浙　江	东南(沿海)	(一)(六)(十)	(九) (十) (十八) (十九) (二十一) (二十九) (三十) (三十四) (三十六)	(一)(二)(三)(四)(五)(十二)(十四) (十五)(十六)(十七)(十八) (二十九)(三十)(五十一) (六十)	二十六	越
福　建	东南(沿海)	(一)(十六)		(十三) (二十七) (三十一) (七十一)	六	
		十	三十六	七十二	一百一十八	

　　观上表庶几可喻道教的特色,贵能保存长江流域的古代文化,此为考核洞天福地所在地的主要收获。

陈式太极拳初探

太极拳的作用有两方面：一技击，二养生。唯其能自然相结合，成为太极拳的特点。故不论男女老少皆可练习，作为防身健身之术。于练拳时对二者的关系及偏重点，各人体会极不相同。然偏重程度不妨有甚大的差距，如百分之九十九注意技击，而百分之一仍应注意养生，反之亦然。或取其一而必舍其一，将失太极拳之所以为太极拳。自陈式太极拳传出而成武式、杨式、吴式、孙式等，仅属外形的不同，于内劲无异，且各自在发展。陈式本身也在发展，发展的方向，正宜兼顾技击养生两方面的结合。

从吾国漫长的文化历史考察，太极拳形成极迟。明末陈王庭（1600? —1680）造拳迄今仅三百余年，推原于四百年前的戚继光（1527—1587），已觉证据不足。而民间传说出于张三丰，清王士禛（1634—1711）有记录。谓："奉勇之技，少林为外家，武当张三丰为内家。三丰之后，有关中人王宗，宗传温州陈州同，州同明嘉靖间人，故今两家之传，盛于浙东。顺治中王来咸字征南，其最著者。……其徒有僧耳僧尾者，皆僧也。"此证在陈王庭前，拳术早已分内家与外家。太极拳者，所以发展内家拳而成。以时间论，张三丰在元末明初，朱元

257

璋于洪武二十四年(1391)曾遣使觅之而不得,后传其居于宝鸡金台观,有死而复活之说,则约于建文时(1399—1402)去世。故永乐后有关张三丰的事迹,皆属神话不可信。从士祯之记,张三丰之拳术须经数传,由王宗及嘉靖(1522—1566)间人陈州同,大致可信。又据《宁波府志》,谓明嘉靖时有张松溪,传宋张三丰之拳法。则由宋末至嘉靖已相距三百年,既乏源流可考,仅据张松溪之说,殊难取信。且谓本武当丹士,极可能据明初之张三丰曾至武当而杜撰其说。永乐时,屡屡求张三丰,当然不能得,乃于武当大营宫观以奉祀之,且迭加封号。由是张三丰之名,盛传天下,此实明朝统治者有以愚民之一法。而张松溪之拳法,乘时而托名张三丰所传,无非神乎其技。故内家拳盛行于嘉靖时当属事实,谓出于宋代的张三丰尚无确据。

至于由内家拳改名太极拳者,今以明王宗岳之《太极拳论》为准。王宗岳之生卒年及事迹待考,是否即王士祯提及之王宗,尤不可肯定。以拳论观之,很可能作于嘉靖时。因王阳明卒于嘉靖七年(1528),太极拳亦在应用其学派其理,如《拳论》曰:"粘即是走,走即是粘,阴不离阳,阳不离阴,阴阳相济,方为懂劲。懂劲后,愈练愈精,默识揣摩,渐至从心所欲。"正合心学知行合一之道,合一后方有"四两拨千斤"之作用。又首曰:"太极者,无极而生,阴阳之母也,动之则分,静之则合。"则拳取太极之名者,王宗岳已本宋周敦颐(1017—1073)《太极图说》之义。周子原文为:"无极而太极,太极动而生阳,动极而静,静而生阴,一动一静,互为其根,分阴分阳,两仪立焉。"合而观之,"太极者无极而生",即"无极而太极";"阴阳之母",即"一动一静"与"分阴分阳";"动之则分"即"两仪立";"静之则合"即"互为根"。然则由武当之内家拳形成太极拳,即以太极之理进一步化入各地之内家拳,如王宗、陈州同、张松溪等皆起此作用。想象其外形未必全同,而懂劲之理当同,方合阴阳互根且不可分之周子太极图。迨明末陈王庭得其理而造拳,由其外形以显其内含之太极,代代家传,因有河南陈家沟之陈式太极拳传世。或必以传授之次为准,乃外形以陈王庭为始,理则以王宗岳之《拳论》为始,且理之继承,可上友古人。故王宗岳由心学之理归诸五百年前之周子,未足为怪。况既用太极之名,尚可推究太极之实。"太极"者,出于《周易·系辞上》,其言为:"易有太极,是生两仪,两仪生四象,四象生八卦。"其文约成于战国,距今已二千三四百年。理即一分为二之二分法,二即阴阳,由阴阳两仪合一为太极,分则为四象、八卦等。而太极拳所谓懂劲者,当知阴阳之合,是即太极的原义。故习太极拳者,知分合为要,能合成一球为贵。凡太极拳之动作,处处作抱球状,或谓武当内家拳当练一石球,此即庄子所记之宜僚弄丸。然不论丸之大小皆属于外,太极拳者,更当练球于内,懂劲而体味全身成球,方能如《拳论》所谓"人不知我,我独知人"。此球可小可大,可分可合。两仪者分成两半,分法有三,即上下、左右、前后。任用其一圈为两仪,兼用其二各成四象,合用三者八卦乃生。故究太极拳之理当知全身为球,此球以脊椎为轴。主宰于腰,犹以带脉分上下,然可上至头颈,有种种与脊椎骨垂直之平面,识此平面可懂横劲。练一路之前爪后爪,二路之翻花舞袖、扫堂腿等可体味其劲。又以脊椎骨作直径者宜分二圈,一圈以任督脉分左右,识此平面可懂直劲、沉劲。练一路之侧卷肱,二路之连珠炮等可体味其劲。一圈以左右阴阳维分前后,识此平面可懂侧劲。练一路之云手,二路末之三肘等可体味其劲。合上下前后二圈如扇通背,合上下左右二圈如转身云手,合前后左右二圈如退步压肘,合上下前后左右三圈如起势,收势,起以成球,收以归诸球心。于三圈之间,各有种种角度,且可互相变通,然必知有正交之三圈为之坐标。此即太极与黄庭相合之实,此三圈间各成直角,交点有六,六点古有专名,《黄庭内景经》曰:"上有魂灵下关元,左为少阳右太阴,后有密户前生门,出日入月呼吸存。"陈氏家传谓陈王庭准《黄庭经》等造拳,殊非虚语。此曰魂灵犹百会,关元犹会阴。《拳论》所谓"虚灵顶劲"与"气沉丹田"即指此言。少阳太阴既可当左右目,亦可当左右肾。

生门犹神阙,密户犹命门。识此六点为本身之坐标,则劲之变化有道可循,阴阳呼吸出入无疾,渐可懂劲。凡走陈式太极之外形,必须舒展大方,以见内气之周流平隐,且任何一势,莫不具此三圈之变化以成种种三维曲线。以上所举之例,仅以某圈为主,且不一定与坐标轴皆成直角,因于全身之运动路线,皆瞬时变化于球体之中,此须如《拳论》所谓"非用力之久,不能豁然贯通焉"。

又陈式太极拳贵用折迭劲,即曲线有反复屈伸。贵用缠丝劲,即形成各种螺旋曲线。贵用爆发劲,即合成一点向球面散射。贵用抖劲,即连续向球面散射的爆发劲。凡此等等皆属太极拳之特点,莫不起于识此太极之理。有理有体,其体为球。今日之各种球类运动,莫非弄丸所演变,其丸由外而内,此太极拳之可贵处。识其封闭面犹养生之胎息,识其种种螺旋曲线以外射犹技击。外射以大其封闭面,仍属养生之理,如外射而未得其鹄的,即失太极之理。则人独知我,我不知人,无的之矢,内外兼失。故得球而大之,于技击养生两事,宜见其汇合处,庶为太极拳之至理。有志于研究太极拳者,似可深思之。

陈鑫著《陈氏太极拳图说》,自序于民国八年(1919),其言曰:"明洪武七年(1374)始祖讳卜,耕读之余,而以阴阳开合运转周身者教子孙。以消化饮食之法,理根太极,故名曰太极拳。"此盖学太极之实。或谓陈卜未尝造拳,然以阴阳开合运转周身者教子孙,不可谓必无其事。故太极拳之前身即内家拳,内家拳之旨即弄丸于内。

邵雍(1011—1077)"自作真赞"曰:"松桂操行,鸾花文才,江山气度,风月情怀。借尔面貌,假尔形骸,弄丸余暇,闲往闲来。"自注曰:"丸谓太极。"此证弄丸与太极乃同实异名。故体太极以往来,合诸陈抟(890?—989)"落便宜得便宜"之名字,殊可得太极拳实质。便宜者,便利适宜,不为一切所拘,亦即道法自然之理。

太极拳理论探源

当今太极拳,就其形式而论,可分为陈、杨、武、吴、孙五种。杨、武、吴、孙四式皆出于陈式,经过其创始人及继承者的努力,对太极拳的发展,已起了很大作用。陈式本身,原有大架、小架、老架、新架等不同,且亦在变化发展。故探讨其理论,必须逆流而上,由流以知源。凡学习过太极拳者,皆有必要探讨其共同的理论,切忌为某式所限。且太极拳理论之所以可贵,就在其源远流长。

中国武术史是东方文化史中不可分割的组成部分,而太极拳的源流,势必要追溯中国武术史的发端。故太极拳理论于时间上应合于二三千年的史迹,于空间则凝聚全国太极拳高手的心得。我们当以历史唯物主义的观点,了解每个朝代的拳术理论。太极拳经明代(公元1368—1644年)约三百年的酝酿,通过深邃的理论,逐步孕育出今日之太极拳。如能循名贵实,则有实的理论,更能引起全国人民进一步爱好太极拳,藉以提高身体素质与健康水平。此属体育工作者,为我国社会主义四化建设,当负的责任之一。

我们研究太极拳的理论,决不可忽视前人已有的成果。陈氏太极拳有较长的历史,且系世代家传。于本族中可同时出习文习武者,以习文者记录习武者的动作而推源其理论,较他派记录更为直接。武术理论之所以失传,就在习武者的文化有限,且习文者每有轻武的思想,故能确切地理解太极拳理论而形诸笔墨者,殊未多见。幸陈氏家族有此条件,有陈鑫者习文而生于武术世家,经其朝夕之耳濡目染,积年而始得见其历代相传之拳理,乃于民国己未(公元 1919 年)著成《陈氏太极拳图说》一书,虽仅记录陈式太极拳小架的动作,而其理论非徒可通陈式之大小架,亦可兼通杨、武、吴、孙诸式,不愧为唯一可称为有整体概念的太极拳理论。或准其记录的家史,经核实后,尚可上推太极拳理论之源。观其所引用《周易》阴阳之理,盖本明来知德(公元 1525—1604 年)《周易集注》之说。若合历代易注而言,不计历代书目中失传的易学著作,仅记今日尚存者,数量有二千种以上,其中不乏反身养生的作品,即与太极拳理论可密切联系,此类易著约有一二百种。陈氏之书贸然取其理,实仅发其端,尚未深入推敲。此书以卦象表示阴阳变化的方法,未及七十年,已非一般学习太极拳者所能理解。今以陈鑫之理论为主题,愿与有志太极拳理论者共同研究,以期由之而建立成适合于用现代自然科学原理,表示出太极拳原理的理论,走向世界。

香港圆玄学院教义释

香港圆玄学院的教义是三教合一的道教。上次赵镇东先生来沪时，对圆玄学院的院名，自作解释为：

> 圆指佛教
> 玄指道教
> 学指儒教

此次(1986 年 12 月 25—30 日)亲到圆玄学院后，对彼院的教义有进一步了解。此种道教，非国内仅以正一、全真二大派所能包括。实由唐中叶起，逐步形成，义属唐末宋初已存在的"南宗"及三苏的蜀学思想。张伯端(984—1082)著《悟真篇》，及苏洵(1009—1066)、苏轼(1036—1101)、苏辙(1039—1112)的思想，皆准此理论而成。经宋元之发展，大行于明清，解放前仍极流行，今唯海外保存，在大陆已无。而道教研究者尚未注意及此。经与汤国华先生、赵镇东先生等数日的交谈，特对圆玄学院所尊称的三教名号，书于墙上的十个大字，略加介绍。

南无天元太保阿弥陀佛

此十字义分三教而综合之,简释如下:

南无——敬礼,用佛教名词。

天元——指道教,属三元之一。道教的三元(广州即有三元宫)有二说:一、天元、地元、人元,义本《周易》中之天地人三才之道。二、天元、地元、水元,义取阳奇一阴偶二,故地元宜兼及水元为二。又天元阳一三分为日、月、星。地元、水元阴二三分为六。六指中岳嵩山、东岳泰山、南岳衡山、西岳华山、北岳恒山以当五行,兼及水元为水府。由是天元为三,地元为六,仍为阳一阴二的比例。且道教中早已利用《周易・系辞上》所谓"五位相得而各有合"的河图形象。唐起又与佛教贤首宗之"十方世界"相合,故天元三,地元兼水元六,必及人元一,以道经当之,此为道教的上下十方。

太保——指儒教,属三公之一。儒教的三公,本诸《尚书・周官》"立太师、太傅、太保,兹惟三公"。汉贾谊(前200—前168)曰:"保者,保其身体;傅者,傅之德义;师,道之教训。此所谓三公也。"三公者,犹教育中的德智体三大类别。德育为太傅之职,智育为太师之职,体育为太保之职。合诸天地人三元,天元为太保,地元为太师,人元为太傅。以周初的人物当之,召公任太保,姜尚任太师,周公任太傅。

阿弥陀佛——指佛教,属西方三圣之一。西方三圣为阿弥陀佛,大势至菩萨,观世音菩萨。合诸三元三公,阿弥陀佛犹天元太保,大势至菩萨犹地元太师,观世音菩萨犹人元太傅。并以西方三圣通于华严一乘圆教的十方世界,亦即《普贤行愿品》中以普贤菩萨同善财童子参拜阿弥陀佛作结之义。

总上所述,以下表示之(表见下页):

故圆玄学院的教义有所继承三教合一的道教归诸天元太保阿弥陀佛,实兼及三元三公三圣,且视佛教为出世法,儒教为入世法,道教能兼及出入世,乃以道教为主。

道　教	儒　教	佛　教
三元 天元(日、月、星)三 人元(道经)一 地元(五岳) 水元(水府) 六	三公 太保(保其身体) 七日/八月/九星 太傅(傅之德义)十 太师(道之教训) 五行/地六成水	三圣 阿弥陀佛 观世音菩萨 大势至菩萨 以西方/三圣合/诸华严
上下十方	河图	十方世界

　　上表已明儒道相通于三元三公的象数,至于华严"十方世界"通于易学象数。有唐李通玄《华严合论》等文献,尚保存在《佛藏》中。故三教合一的思想由来已久,且源起于道教,梁陶弘景已有此思想,然内容不同。唐李鼎祚辑成《周易集解》,自序曰:"权舆三教,钤键九流。"所谓九流指儒、道、阴阳、法、名、墨、纵横、农、杂,当汉代的易学情况;所谓三教指儒、道、佛,正唐明皇时代的易学。其后有钟离权、吕洞宾、刘海蟾一师二徒于唐末大力推行,遂形成三教合一的道教。

　　南宋起在南方基本盛行三教合一的道教,是之谓"南宗"。而北方有王重阳创立全真教,亦尊钟为师祖,吕为师,刘为师叔。

附录一

道书释要四篇

陆修静《灵宝经自序》注释

刘宋陆修静(406—477)对道教教义的确立,起决定性作用。今存有《灵宝经自序》一文,有加以注释的必要,庶见道教发展的情况。

灵宝经自序

元嘉十四年①某日月,三洞②弟子陆修静,敬示诸道流,相与同法③,弘修文业,赞扬妙化,兴世隆福。每欣一切,遭遇慈泽,离彼恶道,入此善场,逍遥长乐,何庆如之! 但至赜④宛奥,妙义微远,灵匠未遇,群滞莫披。翘翘渴仰者,岂予小子乎。既太虚眇邈,玄师难希,宜求之于心⑤,即理而断也。敢竭闇浅,先言所怀。

夫灵宝⑥之文,始于龙汉⑦,龙汉之前,莫之追记。延康⑧长劫,混沌⑨无期,道之隐沦,宝经不彰。赤明⑩革运,灵文兴焉。诸天宗奉,各有科典,一劫之周,又复改运。遂积五劫⑪,迨于开皇⑫已后,上皇⑬元年,元始⑭下教,大法流行。众圣演畅,修集杂要,以备十部⑮三十六帙,引导后学,救度天人。上皇之后,六

266

天⑯运行，众圣幽升，经还大罗⑰，自兹以来，回绝元法。虽高辛招云舆之校⑱，大禹获钟山之书⑲，老君降真于天师⑳，仙公授文于天台，㉑斯皆由勋感太上，指成圣业，岂非扬芳于世，普宣一切也。

按经言承唐㉒之后四十六丁亥，其间先后庚子之年，天子续党于禹口，乱群填尸于越川。强臣称霸，弱主西播，龙精之后，续祚之君，罢除伪主，退夐逆民，众道势讫，此经当行㉓。推数考实，莫不信然。期运既至，大法方隆，但经始兴，未尽显行。十部旧目，出者三分，虽玄蕴未倾，然法轮已遍于八方。自非时交运会，孰能若斯之盛哉㉔。顷者以来，经文纷互，似非相乱，或是旧目所载，或自篇章所见，新旧五十五卷，学士宗竟，鲜有甄别。余先未悉，亦是求者一人，既加寻览，甫悟参差。或删破上清㉕，或采捃余经㉖，或造立序说，或回换篇目。裨益句章，作其符图，或以充旧典，或别置盟戒㉗。文字僻左，音韵不属，辞趣烦猥，义味浅鄙，颠倒舛错，事无次序。考其精伪，当由为猖狂之徒，质非挺玄，本无寻真之志。而因修窥阅，假服道名，贪冒受取，不顾殃考。兴造多端，招人宗崇，敢以鱼目厕于隋侯之肆，辄将散砾托于和氏之门。衔诳愚蒙，诬誷太玄㉘。既晚学推信，弗加澄研，遂令精粗糅杂，真伪混行。视听者疑惑，修味者闷烦，上则损辱于灵圉，下则耻累于学者。进退如此，无一可宜，徒倾产疲力，将以何施。夫轻慢之咎既深，毁谤之罪靡赦。余少耽玄味，志爱经书。积累锱铢，冀其万一，若信有可崇，何苟明言坐取风刀乎？虑有未悉，今条旧目已出，并仙公所授㉙事，注解意疑者略云尔。

注释：

① 元嘉十四年(437)，陆氏仅三十二岁。其思想之成熟，当在太初元年(453)入庐山后。对道教最重要的贡献是在泰始七年(471)上

267

《三洞经书目录》。此文为其早期作品,然对道教已有其整体概念。较《抱朴子》的思想,有非常明显的发展而有所归宿。故道教教义的确立,当自陆氏始。此文能保存于《云笈七签》中,殊觉可贵。

② 三洞为道教的基本教义,每洞的内容初定于陆氏上《三洞经书目录》。然三洞之名必早此已有,故陆氏自称为三洞弟子。

③ 在陆氏前诸道流派必多,陆氏能逆流归源而合于三洞,庶见道法之相同。三十二岁时,已能甄别灵宝而同之,实为三十余年后明辨三洞以同之的基础。

④《周易·系辞》曰:"言天下之至赜而不可恶也。"陆氏盖能不恶而拟之,始能识其宛奥而求之,此其所以有成。

⑤ 陆氏无常师,闻异人所在,不远千里而造之。既能受诀以修之,此谓"宜求之于心,即理而断",更是陆氏治学的原则。

⑥《灵宝经》大分为二:其一为灵宝五符,其序三卷,见《道藏》洞玄部神符类"表"字上(涵芬楼本一八三册)。宋贾善翔云:"汉张陵撰。"然作者虽难肯定,其为汉代道籍似非妄测。其二为葛洪从孙葛巢甫所撰,此有据于陶弘景之《真诰》,更属可信,然内有后人所增益者。今存《灵宝无量度人上品妙经》六十一卷,见《道藏》洞真部本文类"天"至"洪"字(涵芬楼本一一一三册)。若陆氏所见《灵宝》之文,已兼及此二种,乃能理其纷互而一之。

⑦ 道教有以明老子所谓"有物混成先天地生"之情况,凡此混成之物,以五劫喻之。此五劫各以名名之,道经所载亦略有出入。今宜以陆氏为准,曰龙汉者,即第一劫之名。

⑧ 延康为第二劫之名。

⑨《庄子·应帝王》曰:"南海之帝为倏,北海之帝为忽,中央之帝为浑沌。倏与忽时相与遇于浑沌之地,浑沌待之甚善。倏与忽谋报浑沌之德曰:'人皆有七窍以视听食息,此独无有,尝试凿之。'日凿一窍,七日而浑沌死。"此谓混沌未死,宝经不彰。

⑩ 赤明为第三劫之名。

⑪ 五劫所以明混成之物的发展情况。必取五劫者,仍取吾国固有的五行之说。

⑫ 开皇为第四劫之名。

⑬ 上皇为第五劫之名。

⑭《灵宝》经文,由元始天尊所说,故曰元始下教。考"元始"之名,实取自《周易·乾彖》:"大哉乾元,万物资始,乃统天。"

⑮ 十部犹《太平经》之甲部乙部以至癸部之十天干。其后以三洞分三十六帙而为十二部,乃以十二地支当之。此尚曰十部三十六帙,乃见三洞十二部成立以前的道经分类法。

⑯ 今本《灵宝度人经》卷二十,于四方各为六天。此云六天运行,盖继五劫言。五劫犹五行,六天犹六虚,于内经为"五运六气",于《易》数即天五地六当天数地数之中数。不曰六地而曰六天者,六天对五劫言,已属地,故六天运行以"周流六虚",犹后天之天。

⑰ 今本《灵宝度人经》卷一有曰:"郁罗萧台,玉山上京。上极无上,大罗玉清。"皆属大梵天中之天。此经还大罗,犹后天还先天之象。《周易·乾文言》曰:"先天而天弗违,后天而奉天时。"即大罗与六天所取法之象。

⑱ 高辛与《灵宝经》之传说,今已失传。

⑲ 大禹与《灵宝经》之传说,今尚见于《越绝书》及《抱朴子·内篇》之《辨问》,然皆未及钟山,原本出处亦已失传。

⑳ 此指老君降《灵宝经》于张陵。然则宋贾善翔以为《灵宝五符》序为汉张陵作,或刘宋时已有此传说。

㉑《道教义枢》卷二《三洞义》谓徐来勒等三真于会稽上虞山传仙公葛玄,玄于天台山传郑思远。《仙公本起传》又谓太极三真人(指太极真人徐来勒,太上玄一第一真人郁罗翘,太上玄一第二真人光妙音,太上玄一第三真人真定光)在天台山降授《灵宝经》于葛仙公。凡此四

句盖总记《灵宝经》下降于人世之史迹。其初为《灵宝五符》,其后有文,实始于葛巢甫。然必言所本,乃有仙公受经于太极三真人以授郑思远之说。此必巢甫辈所造,至陆氏盖已信之。上清与灵宝之辨,陆氏能分能合。其后陶弘景则确认仙公独宗上清,故以传灵宝为依托而不记于仙公之碑文,此贞白与简寂对仙公之认识不同。若《云笈七签》所述之《灵宝略记》(卷三),则全准陆氏此文传演而成。

㉒ 唐指唐尧,四十六丁亥当二千七百六十年。于刘宋初视唐尧所在之时间(公元前 23 世纪),迄今仍可参考,或亦有所据而云然。

㉓ 此全指刘裕言。以刘姓继刘邦,罢除司马氏之晋,退蹈以道教为农民革命理论基础的逆民,似指孙恩、卢循。由此可知当南北朝之前后,道教大改革而变成帝王所利用的宗教。早此文之前二十六年(477)辛亥,嵩兵镇灵集仙宫主表天曹授寇谦之以天师之位。所谓改革天师道,实即北朝的道教正式成为御用宗教。南朝刘宋起即有陆氏起此作用,其间且有佛教的影响。故《太平经》的思想在当时的道教中已不被重视。

㉔ 此始兴之经,就是以葛巢甫为主承《灵宝五符》而撰成《灵宝度人经》。究其义,所以加深《太平经》之哲理而代之。其时灵宝风行,文献日出,故曰若斯之盛。

㉕ 灵宝与上清于三洞有辨,然灵宝由《五符》而发展成《度人经》,难免有删破上清而视为灵宝,此《灵宝》经文所以纷互之一。

㉖ 除上清外,其他已出的道经尚多。乃发展《灵宝经》者哀采众说而杂糅之,即以为《灵宝经》,此《灵宝》经文所以纷互之二。以三洞分之,经唯灵宝、上清、三皇三类,则上清外当尽归三皇。然陆氏明辨于三十余年后,当时的思想于三洞的经目或未肯定,故此文仅整理《灵宝》经目,其后方能整理三洞经目而确立道教的教义。

㉗ 此六句详述使经文纷互的其他六种原因。陆氏能准此事实以考其精伪,上文所谓"求之于心即理而断"是也,故知《灵宝经》之大义

全赖陆氏而完备。

㉘ 此可见当时道经之日出无已，皆以意杜撰，所以对抗佛经之传入。今存之六十一卷《度人经》，除卷一外亦有部分当时已有，然既为陆氏所斥，宜后世注《度人经》者皆以卷一为准。

㉙ 今条旧目已出，指《灵宝五符》，乃其斋仪。并仙公所授事，指葛巢甫依托仙公所授之《灵宝度人经》。

《养生辨疑诀》释要

《养生辨疑诀》一文，仅八百五十字，唐栖真子施肩吾述。辑在《道藏》洞神部方法类，千字文编次为"深"五。下录全文，分四节以释其要。

一气无方，与时消息；万物生死，共气盛衰。处自然之间，而皆不知所以然而然，其所禀习，在覆载之下。有形者先知其本，知其本则求无不通；修道先须正其源，正其源则流无不应。若弃其本而外求，背其源以邪究，虽猎尽百家，学穷诸子，徒广虚论功条，其摄养之效，得者观之，实为自误耳。今历观世间好道之流，不可胜数，虽知恬淡以自守，全不知恬淡之中有妙用矣；虽知虚无以为理，全不知虚无之中而无不为矣。若不知虚无恬淡妙用之理，徒委志于寂默之间，妄作于形神之外，是谓无益之用，非摄生之鸿渐也。且神由形住，形以神留；神苟外迁，形亦难保。抑又服饵草木金石以固其形，而不知草木金石之性，不究四时逆顺之宜，久而服之，反伤和气。远不出中年之内，疾害俱生，使夫轻薄之流，皆谓系风捕影不可得矣。翻以学者为不肖，以真隐为诡道，不亦伤哉！

以上为第一节，要点在恬淡之中有妙用，虚无之中而无不为。是即有形之本，修道之源。

惑人尝以此事而讥余曰：吾闻学道可致长生，吾自童年至于暮齿，见学道之人已千数矣。服气绝粒者，驱役考召者，清静无欲者，修仙炼行者，如斯之流，未有不闻其死者也。身殁幽壤之下，徒以尸解为名。推此而论之，盖得者犹灵骨耳，非可学而得之。

此第二节，借惑人之口，分道教为四类。曰服气绝粒者，指中丹田气；曰驱役考召者，指上丹田神；曰清静无欲者，指下丹田精；曰修仙炼行者，盖合此三丹田而言，养生乃以此为主。

余闻斯论，不觉心愍于内，神怳于外。沉吟之间，乃太息而应之曰：观子向来所说，实亦鄙之甚矣，迷之尤矣。今世人学人间之事，犹有成与不成，又况妙本玄深，昏昏默默，胡可造次而得之。且大道无亲，感之即应，苟云灵骨，无乃疏乎。然夫服气绝粒者，且道家之所尚，人苟得之，皆有不食之功，身轻之效。便自言肠胃无滓，立致云霄；形体获轻，坐希鸾鹤。采饵者，复以毛女为凭；呼吸者，又引灵龟作证。曾不知真气暗灭，胎精内枯，犹执滞理于松筠，守迷端于翰墨。良可嗟矣，宁所怪乎。至于驱役考召之流，盖是道中之法事，研讨至精，穷其真诰，诚为身外之虚名，妄作人间之孟浪，在己无征于延益，于人有验于轸轘。乱构休祥，徒陈祸福，如斯之辈，并非保生之道也。或以清静无为，深居绝俗，形同槁木，志类死灰，不知天地动用之心，不察阴阳运行之理。如此则虽游恍惚，其恍惚而无涯；纵合窅冥，其窅冥而莫测。翻使希夷之外，神用罔然，虚白之中，玄关失守。

此第三节，破惑人所言之前三类，于第一类以"真气暗灭"、"胎精内枯"否定之，极有见地，是犹庄子不取吐故纳新之法。此之谓气者，仅知身内之气而未识身外之气，盖道教中之小乘而已。于第二类以

"在己无征于延益,于人有验于轸轘"破之,亦是。以儒礼喻之,犹未达"礼云礼云玉帛云乎哉"。于第三类以"翻使希夷之外,神用罔然,虚白之中,玄关失守"伤之,尤为恰当。此所以释迦须出雪山以受牛乳之献,神用玄关,非养生之要乎?

> 言议之际,中有高真喟然而叹曰:守一非一,履真非真,此亦近为门阶之由,殊未窥其室中之用矣。大凡保气栖神,不可以湛然而得之,亦不可以兀然而守之。且神无方而气常运,形至静而用无穷。是知保气者,其要在乎运;栖神者,其秘在乎用。吾尝闻之于师曰:体虚而气周,形静而神会,此盖出世之玄机,无名之大用矣。

此第四节,引出高真之言以紧接第三节,所以破惑人所言之第四类。守一非一,履真非真,理已尽矣,奈何仍为遮诠而非表诠。由是进门阶而窥室中之用,乃曰:"是知保气者,其要在乎运;栖神者,其秘在乎用。"识此运用,非事事无碍之境乎? 最后归诸师曰:"体虚而气周,形静而神会。"此二句确可视为养生之诀。虽然,未经穷理尽性之积,其何以悟此至命之道。此出世之玄机,无名之大用,其何以语之哉!

考此文之言,皆栖真子之言,谓惑人之言、高真之言、闻于师之言,莫不经其安排。能否定灵骨而主张学得之,有积极意义。由三而一,由一而无,且达无为而无不为之象,其为道教中之大乘乎。

作者施肩吾,字希圣,唐洪州人,元和十年(815)进士。施隐于洪州之西山,终身不仕,为诗奇丽,有《西山集》十卷,今存一卷,见《全唐诗》四百九十四卷。好道,自号栖真子。今读此文,知施氏于道实有所悟,具唐代哲学家之特色。大义盖发挥"神无方而易无体"之易理,又参禅机成玄机,可见佛老互相渗透之痕迹。考百丈卒于公元814年,施氏尚有仕进之心,读其诗可知,而后从道而不仕。禅机正有沩仰、临济、曹洞之分,实六祖之妙谛而势分五叶,此曰守一非一,履真非真,乃道教之养生已臻一化一切之象。参破话头,结束末后句,方为此无名之大用乎? 再者禅机玄机莫非易象,其何以辩之哉!

《证道歌》解

《道藏》洞神部众术类,收有《还丹肘后诀》三卷。末有唐仵达灵真人记,作于唐乾符乙未岁(875)。自言:"余自知命之年从銮舆西幸,当天宝丁亥(747)十一月。"则其年已一百七十八岁。可信乎,不可信乎,待考。然书中之言,不乏可取者。下卷有《证道歌》仅七言十四句,语简意长,宜为解之。

何言金木水火土,留神保身是龙虎。学者不识五行精,强认他人为父母。

解:此四句明阴阳五行,易学之精华也。近取诸身,医药仙道莫不以之为喻。龙虎指阴阳消息。五行精指五行之生克制化及颠倒序次。父母指精血,犹阴阳之象。谓宜识自身之阴阳及其精血神气之变化。

血象水兮肉象土,气象木兮骨象虎,不死之道在离宫,会得五行身有主。

解:此四句明近取诸身之五行。凡一般医书皆以五行配五脏,此歌不同,以全身言,其义可取。凡水者为血、肉者为土、气者为木、骨者为金、离宫为火指脑,即上丹田,犹今日中枢神经,亦可以负熵当之。曰不死之道,极有意义,盖有负熵为生,及零而死。唯有离宫炎上之火,方能长生不死。可见不论体外之热量如何,于体内必须相对于体外维持相当之负熵,为生物之基本条件。所谓会得五行身有主者,实指气功,亦此歌之重点所在。凡龙者木气也;木气生火,则脑增负熵;离火生土为肉,以成有形之生物;肉土生金为骨,肉赖以支撑;观生物之形,由无脊椎成有脊椎为一重要之进化阶段,是犹肉生骨之现象。骨中有髓,为生物之精华;生血水以流行全身,实以自新骨髓为主;有待水生木气以运行于脊椎,方收补脑之功。其法虎由铅而生水,继以生木;龙由汞而生火,继以生土。得此龙虎之消息,是曰转动河车,所谓小周天大周天者,皆以此为基。能得此基者,其身始有主。

五行仍是水银亲,殊质不堪为伴侣,水银有类是金公,及见金公不认祖。

解:此四句专明龙虎,因河车已转,得水银为亲,此青龙春生之象。若青龙之伴侣,非白虎而何,是曰金公。奈何春生秋杀,以金克木,木能认祖乎,故曰及见金公不认祖。祖者指水为木之父,金为水之父,故金为木之祖。

不得至人传此言,苦己劳形谩辛苦。

解:此二句总结而隐其机,其实说破何妨,乃指化之之道,即金必克木,得水则化。今以水化之象反体诸身,谓能知骨髓之流,气乃行。金骨岂有碍于木气之流行耶?此庖丁解牛时见之,养生之道寓焉。而或忽乎留神,则苦己劳形而骨髓空,虽空而气仍不行于其中,离宫之火能不熄乎,惜哉!《参同契》曰:"龙呼于虎,虎吸龙精,两相饮食,俱相贪便,逐相衔咽,咀嚼相吞。"仍为此《证道歌》所取象,云龙风虎之易道消息,神在其中,舍此其何以证道哉!

《紫阳真人悟真篇》五言一首今释

张平叔之《悟真篇》,成而自序于宋熙宁乙卯(1075),书凡诗八十一首及《西江月》词十二首。今仅取五言一首,以今义释之。据自序,"五言一首以象太一",所以总上按《周易》诸卦所成之七绝六十四首。然则太一之象,犹太极之象。虞注《周易》,本以太一释太极。故此首之义,实《悟真》之几,先录原文如下并释之。

> 女子著青衣,郎君披素练,见之不可用,用之不可见。恍惚里相逢,窈冥中有变,一霎火焰飞,真人自出现。

曰女子指离象☲,《说卦》"离为少女"。先天方位在东,其色青,故曰"著青衣",衣有包裹空间之象,指位。曰郎君指坎象☵,《说卦》"坎为中男"。先天方位在西,其色白,故曰"披素练",练有贯串终始之象,指时。分见离、坎时,犹未合一而不可用,当三画卦之象。如用离、坎时,已合成既济䷾而不可复见离或坎,当六画卦之象。故曰:"见之不可用,用之不可见。"凡三画卦,犹三维空间;合成六画卦,已兼贞悔而有四维时空之象。此增加一维之物理意义,即由牛顿力学成爱因斯坦之相对论。合诸生物学,更有深邃之理,然仍为维数之变化。曰"恍惚",曰"窈冥"者,皆指各"胞腔"之交流。由消息而得相对之"胞腔",是谓"相逢"。种种相对之"胞腔",皆能"相逢",然后"有变"。"有变"者,增加一维之象。《说卦》曰:"天地定位,山泽通气,雷风相薄,水火不相射。"凡天与地,山与泽,雷与风,水与火,皆当"恍惚里相逢"。若合此所有之相逢,方为"窈冥中有变"。象即增加一维而成另一空间。曰"一霎火焰飞"者,产生能量之象。既已增加一维,自有其中心,故"真人自出现"。真人者,犹 $n+1$ 维之中心云。

合二仪而归太极,非增加维数,即成逻辑之悖论。吾国之哲理,早有增加维数之象数。唯无维数之名,乃于关键处有种神秘感,于道教中更甚。今合诸自身之修养,中医之理论实有其作用,如紫阳此诗决非空言。准易理之近取诸身,可提高丰富认识论,乃吾国思想之特点。

再者海森堡之测不准定律,义亦通乎"见之不可用,用之不可见"。盖坐标与动量,何可分观,合而一之,量子出焉。量子者,其犹太极乎!犹结丹乎!犹真人乎!古今异时,中外异位,取其精华以交流之,岂易言哉。

附录二

《天师道》序

　　江西省社科院郭树森等同志,博闻多才,好学不倦,有志于道教的研究,积有十余年之久。近成《天师道》一书,洋洋二十余万言。将出版之际,问序于余,余辞之不获,特以旬日,先睹为快。通读全书后,钦佩著者之专心从事,思路精审。稽文献,参传说,兼采古今诸家的论断,详为取舍以求至当。故考核有创见,内容具新义,诚不易多得的道教教派史之作。老子曰:"道可道,非常道;名可名,非常名。"于"天师道"的名实,自古迄今,屡起变化。不妨从张氏世传的《天师世家》之旨,观道教史的史迹,综合以明其象,愿略进一层以论"天师道"。

　　凡研读《天师世家》,似可分析成三个阶段:第一阶段为张道陵、张衡、张鲁祖孙三代的创教阶段,结束于建安二十年(215)张鲁降汉受封为阆中侯。第二阶段为张鲁子第四代张盛迁居江西龙虎山,直至二十四代张正随,宋真宗于大中祥符九年(1016)召见之,并赐号贞静先生,为之建上清宫。第三阶段自二十五代起,有确切的宗谱,历代延续将近千年,六十余代的天师今日仍在。究此三个阶段情况完全不同,殊未可等视之。

　　于第一阶段,可考述的史迹极丰富,时代背景极复杂,当时及后代人的著录真伪丛杂,如能严加分辨,十之七八属信史。然创此教派时其名仅为"五斗米道",并未用"天师道",祖孙三代自称天师、嗣师、系师之名,且地点在蜀而及汉中,与龙虎山无关。考"天师"之名出于庄子的寓言,《庄子·徐无鬼》:"黄帝又问,小童曰:夫为天下者,亦奚以异于牧马者哉,亦去其害马者而已矣。黄帝再拜稽首,称天师而退。"整个寓言谓黄帝迷途而问途于牧马童子,小童既识途又知为天下,故黄帝以天师称之。此证天师之名与黄帝有关,汉代的黄老道早已用之。《抱朴子·遐览篇》中著录其师郑隐所收藏的道书,内有《天师神器经》、《小僮经》、《小童符》等,因左慈、葛玄、郑隐、葛洪四代所传的道派属黄老道,《抱朴子》成书于两晋之际(317),并未重视五斗米道。以得道成仙为教义的道教,必本于方仙道与黄老道,而张道陵祖孙三代所创立的教派,又于黄老道中舍黄而仅取老,并结合巴蜀地区原有的五斗米道而形成。至于五斗米道的传者,除被张鲁所杀的张修外,抑或在巴蜀地区久已流传。如以五斗米道为张道陵所创,则无从说明张修的事实。

于第二阶段为张盛世传二十代,时约八百年,是否属实难免有所怀疑,然不妨以略具规模的一姓宗谱视之。当合于魏晋南北朝隋唐的史实,道教自有其众多教派,或归诸张氏世传的《天师世家》为道教史,势必有违于客观历史。于魏晋时,执政者莫不以黄巾起义为戒,乃讳言与黄巾有关的黄老道。名虽讳而道教之实未尝可不及黄帝。况巴蜀地区的五斗米道,汉代起亦早受黄老道的影响,故葛洪《抱朴子·地真篇》中已有"黄帝到峨嵋山,见天皇真人于玉堂,请问真一之道"的记述。宜蜀有陈瑞,于五斗米道中另创自称天师的教派。咸宁三年(277)瑞被诛,而于巴蜀再兴天师道之名。核诸《晋书》记录信道教的教派,基本分"五斗米道"与"天师道"。及东晋末孙恩、卢循又利用五斗米道起义,规模虽小于黄巾起义而情况相似,东晋亦由是而亡(420)。故于南北朝起,更讳言五斗米道而仅以天师道称之。南北天师道的名实,当然包括张道陵祖孙三代所发展的五斗米道,然各有所继承,而已本诸方仙道与黄老道,决不为三天师所限,更非张盛子孙隐遁于龙虎山所相传的教义。合诸当时的时代思潮而言,寇谦之(365—448)的北天师道与佛教相对立,南天师道与佛教能相互渗透。凡《隋书·经籍志》所言,虽已结合南北天师道,实以北天师道为主。至于南天师道,由宋陆修静(406—477)立三洞,经齐孙游岳的充实,及梁孟法师更立四辅以归诸正一。同时陶弘景(456—536)创立三茅宗进一步结合三教,于道则崇信秦汉之际的三茅君与张良,且从上清派为主;陈有周智响发展《太平经》守一之道。此南天师道的实质,唐有孟安排既见《隋志》后,又著《道教义枢》以继之,即《道藏》用三洞四辅编目的由来。且唐代盛行上清派,主要继承者司马承祯(647—735)总结当时道教的天下形势,凡分十大洞天与三十六小洞天、七十二福地,而江西龙虎山仅属第三十二福地,有仙人张巨君主之。此仙人或非张盛或张陵,亦非张良,以仙人称之,疑属战国楚人。可见在盛唐时,龙虎山在道教中的地位并不高。及韩愈(768—824)著《原道》,仍以孔子之儒排释迦牟尼之佛和老聃之道,根本未及张天师之事。况除《天师世家》的记录外,张道陵子孙可考者,仅有与于上清派,且未言居于龙虎山。直至五代南唐保大八年(950)始有陈乔的《新建信州龙虎山张天师庙碑》,及后周(951—960)孙夷中集《三洞修道仪序》提及"天师之裔,世传一人,即信州龙虎山张家"的记载,然较二十四代张正随,仅早一二代。

于第三阶段全部可深信,近千年来的发展,已成为道教的主流。再者,宋真宗除封张正随外,亦封曲阜孔子后裔为衍圣公。由是自宋初起,一儒一道代代相传,影响之大且久,恐非真宗始料所及。唯以东汉之张陵,合诸春秋之孔子,时间实不相称,然尚未闻有信司马承祯之说。事实上留侯天师可备一说,陵传及正随为二十四代,亦属一姓的宗谱而已。合而详考之,第二阶段为八百年,世传二十代,每代生子的平均年龄为四十岁;第三阶段为九百八十余年,世传四十代,每代生子的平均年龄为二十二岁。而后一阶段基本有史传可稽考,则前一阶段的记载的确恍惚。以一姓的宗谱论,亦决不止二十代,今以阙疑为是。至于龙虎山有张巨君主之的传说,在盛唐时已有记录,且张巨君兼主第五十三福地,在朗州武陵县的德山。考唐代的朗州,在今云南省昆明东北,有合于五斗米道的发源地,犹由云南传到江西,而时间必当在战国,此似可补第一阶段所未备。然以道教言,传道者岂必姓张,一如发展孔子之理者未尝必姓孔。奈何自第三阶段以来,已逐步深信道教教主为张陵张天师,则名实俱变。或未辨常变之理,则简而言之,亦何以认识十大洞天及其他洞天福地的史迹。

以上略进一层以论五斗米道与天师道的复杂变化,信笔而言,深望著者与读者有以正之。

后　记

　　潘雨廷先生生前曾有编纂《道教史论文集》的设想，然而此书没有编成，篇目也没有确定。整理者尝试依据《易学史发微》之例，搜集潘先生的道教史论文，编成了这本《道教史发微》。

　　道教是中国土生土长的宗教，和中华民族民族性的形成密切相关。鲁迅说过中国的根柢全在道教(《致许寿裳》)，因此理解中国文化就必须理解道教。道教博大精深而又藏垢纳污，对人体的认识达到相当深邃的水平，而且和古代科技的发展有明显联系。深入研究道教，深入研究它所达到的成就以及相关的负面影响，至今仍有重要的借鉴意义。而研究道教就必须研究道教史，道教史以"纪事本末"为体，也就是研究道教的生长过程。以潘雨廷先生的观点而言，道教生长在中国土地上，由各地产生的基本相似而非全同的原始宗教(考古发掘所得可以为证)汇合而成。此一宗教包含各种论道的教派，在殷周时代已完成其整体思想。春秋而战国，学术思潮由尧舜孔子发展成黄帝老子，黄老道、方仙道由是而起。"仙之概念与黄帝联系，道之概念与老子联系。黄帝飞升者，所以发展殷周时代以始祖配天的宗教观念。"(《论仙与道》)入汉，黄老为主导思想，且有医学经典《内经》，非仅清净无为而已。武帝尊儒术，黄老、方仙逐步受压抑。至东汉楚王英时，黄老、浮屠并称。定五斗米道为道教之始，谓佛教传入前中国无宗教，此不合史实。本书《论五斗米道、天师道、正一道之同异》指出，黄老道（有据于古）早于五斗米道（地方），否定道教起源于东汉顺帝时的张陵。明后仅以正一、全真当道教，《四库提要》且以《道藏》收录先秦诸子为非，由此先秦的灿烂文化全部与道教无关，则道教内容自然贫乏，宜日渐衰微。故今日研究道教，深入体验人体的究竟，仍当本诸先秦的仙道。如此等等，已经勾勒出道教史的大纲。以世界文化整体而言，世界文化的一部分保存在中华文化中，中华文化本身就是世界文化的组成部分。从这个意义上说，民族的也就是世界的。中国道教由人体出发以深入领会宇宙的独特角度，确在研究生命起源等问题，这不仅可与世界文化的其他宗教比较，而且能否与发展至今的生物科学印证，也是可以探讨的课题。执今之道以御今之有，道教研究可以走出宽广的一路。

潘雨廷先生的道教史原拟撰写二十章，每章约五六万字，各分十节左右，每节约五千至一万字不等。全书完成后预计约一百万字，并试图拟订每节的篇目。《发微》所选，基本为拟撰《道教史》中的主题论文，如论《参同契》、司马承祯、陈抟、《性命圭旨》、洞天福地等皆是。其他重要论文尚有《黄庭经分章考述》、《并论〈参同契〉与〈悟真篇〉以究其功法》，因已见于《易老与养生》，本书不再收入。《张三丰》一文未写完，"海天万里游，因缘容后续"之后由学生伍伟民续成。《道书释要四篇》原自成一组，如拆散编入书中，似气体不纯，故另列为附录一。其中陆修静序可当南北朝时期所认识的早期道教史，《悟真篇》五言一首之释已渗入今义。附录二《天师道序》与书中《论天师与天师道》等有同有异，可以参阅。

张文江

二〇〇三年一月二十四日

又 记

　　《道教史发微》于 2003 年由上海社会科学院出版社出版。此次修订,改正了其中的一些缺失。另外,还新收入了一篇《论南北宗在道教史上的地位》,由整理者根据作者未成稿补缀成文。

张文江

2010 年 2 月 5 日

修订本补记

2003 年，此书出简体横排本。2012 年，经过增补修订，此书出繁体竖排本。本次修订，又增补了一篇《太极拳理论探源》，此文是陈鑫《陈氏太极拳图说》的引言。该书为油印的非公开出版物，印行于二十世纪八十年代。

张文江

2012 年 11 月 30 日